后秦佛教研究
——以译经为中心

姜 涛·著

中国社会科学出版社

图书在版编目（CIP）数据

后秦佛教研究：以译经为中心 / 姜涛著. —北京：中国社会科学出版社，2017.3
ISBN 978-7-5203-0075-9

Ⅰ.①后… Ⅱ.①姜… Ⅲ.①佛教—研究—中国—后秦 Ⅳ.①B949.2

中国版本图书馆 CIP 数据核字（2017）第 055080 号

出 版 人	赵剑英	
责任编辑	黄燕生	孙 萍
责任校对	冯英爽	
责任印制	王 超	

出　　版	中国社会科学出版社
社　　址	北京鼓楼西大街甲 158 号
邮　　编	100720
网　　址	http://www.csspw.cn
发 行 部	010-84083685
门 市 部	010-84029450
经　　销	新华书店及其他书店

印　　刷	北京君升印刷有限公司
装　　订	廊坊市广阳区广增装订厂
版　　次	2017 年 3 月第 1 版
印　　次	2017 年 3 月第 1 次印刷

开　　本	710×1000　1/16
印　　张	15.75
插　　页	2
字　　数	258 千字
定　　价	66.00 元

凡购买中国社会科学出版社图书，如有质量问题请与本社营销中心联系调换
电话：010-84083683
版权所有　侵权必究

序　言

杜斗城

后秦，亦称姚秦，是"十六国"时期羌人豪强姚苌继前秦苻氏政权之后在长安建立的割据政权，其统治中心为关中及陇山左右地区，历经姚苌、姚兴、姚泓三主。东晋义熙十三年，刘裕入关，后秦灭亡，立国凡三十余年。后秦国祚虽短，但其佛教兴盛，在"十六国"中显得非常突出，史言其境"慕道舍俗者，十室其半"，"事佛者十室而九矣"。然学界对于后秦佛教之关注多集中于鸠摩罗什及其所译佛典，事实上，后秦佛教除译经外，在僧团制度、译场制度、僧官制度、石窟艺术等方面皆对中国佛教的发展有重要贡献和影响，值得深入研究。

姜涛的这部著作以佛教在中国发展的基础——译经为重点，对后秦佛教进行了梳理、还原，不仅对以鸠摩罗什为代表的译经僧及其译经进行了较为全面的整理和分析，而且结合译经情况，对统治者与佛教的关系、长安僧团、译场制度、僧官制度、石窟艺术等相关问题进行了深入细致的考证，提出了不少值得进一步探讨的问题，并且有新的观点出现。

首先，不论在中国佛教通史还是断代史中，都尚未出现以"后秦佛教"作为选题的专题性研究。此书是首部对后秦佛教进行系统、全面、深入的专题性研究著作，填补了断代佛教史研究的一个空白。

其次，此书对鸠摩罗什、竺佛念、弗若多罗、佛陀耶舍、昙摩耶舍这五位后秦译经高僧及其所译四十四部佛典进行了评述。论述过程中，均先考订译经僧在后秦时的译经数目，复详其生平行履，再对其所译经典逐一解读与评析。对每部经典的解读与评析，也都是从译本现状、同本异译、翻译背景、组织结构、主要内容、思想内涵、注疏、影响等方面进行的。

最后，此书在后秦佛教的有关问题上有新的成果。例如，对史籍所见后秦长安僧团的实际人数、译场的具体情况、设立僧官的确切时间等都提出了与众不同的观点。

当然，这部书作为后秦佛教研究的专门性著作，亦有许多不成熟和有待补充的地方，如对后秦译经的义理剖析和思辨解读略显单薄，对后秦佛教对石窟艺术的影响还有继续研究的空间等。

姜涛本科毕业于兰州大学历史系，后保送至我名下硕博连读。其研究生期间，就对佛教考古和佛教文化抱有极大兴趣，记得我为研究生开设的《佛教文献概论》《敦煌佛教艺术》等课程的课堂上他总是认真学习，勤于思考，积极提问，虚心求教。而且，还多次利用寒暑假，随我前往甘肃各地进行佛教石刻造像和中小石窟寺的田野调查，在实践中学习和获取了许多第一手资料，加之其本人悟性强，思想活跃，又能学以致用，故在佛教史及石窟寺考古方面进步尤快。在攻博期间，随着能力的提高，更成为我的重要助手。拙作《正史佛教资料类编》《炳灵寺石窟内容总录》《河西佛教史》等科研成果的问世，姜涛都出力不少。读研期间其还在《中国宗教》《敦煌学辑刊》《图书与情报》等核心刊物发表相关论文数篇，展现了一定的科研能力。毕业后，其留校任教，在教学和科研上都取得了不少成绩。现摆在我面前的书稿《后秦佛教研究——以译经为中心》，是我为他选定的博士论文，已顺利通过答辩，后经补充修改，拿出来供学界评判，并希望得到方家的宝贵意见，进一步完善。在此书付梓之际，我作为导师，很高兴为此书的问世写几句话，以表达我看到学生进步的兴奋之情！

2016 年 10 月于兰州大学杜撰斋

摘　　要

"十六国"时期的后秦政权在中国的历史舞台上仅存在了三十余年，但后秦佛教却因其译经的深远影响而在中国佛教史上占据着重要地位。后秦译经不仅体现和促进了当时佛教的兴盛，而且对后世中国佛教哲学及南北朝隋唐时期成实、三论、律宗、天台等宗派的形成，也产生了极大影响。故本书以译经为中心，从后秦佛教兴盛的背景入手，在重点探讨译经僧及其译经的同时，对统治者与佛教的关系、后秦长安僧团、译场制度、僧官制度、佛教对石窟艺术的影响等问题加以论述，希望由此还原后秦佛教的本来面貌。

本书共分三章。

第一章主要从前代佛教的影响、姚兴等统治者的崇佛、后秦长安僧团的形成三个方面，对后秦佛教兴盛的背景加以阐释。其间，论及以鸠摩罗什为核心的后秦长安僧团时，还从相关史籍中梳理出了三十八位僧团成员。这些高僧不仅对后秦佛教的兴盛起到了巨大的推动作用，而且在后秦亡国后，他们对南北朝佛教也产生了深刻影响。

第二章是全书的主体，不仅包含对鸠摩罗什、竺佛念、弗若多罗、佛陀耶舍、昙摩耶舍这五位后秦译经高僧生平行履的考察，而且对他们在后秦所译《金刚经》《法华经》《维摩诘经》《大智度论》《中阴经》《菩萨处胎经》《十诵律》《四分律》《长阿含经》及《舍利弗阿毗昙论》等四十四部佛典，进行了解读与评析。在本章的论述过程中，对每位译经僧及其译经的研究，都是先考订该僧在后秦时期的译经数目，复详其生平行履，然后再对其所译经典逐一解读与评析。对每部经典的解读与评析，也都是从译本现状、同本异译、翻译背景、组织结构、主要内容、思想内涵、注疏、影响等方面进行的。

第三章主要讨论后秦佛教的历史贡献及其与麦积山、炳灵寺石窟的关系。后秦佛教的历史贡献既可以从后秦译经事业的意义，又可以从僧官制度的创立及其影响得以体现。其中，后秦译经事业的意义主要体现为译场制度的确立及译经对中国佛教的影响。这部分既可视为对前文所述后秦译经的小结，又可作为后秦佛教历史贡献的重要组成。后秦佛教不仅导致了麦积山石窟的开凿，而且对麦积山、炳灵寺石窟"十六国"时期的造像、壁画题材也颇具影响。

目 录

绪　言 …………………………………………………………（1）

第一章　后秦佛教兴盛的背景 ………………………………（15）
　　第一节　后秦之前的佛教发展状况 ………………………（15）
　　第二节　后秦统治者的崇佛 ………………………………（18）
　　第三节　后秦长安僧团的形成 ……………………………（24）

第二章　后秦的译经僧及其译经 ……………………………（32）
　　第一节　鸠摩罗什及其译经 ………………………………（33）
　　第二节　竺佛念及其译经 …………………………………（155）
　　第三节　弗若多罗及其译经 ………………………………（170）
　　第四节　佛陀耶舍及其译经 ………………………………（177）
　　第五节　昙摩耶舍及其译经 ………………………………（192）

第三章　后秦佛教的贡献及有关问题 ………………………（199）
　　第一节　后秦译经事业的意义 ……………………………（199）
　　第二节　僧官制度的创立 …………………………………（206）
　　第三节　后秦佛教与麦积山等石窟 ………………………（210）

附　录 …………………………………………………………（219）
　　附录一　后秦出经表 ………………………………………（219）

附录二　后秦佛教史编年 …………………………………（225）

参考文献 …………………………………………………………（230）

后　记 ……………………………………………………………（244）

绪　言

一　研究对象及意义

所谓"后秦佛教"，是笔者受前辈学者杜斗城先生《北凉佛教研究》[①]的启发而提出的一个新概念。因为到目前为止，国内外治中国佛教史之学者，论及"十六国"后秦时期的佛教状况，要么将其置于"十六国""东晋十六国"乃至"魏晋南北朝"之下加以探讨，要么仅以鸠摩罗什作为后秦时期佛教的代表展开论述，尚未有研究者专门从"后秦"的角度，对当时的佛教状况进行系统剖析。

后秦，亦称姚秦，是"十六国"时期羌人豪强姚苌以长安为中心建立的割据政权。从公元384年姚苌于渭北拥兵自立，改元白雀，自称秦王起，至公元417年姚泓归降东晋，共历三主，立国32年。[②] 这期间，姚苌时，后秦初创，根基未稳，战乱频繁。姚兴称帝后，励精图治，后秦遂发展成为"十六国"时期北方地区的强国，版图包括今陕西省的大部和甘肃、宁夏、山西诸省的一部分。末帝姚泓执政不久，后秦即为东晋所灭。虽然姚秦历经三代国主，且尽皆崇奉佛法，但囿于上述史实及现存史料，本书的研究只能更多地集中于姚兴统治时期（公元394—416年）的后秦长安佛教。也就是说，本书在时间上，将以后秦时期的姚兴时代为

[①] 杜斗城：《北凉佛教研究》，台北：新文丰出版股份有限公司1998年版。
[②] （清）万斯同撰：《晋僭伪诸国世表》亦以东晋孝武帝太元九年（后秦白雀元年，384年）作为后秦的起始，以东晋安帝义熙十三年（后秦永和二年，417年）作为姚秦的终结。然若以此计，后秦应立国三十四年，但《晋僭伪诸国世表》却言其立国"凡三十二年"。[上述参见（清）万斯同撰《晋僭伪诸国世表》，载二十五史刊行委员会编《二十五史补编（三）》，中华书局1995年版，第3966页] 之所以如此，笔者以为主要是因为姚苌虽于公元384年僭越称王，改元白雀，却并未称帝。直至公元386年，其率军攻入长安，方才称帝定都。改元是政权更替的重要标志，故可视为姚秦之始，但后秦真正立国的时间还应以称帝建都之时为准。

主；在空间上，则以国都长安为中心的关中地区作为研究重点。

本书之所以"以译经为中心"，主要是因为从现有资料来看，以鸠摩罗什为代表的译经僧及其译经在后秦佛教研究中占据着主导地位。首先，被我国佛教界誉为"四大译师"之首的鸠摩罗什，在驻锡长安的十余年间，以译业为重，共译出佛教三藏三十五部合二百九十四卷①，对中国佛教的影响至为深远。也正因为如此，才会出现前文所说的多数研究中国佛教史的学者直接将对鸠摩罗什及其译经弘法活动的研究等同于后秦佛教研究的局面。其次，后秦国祚虽短，但在姚兴等统治者的扶持下，通过鸠摩罗什等译经僧的努力，所译佛经无论是数量还是质量，均在"十六国"时期独占鳌头。这些译经不仅体现和推动了后秦佛教的兴盛，而且为南北朝乃至隋唐时期佛教的繁荣奠定了基础。最后，在后秦佛教的研究中，无论是统治者与佛教的关系，还是佛教对石窟艺术的影响，抑或长安僧团的形成、译场制度的确立等，皆与后秦译业密切相关，甚至可以说，它们都是围绕着后秦译经事业展开的。

总体而言，本书的研究对象就是以译经为中心的后秦佛教。具体来讲，重点在于对后秦译经僧及其译经的全面剖析。此外，还包括对前代佛教发展状况的回顾、对后秦统治者与佛教关系的探讨、对后秦长安僧团的考察、对译经事业历史贡献的讨论、对后秦僧官制度的研究以及对后秦佛教与麦积山、炳灵寺石窟关系的论述等。

虽然后秦在中国的历史舞台上仅存三十余年，如昙花一现般短暂。但其"佛教兴盛"②，特别是姚兴统治期间，社会相对安定，加之鸠摩罗什等高僧的东来，不仅译经事业盛极一时，而且境内"慕道舍俗者，十室其半"③，"事佛者十室而九矣"④。事实上，后秦佛教除译经之外，在僧团制度、译场制度、僧官制度等方面皆对中国佛教的发展颇有影响。然而，这堪称隆盛且颇具价值的后秦佛教却并未引起学界足够的重视，至今尚无对其进行详尽研究的专著。前辈学者更多地将注意力放在了后秦译经上。当然，译经是佛教在中国发展的基础。而且，后秦译经在中国佛教史

---

① 此据《出三藏记集》卷二所载。另《开元释教录》卷四载为"七十四部三百八十四卷"。
② 任继愈主编：《中国佛教史》（第三卷），中国社会科学出版社1988年版，第75页。
③ （梁）释慧皎撰：《高僧传》，汤用彤校注，汤一玄整理，中华书局1992年版，第240页。
④ （唐）房玄龄等撰：《晋书》，中华书局1974年版，第2985页。

上占有重要地位，是后秦佛教研究无法回避的核心问题，应当予以关注。但遗憾的是，他们对后秦译经的关注仅仅局限于鸠摩罗什所译的一些重要经典，而对于相对影响较小的罗什译经及其他后秦译经僧所译经典则少有涉及。有鉴于此，笔者试图对后秦译经僧及其译经进行较为全面的整理和分析，希望在此基础上，结合对僧官制度等其他后秦佛教状况的探讨，尽可能地还原后秦佛教的本来面貌，使其得到应有的重视。

二 研究简史

根据前文所确定的后秦佛教研究对象，本书拟从后秦时期佛教概况研究、译经研究和其他相关问题研究三个方面，对前贤的相关研究成果进行评述。

1. 后秦时期佛教概况研究

虽然目前尚未出现以"后秦佛教"为题的专门性研究成果，但各种"佛教史"中皆有能够被划归后秦佛教研究的部分，基于"佛教史"的体裁，这些部分往往具有总说的性质，故笔者将其暂称为后秦时期佛教概况研究。涉及后秦时期佛教概况的中国佛教通史或断代史主要包括：中国学者蒋维乔的《中国佛教史》[①]、汤用彤的《汉魏两晋南北朝佛教史》[②]、郭朋的《中国佛教思想史》[③]、任继愈主编的《中国佛教史》[④]、杜继文主编的《佛教史》[⑤]、方立天主编的《中国佛教简史》[⑥]以及日本学者镰田茂

[①] 蒋维乔：《中国佛教史》，上海书店 1989 年版。其中，与鸠摩罗什及其译经相关的研究散见于第三至第十一章中。

[②] 汤用彤：《汉魏两晋南北朝佛教史》，北京大学出版社 1997 年版。其中，第十章"鸠摩罗什及其门下"较为集中地考察了鸠摩罗什及其译经等后秦佛教相关问题，后秦译经及译经事业的影响散见于第十二、十八、十九、二十章的相关论述中。

[③] 郭朋：《中国佛教思想史》，福建人民出版社 1994 年版。其中，上卷第八章"鸠摩罗什及其译经"较为集中地论述了鸠摩罗什及其译经的情况。

[④] 任继愈主编：《中国佛教史》（第二、三卷），中国社会科学出版社 1985、1988 年版。其中，关于后秦姚兴的崇佛、鸠摩罗什及其译经、后秦所译主要经典的佛教思想等问题，主要见于第二卷第二章第五节至第九节；关于僧官制度的探讨，主要见于第三卷第一章第五节。

[⑤] 杜继文主编：《佛教史》，中国社会科学出版社 1991 年版。其中，关于后秦佛教研究的内容，主要集中在第四章下"鸠摩罗什及其门下"。

[⑥] 方立天主编：《中国佛教简史》，宗教文化出版社 2001 年版。其中，第三章第三节"译经大师鸠摩罗什"可视为后秦佛教概况。

雄所著《中国佛教通史》①等。这些佛教史著作基本上是以中国历史发展的时间为序，以各个时代的佛教为专题，来探讨佛教在中国不同历史时期的发展状况。但在介绍"十六国"后秦时期的佛教时，基本只是探讨鸠摩罗什及其译经弘法活动，鲜有从整体上对后秦时期的佛教状况进行把握者。尽管其中汤用彤著《汉魏两晋南北朝佛教史》和任继愈主编的《中国佛教史》对后秦时期以鸠摩罗什为代表的译经僧及其译经、译经思想、译经事业的影响、姚兴对佛教的扶持、僧官制度等问题进行了相对详尽的论述。但是，他们的研究依然只是以鸠摩罗什为出发点谈当时的佛教概况，不仅在形式上未能将散见于各相关章节的经典剖析、译业影响、僧官制度等研究统摄于后秦佛教的研究体系中，而且在内容上也不够深入、具体，缺乏系统性和全面性。

2. 译经研究

关于后秦译经的研究，可以从宏观和微观两个方面加以回顾：宏观方面，主要包括对后秦译经僧及其译经数量的讨论和对后秦所译佛教经典的总体把握；微观方面，则是指对后秦译经的个案研究。

（1）宏观方面

在后秦译经僧的研究方面，除了《出三藏记集》《历代三宝纪》《开元释教录》等经录中对姚秦译经僧数量和生平的介绍外，今人王铁钧所著《中国佛典翻译史稿》②中对鸠摩罗什、竺佛念、佛陀耶舍、弗若多罗、昙摩流支等后秦译经僧的生平也进行了介绍。其他关于后秦译经僧的研究，则主要集中于对鸠摩罗什的研究。汤用彤在《汉魏两晋南北朝佛教史》第十章中[3]、郭朋在《隋唐佛教》第二章中[4]、任继愈在《中国佛教史》第二卷第二章中[5]、游侠在《中国佛教》第二辑中[6]、镰田茂雄在

---

① [日]镰田茂雄：《中国佛教通史》（第二卷），关世谦译，高雄：佛光出版社1986年版。其中，牵涉后秦佛教研究的内容，主要集中于第三章"鸠摩罗什——其译经事业"。
② 王铁钧：《中国佛典翻译史稿》，中央编译出版社2006年版。
③ 参见汤用彤《汉魏两晋南北朝佛教史》，北京大学出版社1997年版，第194—208页。
④ 参见郭朋《隋唐佛教》，齐鲁书社1980年版，第187—199页。
⑤ 参见任继愈主编《中国佛教史》（第二卷），中国社会科学出版社1985年版，第257—272页。
⑥ 参见中国佛教协会编《中国佛教》（第二辑），知识出版社1982年版，第37—43页。

《中国佛教通史》第二卷第三章中[1]，皆对鸠摩罗什的生平及所学做了较为详尽的论述。另外，郑郁卿著《鸠摩罗什研究》[2]、尚永琪著《鸠摩罗什》[3]以及陈世良撰《鸠摩罗什年表考略》[4]等论著亦对鸠摩罗什的行履提出了不少独到的见解。当然，对鸠摩罗什的研究远非如此，限于篇幅，暂不一一列举。

后秦译经数量的研究，主要是根据《开元释教录》等经录的记载来进行的。《开元释教录》卷四载姚秦译经"总九十四部合六百二十四卷"[5]。现代学者童纬在其所编《汉魏两晋南北朝出经籍表》中则提出姚秦"共出经、论、疏释94部632卷"[6]。此外，吕澂在《中国佛学源流略讲》和《新编汉文大藏经目录》中对鸠摩罗什译经数量的考证[7]，王文颜在《佛典疑伪经研究与考录》中将鸠摩罗什所译《梵网经》和《仁王护国经》勘定为疑伪经[8]，以及日本学者小野玄妙在《佛教经典总论》中对后秦所译经目的辨析[9]，也都对后秦译经数量的研究产生了一定影响。

在对后秦所译佛教经典的总体把握上，前文提到的汤用彤的《汉魏两晋南北朝佛教史》、郭朋的《中国佛教思想史》、任继愈主编的《中国佛教史》以及镰田茂雄的《中国佛教通史》等中国佛教断代史或通史中，皆对鸠摩罗什及其译经做了概括性的综述，它们可以被视为从总体上把握后秦译经的基础研究。近年来，刘保金所著《中国佛典通论》[10]也将后秦

---

[1] 参见［日］镰田茂雄《中国佛教通史》（第二卷），关世谦译，高雄：佛光出版社1986年版，第217—267页。

[2] 郑郁卿：《鸠摩罗什研究》，台北：文津出版社1988年版。

[3] 尚永琪：《鸠摩罗什》，云南教育出版社2009年版。

[4] 陈世良：《鸠摩罗什年表考略》，载新疆龟兹石窟研究所编《龟兹佛教文化论集》，新疆美术摄影出版社1993年版，第21—26页。

[5] 《大正藏》第五十五卷，第511页下。

[6] 童纬：《汉魏两晋南北朝出经籍表》，《佛学研究》2004年，第100页。

[7] 详见吕澂《中国佛学源流略讲》，中华书局1979年版，第88页；吕澂编《新编汉文大藏经目录》，齐鲁书社1980年版。

[8] 详见王文颜《佛典疑伪经研究与考录》，台北：文津出版社1997年版，第111—112、129页。

[9] 详见［日］小野玄妙《佛教经典总论》，杨白衣译，台北：新文丰出版公司1983年版，第66、73、77页。

[10] 刘保金：《中国佛典通论》，河北教育出版社1997年版。

所译的不少重要经典依其内容散列于汉魏两晋南北朝时期各部类佛教典籍中加以介绍。王铁钧所著《中国佛典翻译史稿》第二章中的相关内容则从翻译学的角度，对后秦译经特别是鸠摩罗什的译经，做了较为详尽的评述。① 此外，丁福保编纂的《佛学大辞典》②、蓝吉富主编的《中国佛教百科全书》③ 以及慈怡编著的《佛光大辞典》④ 等工具书，也较为集中地收录了后秦译经，并对其进行了简单介绍。日本学者望月信亨所编《望月佛教大辞典》⑤ 和小野玄妙编纂的《佛書解說大辭典》⑥ 则系更早的佛学研究工具书，亦可为我们了解包括后秦在内的各代译经提供有益的参考。另外，小野玄妙所著《佛教经典总论》不仅将后秦译经总体归入了佛经翻译的旧译时代，而且对后秦诸译经僧及其译经进行了简要的评介和辨析。⑦

（2）微观方面

中日学者在后秦译经的个案研究方面，成果丰富，不胜枚举，但囿于各方面条件，全面搜集尚属难事，更不必说遍览分析，加之此处篇幅有限，故笔者仅将已阅之论著部分列出，虽知此为挂一漏万之举，然事出无奈，不足之处，只能留待日后不断加以补充。

郭元兴的《大品般若经》一文从梵汉版本、同本异译、翻译背景、思想内容及注疏影响等方面对其做了介绍。⑧ 任继愈主编《中国佛教史》在第二卷第七节中也利用中观思想对《摩诃般若波罗蜜经》的"十八空"进行了论释。⑨ 郭朋在《中国佛教思想史》上卷第七章第二节则在分析"十八空"的基础上，对整个般若类经典的性空思想进行了总结。日下俊

---

① 详见王铁钧《中国佛典翻译史稿》，中央编译出版社 2006 年版，第 122—162 页。
② 丁福保编纂：《佛学大辞典》，文物出版社 1984 年版。
③ 蓝吉富主编：《中华佛教百科全书》（全十册），台南：中华佛教百科文献基金会 1994 年版。
④ 慈怡编著：《佛光大辞典（全 16 册）》，北京图书馆出版社 2004 年版。
⑤ ［日］望月信亨编：《望月佛教大辭典》（全 10 册），東京：株式会社世界聖典刊行協会 1933 年版。
⑥ ［日］小野玄妙编纂：《佛書解說大辭典》（全 15 卷），東京：大東出版社 1934 年版。
⑦ 详见［日］小野玄妙《佛教经典总论》，杨白衣译，台北：新文丰出版公司 1983 年版，第 65—66、71—74 页。
⑧ 详见中国佛教协会编《中国佛教》（第三辑），知识出版社 1989 年版，第 126—131 页。
⑨ 详见任继愈主编《中国佛教史》（第二卷），中国社会科学出版社 1985 年版，第 336—347 页。

文《小品般若経の方便思想》则对《小品般若经》中提出的方便法门做了简要分析。① 小峰弥彦《一切智と般若波羅蜜：小品般若経を中心に》对《小品般若经》中提到的"一切智""般若波罗蜜"的内容及关系进行了探讨。② 上述即为对鸠摩罗什译大小品《般若经》的研究。

《金刚经》的研究方面，方广錩《敦煌文献中的〈金刚经〉及其注疏》对国内外现藏敦煌文献中的《金刚经》及其注疏进行了较为系统的整理与介绍。③ 王孺童的《〈金刚〉"九喻"瑜伽述义》主要从"九喻"出发，对属于中观派的鸠摩罗什译本与属于瑜伽行学派的其他译本进行了比较研究。④ 稲吉陽子的《〈金剛般若経〉における菩薩観》则对《金刚经》中的菩萨行问题进行了深入探讨。⑤

《法华经》的研究方面，郭朋著《隋唐佛教》第二章第二节以及任继愈主编的《中国佛教史》第二卷第八节皆结合经文对《法华经》的思想内涵进行了较为全面的剖析。⑥ 方立天的《〈法华经〉与一念三千说》对《法华经》中反映的一念三千说，从内涵、意义等方面进行了评述。⑦ 严耀中《论隋以前〈法华经〉的流传》则对隋以前《法华经》在中国僧俗社会的流传情况做了深入的考察。⑧ 日本学者境野黄洋《〈正法華經〉と〈妙法蓮華經〉との比較》对竺法护和鸠摩罗什的《法华经》译本做了比较研究。⑨ 高橋理空《発菩提心と二乗作仏：〈妙法蓮華経〉を中心にし

---

① 详见［日］日下俊文《小品般若経の方便思想》，《印度学仏教学研究》57（29—1），1980年，第252—254页。
② 详见［日］小峰弥彦《一切智と般若波羅蜜：小品般若経を中心に》，《密教学研究》13，1981年，第82—93页。
③ 详见方广錩《敦煌文献中的〈金刚经〉及其注疏》，《世界宗教研究》1995年第1期，第73—80页。
④ 详见王孺童《〈金刚〉"九喻"瑜伽述义》，《法音》2009年第10期，第21—26页。
⑤ 详见［日］稲吉陽子《〈金剛般若経〉における菩薩観》，《哲学と教育》（42），1994年，第49—66页。
⑥ 详见郭朋《隋唐佛教》，齐鲁书社1980年版，第124—137页；任继愈主编《中国佛教史（第二卷）》，中国社会科学出版社1985年版，第414—445页。
⑦ 详见方立天《〈法华经〉与一念三千说》，《世界宗教研究》1998年第2期，第48—52页。
⑧ 详见严耀中《论隋以前〈法华经〉的流传》，《上海师范大学学报》1997年第1期，第29—35页。
⑨ 详见［日］境野黄洋《〈正法華經〉と〈妙法蓮華經〉との比較》，《駒沢大学仏教学会年報》1，1930年，第74—100页。

て》对《法华经》中所说发菩提心与二乘成佛的内容及关系进行了讨论。① 矢岛忠夫的《〈法華経〉における"諸法實相"》对《法华经》所反映的"诸法实相"思想进行了较为深入的探讨。②

《维摩诘经》的研究方面,明真撰《维摩诘所说经》一文对鸠摩罗什所译此经的同本异译及各品大意作了分析。③ 伍先林的《〈维摩诘所说经〉思想试探》对经中反映的"成就众生""无住为本"和"不二法门"思想进行了深入探讨。④ 方广锠、许培铃合作《敦煌遗书中的〈维摩诘所说经〉及其注疏》则主要对敦煌遗书中的罗什译本及其注疏进行了较为全面的统计和介绍。⑤

宣方撰《鸠摩罗什所译禅经考辨》,通过对史载罗什译禅经的考察,得出唯《坐禅三昧经》《禅秘要法经》二经为罗什所译的结论。⑥ 陈士强《大藏经总目提要·经藏》第三册中对《禅秘要法经》⑦的性质及其所述三十种禅观进行了评析。杨曾文《隋唐以前流行的主要禅法》在论述隋唐以前的禅法时,亦颇多涉及《坐禅三昧经》及《禅法要解》的经义。⑧ 安藤嘉则《中国禅定思想史における羅什訳禅経について——〈坐禅三昧経〉と初期禅宗·天台法門》主要探讨了《坐禅三昧经》对天台止观的影响。⑨ Tran Thuy Khanh 的《〈坐禅三昧経〉の禅法と思想——〈坐禅三昧経〉における菩薩の五観法を中心として》则对《坐禅三昧经》中

---

① 详见[日]高桥理空《発菩提心と二乘作仏:〈妙法蓮華経〉を中心にして》,《印度学仏教学研究》86 (43—2),1994 年,第 730—732 页。

② 详见[日]矢岛忠夫《〈法華経〉における"諸法實相"》,《弘前大学教育学部紀要》93,2005 年,第 25—36 页。

③ 详见中国佛教协会编《中国佛教(第三辑)》,知识出版社 1989 年版,第 67—71 页。

④ 详见伍先林《〈维摩诘所说经〉思想试探》,《宗教学研究》1996 年第 1 期,第 48—56 页。

⑤ 详见方广锠、许培玲《敦煌遗书中的〈维摩诘所说经〉及其注疏》,《敦煌研究》1994 年第 4 期,第 145—151 页。

⑥ 详见宣方《鸠摩罗什所译禅经考辨》,《中国哲学史》1998 年第 1 期,第 62—70 页。

⑦ 详见陈士强《大藏经总目提要·经藏(三)》,上海世纪出版股份有限公司、上海古籍出版社 2007 年版,第 567—578 页。

⑧ 参见杨曾文《隋唐以前流行的主要禅法》,《中国社会科学院研究生院学报》1996 年第 4 期,第 30—36 页。

⑨ 详见[日]安藤嘉则《中国禅定思想史における羅什訳禅経について——〈坐禅三昧経〉と初期禅宗·天台法門》,《宗学研究》30,1988 年,第 195—198 页。

的菩萨禅思想做了较为深入的研究。① 上述皆为对鸠摩罗什所译禅经的探讨。

《大智度论》及《中论》《百论》《十二门论》的研究方面，李安撰《大智度论》一文对《大智度论》的翻译情况、大小乘交涉思想、传播影响做了考察。② 尹邦志的博士学位论文《实相之门——〈大智度论〉禅观研究》对《大智度论》中的禅观问题进行了较为深入的分析。③ 王世安也以《读〈大智度论〉》为题撰写过一系列论文，对其中的六度、中观思想以及空宗与密宗的关系进行了全面评析。④ 李安的《中论》一文以"八不中道"和"实相涅槃"为中心对《中论》反映的中观思想做了论述。⑤ 姚卫群的《从〈百论〉中佛教对"外道"的批驳看中观派的理论特色》不但将中观派与其他印度派别的理论进行了对比分析，而且论述了大乘中观派的主要理论。⑥ 日本学者三枝充悳的《大智度論に説かれた六ハラミツについて》对《大智度论》中的"六波罗蜜"做了较为深入的探讨。⑦ 日下俊文的《大智度論の方便思想》对《大智度论》中的方便法门进行了评述。⑧ 伊藤隆寿的《鳩摩羅什の中觀思想〈青目釈中論〉を中心に》以《中论》为中心讨论了鸠摩罗什的中观思想。⑨ 青木久美《空の言説：〈中論〉におけるナーガールジュナの論法について》一文，以《中论》

---

① 详见［日］Tran Thuy Khanh《〈坐禅三昧経〉の禅法と思想——〈坐禅三昧経〉における菩薩の五観法を中心として》，《東海仏教》52，2007年，第202—185页。
② 详见中国佛教协会编《中国佛教》（第三辑），知识出版社1989年版，第244—248页。
③ 参见尹邦志《实相之门——〈大智度论〉禅观研究》，博士学位论文，四川大学，2004年。
④ 详见王世安《读〈大智度论〉——评介般若空宗六波罗蜜兼及大乘运动空密关系（一至八）》，《五台山研究》1987年第4—6期、1988年第1—4期、1989年第1期。
⑤ 详见中国佛教协会编《中国佛教》（第三辑），知识出版社1989年版，第294—298页。
⑥ 详见姚卫群《从〈百论〉中佛教对"外道"的批驳看中观派的理论特色》，《宗教学研究》1999年第1期，第44—51页。
⑦ 详见［日］三枝充悳《大智度論に説かれた六ハラミツについて》，《印度学仏教学研究》4（2—2），1954年，第188—192页。
⑧ 详见［日］日下俊文《大智度論の方便思想》，《印度学仏教学研究》61（31—1），1982年，第334—337页。
⑨ 详见［日］伊藤隆寿《鳩摩羅什の中觀思想〈青目釈中論〉を中心に》，《三論教学と仏教諸思想》，2000年，第3—16页。

的逻辑推理为出发点，对龙树的中观性空思想做了阐释。① 安井广济的《十二門論は果して竜樹の著作か——十二門論"観性門"の偈頌を中心として》通过对《十二门论》"观性门"中偈颂的研究，证实了此论确系龙树所作。② 五島清隆的《〈十二門論〉における縁起思想——第1章"観因縁門"を中心に》则从"观因缘门"入手，对《十二门论》中的缘起思想进行了分析。③

《成实论》的研究方面，任继愈主编的《中国佛教史》第三卷第三章第三节对《成实论》的组织结构、基本思想及流布进行了翔实的论述。④ 游侠《成实论》一文亦对此论的作者、经名、五聚大意、注疏及流布做了较为全面的介绍。⑤ 黄夏年的《〈成实论〉二题》则主要通过对有部"法体实有"与"心数法"的破及对"无自体性"与"心差别"的立，说明了此论融合大小乘的特点。⑥ 早島鏡正《成実論における四諦説》对《成实论》中的"四谛说"进行了简要的评析。⑦ 舟橋尚哉的《成実論の三心と三性説との関係について》主要对《成实论》中"三心"与"三性"的关系做了探讨。⑧ 荒井裕明的《〈成実論〉の無作について》则对《成实论》中的"无作"思想进行了较为深入的研究。⑨

隆莲的《四分律》一文从教判、翻译情况、结构、内容及注疏等方

---

① 详见［日］青木久美《空の言説：〈中論〉におけるナーガールジュナの論法について》，《独立行政法人国立高等専門学校機構沖縄工業高等専門学校紀要》(2)，2008年，第47—59页。

② 详见［日］安井広済《十二門論は果して竜樹の著作か——十二門論"観性門"の偈頌を中心として》，《印度学仏教学研究》11 (6—1)，1958年，第44—51页。

③ 详见［日］五島清隆《〈十二門論〉における縁起思想——第1章"観因縁門"を中心に》，《種智院大学研究紀要》(4)，2003年，第A48—A70页。

④ 详见任继愈主编《中国佛教史》（第三卷），中国社会科学出版社1988年版，第394—421页。

⑤ 参见中国佛教协会编《中国佛教》（第三辑），知识出版社1989年版，第370—376页。

⑥ 详见黄夏年《〈成实论〉二题》，《世界宗教研究》1995年第2期，第41—47页。

⑦ 详见［日］早島鏡正《成実論における四諦説》，《印度学仏教学研究》2 (1—2)，1953年，第114—115页。

⑧ 详见［日］舟橋尚哉《成実論の三心と三性説との関係について》，《印度学仏教学研究》21 (11—1)，1963年，第215—218页。

⑨ 详见［日］荒井裕明《〈成実論〉の無作について》，《駒澤短期大學仏教論集》(7)，2001年，第131—143页。

面对该律进行了较为全面的介绍。① 杨曾文的《佛教戒律和唐代的律宗》，不仅对《四分律》的传译及其"戒本"部分做了论说，而且在此基础上探讨了道宣的律学体系。② 郭元兴所撰《十诵律》一文对该律的翻译过程、主要内容、在印度及我国的流传、注疏等问题进行了论述。③ 龍口明生《〈十誦律〉の七滅諍法》对《十诵律》中的"七灭诤法"做了讨论。④ 奥村浩基的《〈鼻奈耶〉と〈十诵律〉》则对竺佛念译《鼻奈耶》与弗若多罗译《十诵律》的内容进行了比较研究。⑤ 上述即为中日学者对后秦译出律典的研究。

《长阿含经》的研究方面，陈士强著《大藏经总目提要·经藏》第一册中对《长阿含经》收录的三十种小经，逐一从内容、特点和同本异译等方面进行了较为详尽的分析。⑥ 田光烈的《长阿含经》一文则从经题、所收小经内容、版本等方面对该经做了较为全面的考察。⑦

总而言之，对于后秦译经的研究，虽然国内外的前辈学者做了大量工作，也取得了丰硕的成果，但仍存在一些问题。在宏观方面，主要表现为缺乏对后秦译经僧及其所译佛经的系统梳理和全面考察，很难使人对后秦译经有一个清晰、全面的认识。在微观方面，对于后秦译经的个案研究仅局限在《金刚经》《法华经》《成实论》《四分律》等几部相对重要的经典上，其他多数经籍均少人问津。

3. 其他相关问题研究

这里所谓的"相关问题研究"，主要指除后秦译经僧及其译经之外的关于后秦时期佛教其他问题的研究。具体而言，包括统治者与佛教的关系、长安僧团、译场制度、僧官制度、佛教与麦积山等石窟的关系。

杨耀坤的《苻坚、姚兴与佛教》与牟钟鉴的《鸠摩罗什与姚兴》皆

---

① 详见中国佛教协会编《中国佛教》（第三辑），知识出版社1989年版，第217—222页。
② 详见杨曾文《佛教戒律和唐代的律宗》，《中国文化》1999年第3期，第5—17页。
③ 详见中国佛教协会编《中国佛教》（第三辑），知识出版社1989年版，第229—233页。
④ 详见[日]龍口明生《〈十誦律〉の七滅諍法》，《印度学仏教学研究》78（39—2），1991年，第557—559页。
⑤ 详见[日]奥村浩基《〈鼻奈耶〉と〈十诵律〉》，《パーリ学仏教文化学》（14），2000年，第69—77页。
⑥ 详见陈士强《大藏经总目提要·经藏（一）》，上海世纪出版股份有限公司、上海古籍出版社2007年版，第24—124页。
⑦ 详见中国佛教协会编《中国佛教》（第三辑），知识出版社1989年版，第181—184页。

为探讨后秦统治者与佛教关系的重要论著。前者分别从苻坚、姚兴对佛教的态度，探讨了他们与当时佛教的关系。① 后者则分别从鸠摩罗什与姚兴在后秦的活动入手，论述了姚兴对佛教的大力扶持。②

在后秦长安僧团的研究方面，主要有尚永琪所撰《鸠摩罗什译经时期的长安僧团》一文。其文从后秦之前的长安僧团、以鸠摩罗什为核心的后秦长安僧团的形成与发展、后秦长安僧团与其他入秦高僧的关系等方面，对后秦以鸠摩罗什为核心的长安僧团情况做了较为全面的分析。③

关于后秦译场制度的研究，苑艺较早地在《中国古代的佛经翻译及译场》一文中，对所涉后秦译场及翻译程序进行了探讨。④ 台湾学者曹仕邦著《中国佛教译经史论集》第一、二章中对此问题亦略有述及⑤。

在后秦僧官制度的研究方面，谢重光、白文固著《中国僧官制度史》第一章中⑥及任继愈主编的《中国佛教史》第三卷第一章第五节中⑦皆对后秦创立僧官的背景、具体情况、影响等问题进行了较为详细的论述。

目前，探讨后秦时期佛教与麦积山、炳灵寺等石窟关系的专门性论著较少，杜斗城所撰《麦积山早期三佛窟与姚兴的〈通三世论〉》可视为其中的代表。该文以麦积山第74、78两窟为例，从姚兴与鸠摩罗什就"三世实有"思想进行的讨论以及窟龛的规模等方面，论证了以74窟、78窟为代表的早期窟龛，应为表现"三世"思想的后秦三佛窟。⑧ 另外，虽然涉及后秦时期佛教与麦积山、炳灵寺石窟关系的论作相对较多，但多语焉不详，限于篇幅，这里不再一一列举。

---

① 详见杨耀坤《苻坚、姚兴与佛教》，《社会科学战线》1991年第2期，第146—151页。
② 详见牟钟鉴《鸠摩罗什与姚兴》，《世界宗教研究》1994年第2期，第39—43页。
③ 详见尚永琪《鸠摩罗什译经时期的长安僧团》，载增勤主编《长安佛教学术研讨会论文集》（第五编），2009年，第45—66页。
④ 详见苑艺《中国古代的佛经翻译及译场》，《天津师院学报》1982年第2期，第76—77页。
⑤ 参见曹仕邦《中国佛教译经史论集》，台北：东初出版社1992年版，第2—18页。
⑥ 参见谢重光、白文固《中国僧官制度史》，青海人民出版社1990年版，第14—16页。
⑦ 参见任继愈主编《中国佛教史》（第三卷），中国社会科学出版社1988年版，第75—77页。
⑧ 详见杜斗城《麦积山早期三佛窟与姚兴的〈通三世论〉》，《敦煌学辑刊》2007年第1期，第119—124页。

虽然前贤已对上述后秦时期佛教的其他相关问题进行了较为广泛的探讨，但依然存在未将其纳入后秦佛教的整体研究、在某些方面不够深入具体等问题，故仍有必要从后秦佛教的整体出发，对其进行更加详尽的论述。

三　研究目标与方法

本书力求达到的研究目标主要可以归结为以下三点。

首先，如前所述，不论在中国佛教通史还是断代史中，此前都未出现以"后秦佛教"作为出发点的专题性研究。本书就是希望改变这种状况，试图在借鉴已有相关研究成果的基础上，以译经为中心，对后秦佛教所包含的诸多问题进行全面、系统的剖析，尽可能地还原后秦佛教的本来面貌。

其次，由于迄今为止，也还没有学者对后秦时期的译经僧及其译经进行过全面、系统的梳理与解读。因此，本书在研究后秦佛教的过程中，也将结合既有研究成果，对后秦译经僧及其译经数量进行勘定，并在此基础上对每位译经僧的生平及其所译佛经加以评析。其间，对于文中勘定的每部后秦译经，都将从译本现状、同本异译、翻译背景、组织结构、主要内容、思想内涵、注疏、影响等方面加以解读。希望借此廓清后秦译经的基本情况，进一步深化后秦佛教研究。

最后，虽然前辈学者已经对后秦长安僧团、译场制度、僧官制度等问题进行了较为深入的研究，但笔者通过对相关史料的查阅，发现在后秦长安僧团的具体构成、译场制度的实际情况及僧官设立的确切时间等方面仍有进一步研究的必要和空间。因此，也希望本书能够就上述问题，进行更加深入、全面的探讨。

为了达到既定研究目标，本书将主要采用佛教文献与历史文献相结合、统计分析与理论探讨相结合、文献资料与实物资料相结合的方法，以《大正藏》《出三藏记集》《高僧传》等佛教文献，《晋书》《资治通鉴》等史料和敦煌文书作为基本资料，以前辈学者的研究为基础，展开研究论述。在文献整理方面，尽量搜罗全面、统计准确，并进行编年；实物资料方面，主要是考古发现与石窟考察，尽量全面系统，实事求是；在论述方面，尽量做到以材料为出发点，本着历史唯物主义观点，重点用统计分析和比较研究以及类型排比等方法来说明问题，以现代历史学、考古学、宗教学理论为指导，努力做到论点明确、论据有力、说理充分。通过论述，力图探究后秦佛教的真实状况及其对后世佛教发展的重要影响，为进一步研究奠定基础。

第一章　后秦佛教兴盛的背景

后秦佛教特别是译经事业的兴盛，是多方面因素综合作用的结果。本章将主要从前代佛教的积淀、统治者对佛教的支持以及后秦长安僧团的影响三个方面，对后秦佛教特别是译经事业的兴盛进行论述。

第一节　后秦之前的佛教发展状况

佛教自西汉末年、东汉初年传至中土，至"十六国"后秦时，经历了三百余年。东汉中前期，虽有孝明帝"夜梦金人"及摄摩腾译《四十二章经》等传说，但佛教实际并无太大的发展。直到桓、灵二帝时，方有安息人安世高[1]、月氏人支娄迦谶[2]等人译出佛经，分别弘传小乘禅学与大乘般若学。佛教之所以在东汉后期得以传播，原因主要有两点：一是东汉末期，传统的儒教已日渐颓废，中国人在这时确实需要呼吸一点新鲜空气。与此同时，东汉王朝的衰落也导致其对意识形态的控制削弱，这样佛教才能比较容易地传入。二是这个时期，印度大陆的政治形势发生了变化，佛教遭到了排斥，特别是贵霜王朝后期的毁佛活动，迫使佛教徒急于远走外国。当时的中国遂成这些僧人的避难之所，佛教随之流布。[3]

---

[1] 见（梁）释慧皎撰《高僧传》，汤用彤校注，汤一玄整理，中华书局1992年版，第4—10页。

[2] 见（梁）释慧皎撰《高僧传》，汤用彤校注，汤一玄整理，中华书局1992年版，第10—12页。

[3] 上述关于东汉佛教发展原因的论述，参见杜斗城《北凉译经论》，甘肃文化出版社1995年版，第259—260页。

三国时期，佛教继续在中土发展。其间，北方的曹魏不仅有昙柯迦罗[①]译出戒本，并开中土授戒之先，而且有昙谛、康僧铠[②]等人于洛阳译出《昙无德羯磨》《无量寿经》等佛典。此外，还有中土沙门朱世行[③]前往于阗求《般若》梵本。南方的孙吴则有康僧会、支谦[④]等人，译出《六度集经》《维摩诘经》等经典，弘传禅法、般若之学。

　　"西晋佛教的活动，主要还是译经。"[⑤] 这期间，从事译经的国内外沙门及优婆塞十二人中[⑥]，最突出的就是世居敦煌，被誉为"敦煌菩萨"的竺法护[⑦]。此外，在洛阳有安法钦、法立、法炬，陈留（今河南陈留）有无罗叉、竺叔兰，广州有彊梁娄至，关中有帛远[⑧]、聂承远、聂道真、支法度、若罗严。据《开元释教录》卷二所载，他们共译出佛经"三百三十三部，五百九十卷"[⑨]。西晋时期所译佛经比较重视方等、般若的阐释，佛学与魏晋玄学的合流也日益显著，而于禅法的关注则略显不足。

　　进入东晋"十六国"以后，北方羯人建立的后赵和氐人建立的前秦，尽皆奉佛，佛教由此得到了前所未有的发展。

　　后赵统治时期，石勒、石虎开崇佛风气之先，不仅重用西域高僧佛图澄[⑩]，称其为"国之大宝"[⑪]，让其参与军机要事，而且把诸幼子送到佛寺中教养。此外，石虎还明令汉人可以出家。佛图澄则借此良机，弘宣教

---

① 见（梁）释慧皎撰《高僧传》，汤用彤校注，汤一玄整理，中华书局1992年版，第12—14页。

② 皆见（梁）释慧皎撰《高僧传》，汤用彤校注，汤一玄整理，中华书局1992年版，第13—14页。

③ 见（梁）释慧皎撰《高僧传》，汤用彤校注，汤一玄整理，中华书局1992年版，第145—149页。

④ 皆见（梁）释慧皎撰《高僧传》，汤用彤校注，汤一玄整理，中华书局1992年版，第14—21页。

⑤ 中国佛教协会编：《中国佛教》（第一辑），知识出版社1980年版，第15页。

⑥ 参见中国佛教协会编《中国佛教》（第一辑），知识出版社1980年版，第15页。

⑦ 见（梁）释慧皎撰《高僧传》，汤用彤校注，汤一玄整理，中华书局1992年版，第23—25页。

⑧ 见（梁）释慧皎撰《高僧传》，汤用彤校注，汤一玄整理，中华书局1992年版，第26—29页。

⑨ 《大正藏》第五十五卷，第493页上。

⑩ 见（梁）释慧皎撰《高僧传》，汤用彤校注，汤一玄整理，中华书局1992年版，第345—360页。

⑪ （梁）释慧皎撰：《高僧传》，汤用彤校注，汤一玄整理，中华书局1992年版，第349页。

义，广收门徒，兴建寺院。据《高僧传》卷九《佛图澄传》所载，佛图澄"道化既行，民多奉佛，皆营造寺庙，相竞出家"，"受业追游，常有数百，前后门徒，几且一万。所历州郡，兴立佛寺八百九十三所"[①]。佛图澄的弟子中，不仅有本土僧人，而且有远自天竺等地的外国沙门。由此可见，佛图澄在当时的影响之大。正是由于石赵统治者的崇佛和佛图澄的弘法，"中州胡晋，略皆奉佛"[②]，佛教的势力迅速遍及后赵统治的广大北方地区。

　　继后赵之后，北地佛教最盛的地区就是前秦。前秦建都长安，其地处于中原与西域往还的要冲。前秦统治者苻坚亦笃好佛教，以至于在其攻取东晋军事要地襄阳之后，并没有把所得城池兵马放在心上，而仅言得了"一人有半"[③]。其中一人就是指佛图澄的弟子道安，半人则是指东晋名士习凿齿。另外，苻坚派吕光攻打龟兹，迎请鸠摩罗什亦是帝王崇佛的一段佳话。所以，他在位时，佛教称盛。前秦佛教的兴盛，除了苻坚的崇佛外，名僧道安[④]亦功不可没。道安曾师事后赵高僧佛图澄，苻秦攻破襄阳后，便被送往长安，住长安五重寺，领众数千，大弘法化，直至去世。道安在前秦统治者的支持下，曾主持译出佛典约十四部一百八十三卷，其中上座部系统的说一切有部论著占绝大多数。同时，他也大力研究和宣传大乘般若学说。在其组织译经的过程中，不仅吸引和培养了许多高僧，如僧伽跋澄[⑤]、竺佛念以及释法和[⑥]、慧远[⑦]、僧叡[⑧]等，而且创编了系统的佛

---

　　① （梁）释慧皎撰：《高僧传》，汤用彤校注，汤一玄整理，中华书局1992年版，第352、356页。
　　② （梁）释慧皎撰：《高僧传》，汤用彤校注，汤一玄整理，中华书局1992年版，第346页。
　　③ （唐）房玄龄等撰：《晋书》，中华书局1974年版，第2154页。
　　④ 见（梁）释慧皎撰《高僧传》，汤用彤校注，汤一玄整理，中华书局1992年版，第177—188页。
　　⑤ 见（梁）释慧皎撰《高僧传》，汤用彤校注，汤一玄整理，中华书局1992年版，第32—34页。
　　⑥ 见（梁）释慧皎撰《高僧传》，汤用彤校注，汤一玄整理，中华书局1992年版，第189—190页。
　　⑦ 见（梁）释慧皎撰《高僧传》，汤用彤校注，汤一玄整理，中华书局1992年版，第211—229页。
　　⑧ 见（梁）释慧皎撰《高僧传》，汤用彤校注，汤一玄整理，中华书局1992年版，第244—246页。

经目录，提出了"五失本，三不译"① 的翻译理论。此外，道安还曾提出僧人不应"依师为姓"，而应"以释命氏"，② 后成定制。

综观后秦以前的佛教发展情况，可以发现如下特征。

第一，佛教传入中国之后，译经一直是佛教发展与传播的重要内容和途径。故古之赞宁曰："译经是佛法之本，本立则道生"③，今之梁启超亦云："佛教为外来之学，其托命在翻译，自然之数也。"④

第二，般若与禅学一直是中土佛学研究的两大焦点。

第三，"十六国"以前，不论是佛经的翻译，还是佛教的传播，往往都是零散的、民间性的。直到"十六国"的后赵、前秦，佛教才开始受到统治者的尊崇，佛教的弘传才得到国家政权的支持，佛教才在中国站稳了脚跟。究其原因：一是当时这些出身少数民族的统治者们认为"佛是戎神，正所应奉"⑤，也就是说，胡人信佛，理所当然。二是从佛图澄到道安，这些弘法高僧们越来越清楚地意识到"不依国主，则法事难立"⑥。正因为如此，佛教才会在"十六国"时期迅速发展，保持兴盛。

第四，佛教的发展具有传承性。所谓传承性，就是说前代佛教的发展往往会为后代佛教创造条件，而后代佛教则往往会从前代佛教发展中汲取经验。

第五，天竺高僧的来华和汉地僧人的西去，都极大地促进了佛教特别是译经的发展，丰富了其内容。

第二节　后秦统治者的崇佛

后秦虽是羌族豪强姚苌所建，但他建立后秦政权后，一直疲于应战，无暇旁顾。姚苌去世后，姚兴即位。他指挥后秦大军败西秦，灭后凉，以

---

① 详见（梁）释僧祐撰《出三藏记集》，苏晋仁、萧鍊子点校，中华书局1995年版，第290页。
② 参见（梁）释慧皎撰《高僧传》，汤用彤校注，汤一玄整理，中华书局1992年版，第181页。
③ （宋）释赞宁撰：《宋高僧传（上）》，范祥雍点校，中华书局1987年版，第58页。
④ 梁启超：《中国佛教研究史》，生活·读书·新知三联书店上海分店1988年版，第155页。
⑤ （梁）释慧皎撰：《高僧传》，汤用彤校注，汤一玄整理，中华书局1992年版，第352页。
⑥ （梁）释慧皎撰：《高僧传》，汤用彤校注，汤一玄整理，中华书局1992年版，第178页。

关中为腹地，占领了北方的广阔领土（今陕西省的大部和甘肃、宁夏、山西诸省的一部分）。待战事稍息，便选用贤能，留心政事，惩贪奖廉，建立法制，致后秦国力强盛，成为当时北方"十六国"中的强国。

姚兴崇佛的原因，比较复杂。

首先，他生活的"十六国"时期，大的社会环境是各族统治者竞相杀掠，战事不断，赤地千里，民不聊生。在这种情况下，不论是常兴征伐之事的统治者，还是饱受战争之苦的老百姓，都备感生命无常，希望能够得到现实的解脱和精神的慰藉。佛教的"无常说"恰能证明现实情况，而"轮回说"则给他们以希望。这也是后来姚兴讨论"三世"问题的重要动因。

其次，姚兴在苻坚时，曾为太子舍人，身处佛教兴盛的前秦之世，必然深受影响。

再次，姚兴身为羌人，可能早已接受了应奉戎神之说。

最后，姚兴以为"佛道冲邃，其行为善，信为出苦之良津，御世之洪则"①。就是说，他已经明确地意识到佛教导人向善，拔除痛苦，可以令社会稳定，有利于维护其统治。他之所以会有如此认识，主要是因为当时的少数民族统治者统治汉族地区，缺乏理论支持，所以他们希望利用佛教的"因果报应""三世轮回"等学说，将自己的统治变得名正言顺。可以说，佛教之于这些少数民族统治者，就如同儒教之于汉族统治者一样是控制意识形态、维护统治的重要工具。

正是由于上述种种，后秦主姚兴方"卑万乘之心"，而"尊三宝之教"②。

姚兴之崇佛首先表现为对佛教"三宝"中僧宝的重视。

在鸠摩罗什来到长安之前，姚兴对关中高僧就已礼敬有加。例如，他钦服僧䂮之德业，故"友而爱焉，入寺相造，迺同辇还宫"③；对僧䂮"深相顶敬"④；对昙影之入关亦是"大加礼接"⑤。后来，姚兴思慕高僧鸠摩罗什之名，初即帝位便遣使后凉，邀请罗什来长安，但由于后凉吕氏

---

① （梁）释慧皎撰：《高僧传》，汤用彤校注，汤一玄整理，中华书局1992年版，第52页。
② 《大正藏》第五十五卷，第253页下。
③ （梁）释慧皎撰：《高僧传》，汤用彤校注，汤一玄整理，中华书局1992年版，第281页。
④ （梁）释慧皎撰：《高僧传》，汤用彤校注，汤一玄整理，中华书局1992年版，第239页。
⑤ （梁）释慧皎撰：《高僧传》，汤用彤校注，汤一玄整理，中华书局1992年版，第243页。

的阻挠，一直未能成行。直至后秦大军攻破后凉，罗什方于弘始三年（401年）被姚兴迎入长安。鸠摩罗什抵达长安后，姚兴则"待以国师之礼，甚见优宠。晤言相对，则淹留终日，研微造尽，则穷年忘倦"[1]。罗什之后，对于相继来华的外国高僧，姚兴同样尊崇备至。比如，对弗若多罗"待以上宾之礼"[2]；佛陀耶舍来至长安时，他不但"自出候问"，而且"别立新省于逍遥园中，四事供养"[3]。另外，姚兴不仅重视治下高僧，连东晋的慧远亦"致书殷勤，信饷连接"[4]。其尊礼僧宝之心，昭然可见。正是由于姚兴对高僧的重视和礼遇，才使得"沙门自远而至者五千余人"[5]，为后秦佛教的发展，特别是讲译事业的兴盛，奠定了基础。

其次，姚兴"少崇三宝，锐志讲集"[6]，对译经演法之事非常热衷。

《晋书·姚兴载记》曾载："兴如逍遥园，引诸沙门于澄玄堂听鸠摩罗什演说佛经。罗什通辩夏言，寻览旧经，多有乖谬，不与胡本相应。兴与罗什及沙门僧䂮、僧迁、道树、僧叡、道坦、僧肇、昙顺等八百余人，更出《大品》，罗什持胡本，兴执旧经，以相考校，其新文异旧者皆会于理义。"[7] 由此可见，姚兴相当重视佛经的翻译，不仅为鸠摩罗什提供了翻译场所，而且配备了八百多名义学僧人，协助其翻译，甚至亲自参与了《大品》（《摩诃般若波罗蜜经》）的翻译工作。另据《出三藏记集》卷十四《鸠摩罗什传》载，姚兴时"三千余僧，禀访精研，务穷幽旨"[8]。《历代三宝纪》卷八亦云："三千僧德同止一处，共受姚秦天王供养。"[9] 可见姚兴之世，最盛时曾供养三千学问僧，共襄译业，同举佛事，规模之大，令人慨叹。事实上，除《大品》外，《大智度论》《维摩诘经》《十诵律》《四分律》及《舍利弗阿毗昙论》等佛典的译出，都与其有着直接的关系，甚至可以说整个后秦的译经都是在姚兴的支持下诞生的。

宋敏求《长安志》卷五述及逍遥园时，则对当时的演法场面进行了

---

[1] （梁）释慧皎撰：《高僧传》，汤用彤校注，汤一玄整理，中华书局1992年版，第52页。
[2] （梁）释慧皎撰：《高僧传》，汤用彤校注，汤一玄整理，中华书局1992年版，第60页。
[3] （梁）释慧皎撰：《高僧传》，汤用彤校注，汤一玄整理，中华书局1992年版，第67页。
[4] （梁）释慧皎撰：《高僧传》，汤用彤校注，汤一玄整理，中华书局1992年版，第218页。
[5] （唐）房玄龄等撰：《晋书》，中华书局1974年版，第2985页。
[6] （梁）释僧祐撰：《出三藏记集》，苏晋仁、萧錬子点校，中华书局1995年版，第533页。
[7] （唐）房玄龄等撰：《晋书》，中华书局1974年版，第2984—2985页。
[8] （梁）释僧祐撰：《出三藏记集》，苏晋仁、萧錬子点校，中华书局1995年版，第534页。
[9] 《大正藏》第四十九卷，第75页上。

描述："姚兴常于逍遥园引诸沙门听番僧鸠摩罗什演讲佛经，起逍遥宫。殿庭左右有楼阁，高百尺，相去四十丈，以麻绳大一围，两头各拴楼上，会日，令二人各从楼内出，从绳上行过，以为佛神相遇。"① 从这则材料可以看出，姚兴经常率众僧参加鸠摩罗什的演法活动，对演法场地亦斥资修建。演法期间，不仅有高僧的弘宣，而且配合有现场的演示，确实堪称"演法"。

再次，姚兴对译经场所及佛教寺院的建设也是不遗余力。

上文提到的姚兴经常前往演法之逍遥园，即是后秦时期重要的译经场所和佛教寺院。地处长安城北，渭水之滨，内有西明阁。② 从宋敏求所述可知，其宫殿建筑之兴亦有姚兴之功。鸠摩罗什所译《摩诃般若波罗蜜经》《思益梵天所问经》《自在王经》《禅法要解》及《大智度论》等皆出于此。《晋书》中还说姚兴"起浮图于永贵里，立波若台于中宫"③。《长安志》复在"永贵里有波若台"条下介绍说："姚兴集沙门五千余人，有大道者五十人，起造浮图于永贵里，立波若台。居中作须弥山，四面有崇岩峻壁，珍禽异兽，林木极精奇，仙人佛像俱有，人所未闻，皆以为希奇。"④ 浮图，意为塔、寺。综上可知，姚兴当时很可能在永贵里建造了寺庙，并且在其间设般若台。此寺作何使用，是译经演法，还是打坐修禅，不得而知。此外，姚兴还提供了长安大寺作为后秦的译经场所。据《历代三宝纪》卷八所载，"世称大寺，非是本名。中构一堂，权以草苫。即于其内及逍遥园二处翻译。……魏末周初，衢术稍整。大寺因尔成四伽蓝。草堂本名即为一寺。草堂东常住寺。南京兆王寺。京兆后改安定国寺。安定国西为大乘寺。边安定左天街东畔八隅大井。即旧大寺之东厨，

---

① （宋）宋敏求撰：《长安志》卷五，《四库全书》（第587册）（文渊阁本），上海古籍出版社2003年版，第111页。

② 僧叡作《大品经序》云："渭滨流祇洹之化，西明启如来之心，逍遥集德义之僧，京城溢道咏之音。……于京城之北逍遥园中出此经"［（梁）释僧祐撰：《出三藏记集》，苏晋仁、萧錬子点校，中华书局1995年版，第292—293页］。另，《〈大智论〉记》言："于逍遥园中西门阁上"［（梁）释僧祐撰：《出三藏记集》，苏晋仁、萧錬子点校，中华书局1995年版，第388页］。综上而得文中结论。

③ （唐）房玄龄等撰：《晋书》，中华书局1974年版，第2985页。

④ （宋）宋敏求撰：《长安志》卷五，《四库全书》（第587册）（文渊阁本），上海古籍出版社2003年版，第111页。

供三千僧之甘泉也"①。由此可见此寺规模之大。《法华经》《维摩诘经》《中论》《十二门论》等佛典均译于此地。另外，姚兴迎请佛陀耶舍入关后，曾为其"别立新省于逍遥园中，四事供养"②，是否能将此"新省"视为姚兴所建之寺，尚待考证。

最后，姚兴之崇佛还表现为著文对佛教义理进行探究。

他曾著《通三世论》，申明"三世一统，循环为用，过去虽灭，其理常在。……如火之在木，木中欲言有火耶，视之不可见；欲言无耶，缘合火出。……圣见三世，无所疑矣"③，以此证明佛教"三世轮回""因果报应"理论的正确，并就此向鸠摩罗什请教。虽然罗什以中观思想回复其说"不得定有，不得定无，有无之说，唯时所宜耳"④，但却肯定了姚兴所问的重要性，并赞其"雅论大通，甚佳"⑤。此外，姚兴还著有《通不住法住般若》《通圣人放大光明普照十方》《通一切诸法空》等研讨佛经义理之文，皆收于唐道宣所撰《广弘明集》卷十八中。姚兴对佛教义理的探究充分表现出，他已不是盲目地崇佛，而是希望通过探究，解决心中的疑惑。由此加强自身信仰佛教的信心，同时更加有效地利用它巩固甚至扩大自己的统治。

受后秦国主姚兴崇佛的影响，其国"公卿已下莫不钦附"⑥。常山公姚显、安城侯姚嵩、晋公姚爽以及太子姚泓，皆是后秦"公卿"中奉佛崇法之代表。

常山公姚显"笃信缘业，屡请什于长安大寺讲说新经"⑦。而且，他特别关注佛经的翻译，曾于弘始八年（406年）承姚兴之命，共姚嵩"与义学沙门千二百人，于常安大寺"⑧请罗什法师重译《维摩诘经》；弘始九年（407年），恭请罗什法师出《自在王经》；弘始十三年（411年），请法师始译《成实论》。

---

① 《大正藏》第四十九卷，第75页上。
② （梁）释慧皎撰：《高僧传》，汤用彤校注，汤一玄整理，中华书局1992年版，第67页。
③ 《大正藏》第五十二卷，第228页中。
④ 《大正藏》第五十二卷，第228页中。
⑤ 《大正藏》第五十二卷，第228页中。
⑥ （唐）房玄龄等撰：《晋书》，中华书局1974年版，第2985页。
⑦ （梁）释慧皎撰：《高僧传》，汤用彤校注，汤一玄整理，中华书局1992年版，第52页。
⑧ （梁）释僧祐撰：《出三藏记集》，苏晋仁、萧鍊子点校，中华书局1995年版，第310页。

姚嵩是姚兴之弟，后秦之安城侯。"少好大道，长而弥笃"，"风韵清舒，冲心简胜，博涉内外，理思兼通"，"虽复行羁时务，而法言不辍"①。他也经常邀请鸠摩罗什于长安讲说新经，且非常重视翻译新经。罗什所译《法华经》《维摩诘经》和《百论》皆系因其所请而出。尤其是《百论》的译出，他更是参与其中，亲"集理味沙门，与什考校正本，陶练覆疏，务存论旨"②。另外，他还接受过姚兴所赐其关于大乘佛法的研究心得，以及《通三世论》并罗什法师答书，相与研讨。③ 由此可见，姚嵩不仅崇佛奉法，关心佛经的翻译，而且可能对佛学研究亦颇有造诣，否则，姚兴也不会与其探讨佛法研究之心得。

晋公姚爽"质直清柔，玄心超诣，尊尚大法，妙悟自然"④。正因为如此，姚兴对他很是看重，常将佛法之事委托给他办理。《四分律》和《长阿含经》就是姚爽承姚兴之命，请罽宾（今克什米尔一带）三藏佛陀耶舍译出的。

太子姚泓从小便受到父亲姚兴的熏陶，耳濡目染，自然崇佛奉法。他曾于弘始十年（408 年）请罗什法师译出《小品般若波罗蜜经》。待罽宾高僧昙摩耶舍来至长安后，又奉姚兴之命，亲自参与了《舍利弗阿毗昙论》的翻译。天竺禅僧佛陀跋陀罗（意译觉贤）入关后，其"欲闻贤说法，乃要命群僧，集论东宫"⑤。由此可见，他对于佛法的学习是相当积极的。另外，从其子名为"佛生"，亦可看出他的崇佛心意。

综上可知，姚秦政权"于佛教之尊崇，比前秦更甚"⑥。正是因为姚秦统治者们如此尊崇佛教，才会上行下效，致其境内"州郡化之，事佛者十室而九矣"⑦。也正是因为统治者们对译经事业的支持，后秦译经才能在数量和质量上达到前所未有的水平。

---

① （梁）释僧祐撰：《出三藏记集》，苏晋仁、萧鍊子点校，中华书局1995年版，第403页。
② （梁）释僧祐撰：《出三藏记集》，苏晋仁、萧鍊子点校，中华书局1995年版，第403页。
③ 详见《大正藏》第五十二卷，第228页上及第228页下—第229页上。
④ （梁）释僧祐撰：《出三藏记集》，苏晋仁、萧鍊子点校，中华书局1995年版，第336页。
⑤ （梁）释慧皎撰：《高僧传》，汤用彤校注，汤一玄整理，中华书局1992年版，第71页。
⑥ 杜斗城：《北凉译经论》，甘肃文化出版社1995年版，第262页。
⑦ （唐）房玄龄等撰：《晋书》，中华书局1974年版，第2985页。

第三节　后秦长安僧团的形成

所谓僧团，就是指出家修行传法的僧人团体，一般需要四人以上。[①] 佛教在中国社会逐渐流行后，就出现了一些以某个译经僧（如西晋竺法护）为核心，或以某地为传法基地（如后赵邺城）的僧团。

佛教讲佛、法、僧"三宝"，而三宝当中僧的地位至关重要。他们不仅是沟通世俗与神佛的桥梁，更是佛法的载体和传播主体。只有拥有了精通佛法、德行高尚的僧侣，佛教才能得到持续的发展和有效的推广。后秦佛教特别是译经事业的兴盛，就与当时在长安形成的以鸠摩罗什为核心的僧团密切相关。

后秦以鸠摩罗什为核心的长安僧团之所以能够形成，条件有三。

首先，后秦国内环境安定，统治者崇佛敬僧。正如前文所述，后秦至姚兴统治时，已经成为"十六国"中的强国，国内环境相对稳定，这就为僧侣的人身安全提供了保证。而且姚兴又是一位崇佛敬僧之君，对已有和新来长安的高僧皆礼敬有加，且热衷于为高僧译经演法提供财物支持。这样，既保证了已有高僧在后秦享有崇高地位，又能够吸引更多僧侣远来相从，也为高僧译经演法创造了条件。

其次，大德鸠摩罗什的东来。从鸠摩罗什的生平可知，后秦姚兴时，其早已名扬天下，四海钦慕。罗什不仅佛学造诣高深，而且精通梵汉，徒众相随。入关之后，更是备受姚兴推崇，委以国师，长安僧众尽皆敬仰。再加上其素有弘法大愿，又深知"不依国主法事难立"之理。所以，停住长安后，便迅速成为僧俗的精神领袖。

最后，四方僧众云集。前秦灭亡后，原来道安僧团中的许多高僧，如协助道安译经的僧叡、昙影、僧䂮等，依然留在长安，为后秦僧团的建立提供了人才基础。此外，随罗什东来的僧肇等人以及前往长安参学的异地僧人，皆为后秦建立规模庞大的僧团创造了条件。

正是因为具备了上述条件，后秦才在前秦长安僧团的基础上，在姚兴的大力支持下，形成了以鸠摩罗什为核心的长安僧团。

---

① 参见任继愈主编《中国佛教史》（第一卷），中国社会科学出版社1985年版，第174—175页。

《高僧传·鸠摩罗什传》曾载：姚兴"使沙门僧䂮、僧迁、法钦、道流、道恒、道标、僧叡、僧肇等八百余人，谘受什旨"，又载"三千徒众，皆从什受法"。①《晋书·姚兴载记》亦载："沙门自远而至者五千余人"②。通过上述记载可以看出，以鸠摩罗什为核心的后秦长安僧团不仅得到了国主姚兴的支持，而且颇具规模。如此庞大的僧团，具体的组成情况究竟如何，因史籍缺载，我们不得而知。但若根据《高僧传》《出三藏记集》及《魏书·释老志》对从罗什受法诸僧及相关译经情况的记载，我们或可窥其大貌。下面就据《高僧传》《出三藏记集》及《魏书·释老志》等对可归入长安僧团之三十八位高僧的情况略作介绍③。

昙戒，一名慧精，俗姓卓，南阳（今河南南阳）人，先尊前秦道安为师，"博通三藏"，崇信弥勒，后参与《摩诃般若波罗蜜经》的翻译④。春秋七十，葬于道安墓旁。⑤

昙顺，黄龙人，年少时便跟从鸠摩罗什学习。后投慧远门下，并受慧远派遣前往江陵（今湖北荆州）竹林寺弘法。⑥

僧䂮（与"略"通，文中注释中皆作"僧略"），北地泥阳（今陕西耀县一带）人，为弘觉法师弟子，精通六经、三藏。后秦时，受到姚苌、姚兴敬重。罗什入关后，从学并参与译经。后姚兴敕为僧正，掌理僧尼事务。弘始（399—416年）末年，卒于长安大寺，春秋七十三岁。

---

① （梁）释慧皎撰：《高僧传》，汤用彤校注，汤一玄整理，中华书局1992年版，第52、54页。

② （唐）房玄龄等撰：《晋书》，中华书局1974年版，第2985页。

③ 尚永琪在《鸠摩罗什译经时期的长安僧团》一文中对曾受学罗什的高僧数量进行过统计，统计结果为二十七位［参见尚永琪《鸠摩罗什译经时期的长安僧团》，载增勤主编《长安佛教学术研讨会论文集》（第五编），2009年，第51页］。笔者在此基础上，结合对相关史籍的研究，更将从罗什受学的"僧因""惠始""僧嵩""慧仪"以及参与《大品》翻译的"慧恭""慧精""宝度""僧悏""道悰""僧遨"和参与翻译《成实论》的"昙晷"加入，使见诸史籍的以罗什为核心的长安僧团成员增至三十八位。

④ 参见（梁）释僧祐撰《出三藏记集》，苏晋仁、萧鍊子点校，中华书局1995年版，第293页。

⑤ 参见（梁）释慧皎撰《高僧传》，汤用彤校注，汤一玄整理，中华书局1992年版，第204页。

⑥ 参见（梁）释慧皎撰《高僧传》，汤用彤校注，汤一玄整理，中华书局1992年版，第238页。

慧斌，姚兴命其与法钦"共掌僧录"。①

道融，汲郡林虑（今河南林县）人，十二岁出家，三十岁时已博通群书，才解出众。后入关投鸠摩罗什门下，入逍遥园，参正详译。曾讲《中论》《法华》等经，罗什赞之云："佛法之兴，融其人也。"在宫廷与来自师子国（今斯里兰卡）的婆罗门辩论，获胜。后到彭城（今江苏徐州）传教说法，门徒三百，前后问学者千有余人。七十四岁时，卒于彭城。著有《法华义疏》《大品般若经义疏》《金光明经义疏》《十住经义疏》及《维摩诘经义疏》等。②

昙影，北人，擅讲《正法华》和《光赞般若》，听者道俗数千。后入关中，受到姚兴礼待。鸠摩罗什入关后，入逍遥园，助其译经。著有《法华义疏》四卷及《中论注》。后隐栖山中，东晋义熙年间（405—418年）卒，年七十。③

僧叡，魏郡长乐（今河南安阳一带）人，十八岁投僧贤出家，二十二岁已博通经论，曾听佛图澄弟子僧朗讲《放光般若经》，还曾师事前秦道安法师④，后随鸠摩罗什受禅法，请出《禅法要》三卷。姚嵩对其深相礼敬。罗什译经，皆助参正，并为多经作序。曾承罗什之命讲解《成实论》，解悟俱佳，受到罗什称赞。后卒于长安，春秋六十七。

僧楷，与僧叡同学，亦有高名。⑤

道恒（346—417年），蓝田（今陕西西安东南）人，二十岁出家，研习佛法，"学该内外"。罗什入关后，"即往修造"，并助罗什详订译经。后姚兴敕姚显命其与同学道标还俗从政，誓不从命。最后隐遁山中而亡，春秋七十二。撰有《释驳论》及《百行箴》。

---

① 上述二人事迹，皆载《高僧传》卷六《僧䂮传》中。参见（梁）释慧皎撰《高僧传》，汤用彤校注，汤一玄整理，中华书局1992年版，第239—241页。

② 参见（梁）释慧皎撰《高僧传》，汤用彤校注，汤一玄整理，中华书局1992年版，第241—243页。

③ 参见（梁）释慧皎撰《高僧传》，汤用彤校注，汤一玄整理，中华书局1992年版，第243—244页。

④ 参见（梁）释僧祐撰《出三藏记集》，苏晋仁、萧鍊子点校，中华书局1995年版，第292页。

⑤ 上述二人事迹，皆载《高僧传》卷六《僧叡附僧楷传》中。参见（梁）释慧皎撰《高僧传》，汤用彤校注，汤一玄整理，中华书局1992年版，第244—246页。

道标，道恒之同学，"雅有才力"，是奉敕"谘受什旨"的"八百余人"①之一。被姚兴、姚显敕令与道恒一起还俗从政，"助振王业"，亦未从王命。②

僧肇（384—414年），京兆（今陕西西安一带）人，善学方等，兼通三藏。曾远赴姑臧（今甘肃武威）跟从鸠摩罗什受学。后随罗什入关，助其译经。在罗什门下十余年，深得罗什赞赏。著有《般若无知论》《不真空论》《物不迁论》《涅槃无名论》及《维摩诘经注》等，并为诸多罗什译经制序。③

道生，本姓魏，钜鹿（今河北巨鹿）人，寓居彭城（今江苏徐州）。从竺法汰出家，聪悟善辩。受具戒后，先入庐山，"幽栖七年"。后与慧叡、慧严同游长安，从鸠摩罗什受业，以"神悟"著称。南朝宋时，往建康（今江苏南京）住青园寺。因据六卷《泥洹》倡"一阐提人皆得成佛"而遭摈弃，入虎丘山。后复入庐山，聚僧讲法。及《大涅槃经》传至南京（今江苏南京），方证道生所言不虚。遂升座讲说《涅槃经》，直至元嘉十一年（434年）去世。著有《二谛论》《佛性当有论》《法身无色论》《佛无净土论》《应有缘论》等。④

慧叡，冀州人，少年出家，游历各地。据说曾达南天竺界，"音义诂训，殊方异义，无不必晓"。曾止庐山，后入关谘禀于鸠摩罗什，并参与译经。南朝宋时，至建康（今江苏南京）乌衣寺讲说众经。宋彭城王刘义康请以为师，从受戒法。因谢灵运谘问，著《十四音训序》。宋元嘉中（424—453年）卒，年八十五。⑤

慧严（363—443年），俗姓范，豫州人，十二岁受儒学，饱读诗书。十六岁出家，精研佛理。听闻鸠摩罗什入关，便从其受学，"访正音义，多所异闻"。后至建康（今江苏南京），住东安寺。刘裕西伐长安，邀与

---

① （梁）释慧皎撰：《高僧传》，汤用彤校注，汤一玄整理，中华书局1992年版，第52页。
② 上述二人事迹，皆载《高僧传》卷六《道恒附道标传》中。参见（梁）释慧皎撰《高僧传》，汤用彤校注，汤一玄整理，中华书局1992年版，第246—248页。
③ 参见（梁）释慧皎撰《高僧传》，汤用彤校注，汤一玄整理，中华书局1992年版，第248—254页。
④ 参见（梁）释慧皎撰《高僧传》，汤用彤校注，汤一玄整理，中华书局1992年版，第255—259页。
⑤ 参见（梁）释慧皎撰《高僧传》，汤用彤校注，汤一玄整理，中华书局1992年版，第259—260页。

同行。宋文帝即位，对他更加敬重，常从问佛法。北凉昙无谶译的《大涅槃经》四十卷至宋，慧严与慧观、谢灵运整修改编为三十六卷称为《南本涅槃经》。①

慧观，俗姓崔，清河（今河北清河）人，二十岁出家，游方受业，曾师事庐山慧远，闻鸠摩罗什入关，北上投其门下，"访核异同，详辩新旧"，"思入玄微"，时人称之"通情则生（道生）、融（道融）上首，精难则观（慧观）、肇（僧肇）第一"。罗什圆寂后，南至荆州，州将司马休之甚相礼敬，在此立高悝寺，荆楚之民皈依者甚众。宋武帝西伐司马休之至江陵，对慧观十分敬重，敕与西中郎（刘义隆，后为文帝）交游。回京后，请慧观住道场寺。由于其"妙善佛理，探究老庄"，又精《十诵律》，故从其受学者颇多。宋元嘉年间（424—453年）卒，春秋七十一。著有《辩宗论》《论顿悟渐悟义》《十喻序赞》及诸经序等。②

僧弼（365—442年），本吴（今江苏）人，曾与昙干同游长安，跟从鸠摩罗什受业。"爱日惜力，靖有深思"，受到鸠摩罗什的赏识，令其参加译经之事。后居郢城（今湖北江陵一带）十余年，弘法传教。北凉沮渠蒙逊曾遣使通敬。后又前往宋都建康（今江苏南京）止于彭城寺。宋文帝颇为器重，常请讲法。

昙干，龙光寺僧，曾与僧弼同游长安，从鸠摩罗什受学。③

僧苞，京兆（今陕西西安一带）人，年少时在长安受学于鸠摩罗什。后东下南朝宋都建康（今江苏南京），住祇洹寺，"开讲众经，法化相续"。宋元嘉（424—453年）中卒。④

昙鉴，俗姓赵，冀州人，年少时，依竺道祖法师出家。"律行精苦，学究群经，兼善数论"。后听说鸠摩罗什法师停止关中，便杖策从学，罗什法师常称其为"一闻持人"，意即诸法耳闻，皆不忘失。后游方宣化，

---

① 参见（梁）释慧皎撰《高僧传》，汤用彤校注，汤一玄整理，中华书局1992年版，第260—264页。

② 参见（梁）释慧皎撰《高僧传》，汤用彤校注，汤一玄整理，中华书局1992年版，第264—265页。

③ 上述二人事迹，皆载《高僧传》卷七《僧弼传》中。参见（梁）释慧皎撰《高僧传》，汤用彤校注，汤一玄整理，中华书局1992年版，第269—270页。

④ 参见（梁）释慧皎撰《高僧传》，汤用彤校注，汤一玄整理，中华书局1992年版，第271—272页。

住江陵（今湖北荆州）辛寺，行阿弥陀信仰，并坐化于此，春秋七十。①

慧恭，义学高僧，曾参与《摩诃般若波罗蜜经》的翻译工作。②

慧安，"蔬食精苦，学通经义，兼能善说，又以专戒见称"，住在庐山凌云寺。后持书梵文之杖至长安，诣见罗什。宋元嘉中（424—453年），卒于山寺。③

昙无成，俗姓马，扶风（今陕西泾阳一带）人，十三岁出家，后听闻鸠摩罗什在长安，遂"负笈从之"。通过学习，"慧业愈深"，且受到姚兴的殷厚供养。后秦末年，关中危乱，遂徙居淮南中寺，常讲《涅槃经》《大品般若经》，弟子二百余人。与宋臣颜延之、何尚之共论实相，著有《实相论》《明渐论》。宋元嘉年间（424—453年）卒，年六十四。④

僧导，京兆（今陕西西安一带）人，十岁出家，读《观世音经》《正法华经》，至十八岁，已博览众经。前秦时，曾参与道安僧团的译经，为《四阿含暮抄》的笔受者之一⑤。后秦时，姚兴敬其德业，优待有加。鸠摩罗什译经，僧导"参议详定"，并于长安著《成实义疏》《三论义疏》及《空有二谛论》等。后至寿春（今安徽寿县），立东山寺，讲说经论，受业者千余人。宋武帝即位，遣使征请入京，住于建康（今江苏南京）中兴寺。孝建中（454—456年），奉敕于瓦官寺讲《维摩经》，帝与公卿皆临会听讲。卒于寿春石磵寺，春秋九十六。有弟子僧威、僧音等，皆善《成实论》。

僧因，曾与僧导一起师事鸠摩罗什。⑥

道温，安定朝那（今甘肃灵台）人，十六岁入庐山跟从慧远学习。

---

① 参见（梁）释慧皎撰《高僧传》，汤用彤校注，汤一玄整理，中华书局1992年版，第273—274页。

② 参见（梁）释慧皎撰《高僧传》，汤用彤校注，汤一玄整理，中华书局1992年版，第274页，以及（梁）释僧祐撰《出三藏记集》，苏晋仁、萧鍊子点校，中华书局1995年版，第293页。

③ 参见（梁）释慧皎撰《高僧传》，汤用彤校注，汤一玄整理，中华书局1992年版，第274—275页。

④ 参见（梁）释慧皎撰《高僧传》，汤用彤校注，汤一玄整理，中华书局1992年版，第275—276页。

⑤ 参见（梁）释僧祐撰《出三藏记集》，苏晋仁、萧鍊子点校，中华书局1995年版，第340页。

⑥ 上述二人事迹，皆载《高僧传》卷七《僧导附僧因传》中。参见（梁）释慧皎撰《高僧传》，汤用彤校注，汤一玄整理，中华书局1992年版，第280—283页。

后游学长安，礼鸠摩罗什为师。元嘉中（424—453年），止住襄阳檀溪寺。孝建中（454—456年），入宋都中兴寺。大明年间（457—464年），敕为都邑僧主。宋世卒于天安寺（原中兴寺），年六十九。①

僧业（367—441年），俗姓王，河内（今河南沁阳）人，博览群书，游学长安，跟从鸠摩罗什学习，专攻《十诵律》，"洞尽深奥"。后避乱于建康闲居寺，讲法修禅，学众颇多。②

慧询（375—458年），俗姓赵，赵郡人，年少时便"蔬食苦行"，后游历长安，受学于鸠摩罗什。专精《十诵律》及《僧祇律》。宋永初中（420—422年），前往广陵，弘宣律学。元嘉中（424—453年），住南宋京都道场寺弘法。后终于长乐寺。③

僧迁，"禅慧兼修"，曾担当后秦纲领僧尼的"悦众"，④亦是奉姚兴之命"谘受什旨"的"八百余人"之一⑤。

法钦，奉姚兴之命与慧斌"共掌僧录"⑥，亦是奉敕"谘受什旨"的"八百余人"之一⑦。

道流，奉姚兴之命"谘受什旨"的"八百余人"之一。⑧

宝度，参与《摩诃般若波罗蜜经》翻译的五百余义学高僧之一。

僧㤭，参与《摩诃般若波罗蜜经》翻译的五百余义学高僧之一。

---

① 参见（梁）释慧皎撰《高僧传》，汤用彤校注，汤一玄整理，中华书局1992年版，第287—290页。

② 参见（梁）释慧皎撰《高僧传》，汤用彤校注，汤一玄整理，中华书局1992年版，第428—429页。

③ 参见（梁）释慧皎撰《高僧传》，汤用彤校注，汤一玄整理，中华书局1992年版，第430页。

④ 参见（梁）释慧皎撰《高僧传》，汤用彤校注，汤一玄整理，中华书局1992年版，第240页。

⑤ 参见（梁）释慧皎撰《高僧传》，汤用彤校注，汤一玄整理，中华书局1992年版，第52页。

⑥ 参见（梁）释慧皎撰《高僧传》，汤用彤校注，汤一玄整理，中华书局1992年版，第240页。

⑦ 参见（梁）释慧皎撰《高僧传》，汤用彤校注，汤一玄整理，中华书局1992年版，第52页。

⑧ 参见（梁）释慧皎撰《高僧传》，汤用彤校注，汤一玄整理，中华书局1992年版，第52页。

道惊，参与《摩诃般若波罗蜜经》翻译的五百余义学高僧之一。①

僧䂮，参与《摩诃般若波罗蜜经》翻译的五百余义学高僧之一。②

昙晷，在《成实论》的翻译过程中，担任"笔受"。③

惠始，俗姓张，清河（今河北清河）人，听闻鸠摩罗什于长安译出新经，"遂诣长安见之，观习经典。坐禅于白渠北，昼则入城听讲，夕则还处静坐。三辅有识多宗之"。姚秦破灭，前往北魏京都平城（今山西大同），精于禅业，"多所训导，时人莫测其迹"。太武帝拓跋焘深相礼敬。太延中（435—440年），化于八角寺，"送葬者六千余人"，中书监高允为其传，颂其德迹。④

僧嵩，曾于长安从鸠摩罗什学习《成实论》。后住徐州白塔寺，弘宣此论。北魏孝文帝元宏亦好《成实》，曾亲往相晤，僧渊系其高徒。⑤

慧仪，鸠摩罗什门人，善解实相深义。⑥

通过对上述三十八位僧人情况的梳理，我们就简单地勾勒出当时以鸠摩罗什为核心的长安僧团概貌，即僧团中既有像昙顺、僧苞那样跟从罗什学习的少年僧人，又有如僧导、僧叡一般参学助译的名僧大德。这些人或原止长安，或早从罗什，或慕名而来。跟从罗什所学内容繁杂，涉及义学、戒律、禅学及文学等诸多方面。他们中的绝大多数参与了罗什的译经，且参与者大都总该内外，学有所长。

了解了以鸠摩罗什为核心的长安僧团所兼具的上述教学与译经的功能后，就可以理解史载"八百余人"之数当为僧团中参与译经之僧数，而所谓"三千徒众"则为僧团的受法徒众，"五千余人"或为长安僧团的整体规模。也正是因为僧团的教学内容庞杂、博涉众端，译经之僧侣知识渊博、富有文才、术业精专，方才成就了后秦佛教特别是译经事业的兴盛。

---

① 上述三人译经事皆参见（梁）释僧祐撰《出三藏记集》，苏晋仁、萧錬子点校，中华书局1995年版，第293页。

② 参见《大正藏》所收《出三藏记集》卷十四《鸠摩罗什传》及《开元释教录》卷四《鸠摩罗什传》中关于《大品》翻译的记载（《大正藏》第五十五卷，第101页中、第514页下）。

③ 参见（梁）释僧祐撰《出三藏记集》，苏晋仁、萧錬子点校，中华书局1995年版，第404、405页。

④ 参见（北齐）魏收撰《魏书》，中华书局1974年版，第3032—3033页。

⑤ 参见（北齐）魏收撰《魏书》，中华书局1974年版，第3039—3040页。

⑥ 参见（唐）释元康撰《肇论疏》所载（《大正藏》第四十五卷，第165页上、中）。

第二章　后秦的译经僧及其译经

现代治佛教史之学者，论及后秦佛教，言必称其译经。由此可见，被梁启超称为佛教"托命"之事的佛经翻译①，于后秦佛教研究确实至为重要。究其原因，概有二端：其一，姚秦一代，整个佛教的发展、兴盛都是围绕着译经事业展开的；其二，后秦时期，"无论是译出的佛经，还是出现的高僧，都达到了佛教传入中国以来的最高水平"②。且这些译经僧和他们所译的佛经对后秦乃至整个中国佛教的发展，都具有重要的意义和深远的影响。本章就将对后秦的译经僧及其所译佛经进行较为系统和全面的剖析，以期由此深化、拓展对后秦佛教的认知与研究。

在对后秦译经僧及其译经进行论述之前，我们首先应当确定姚秦一代译经僧及其译经的数量。关于后秦译经僧及其译经的数量，存世经录虽皆有载，但所出不一。其中，《出三藏记集》载姚秦译经僧三人，译经四十部，凡三百八十五卷；③《历代三宝纪》则载后秦译经僧五人，译经一百一十六部，凡六百六十八卷（将历前后二秦之竺佛念译经全部归入后秦）④；《开元释教录》又载姚秦译经僧五人，"所出经、律、论等，总九十四部，合六百二十四卷，于中六十六部五百二十八卷见在，二十八部九十六卷阙本"（亦将历前后二秦之竺佛念译经全部归入后秦）⑤。近代复有吕澂所编《新编汉文大藏经目录》，载姚秦译经僧四人，译经四十八部，

---

① 参见梁启超《中国佛教研究史》，生活·读书·新知三联书店上海分店1988年版，第155页。
② 杜斗城：《北凉译经论》，甘肃文化出版社1995年版，第263页。
③ 参见（梁）释僧祐撰《出三藏记集》，苏晋仁、萧錬子点校，中华书局1995年版，第49—52页。
④ 参见《大正藏》第四十九卷，第77页上—第79页下。
⑤ 《大正藏》第五十五卷，第511页下。

共四百三十八卷。① 笔者在综合上述经录记载的基础上，结合小野玄妙、吕澂、王文颜等诸位学者的研究②以及自己的考证，最终确定见于史载之后秦译经僧有鸠摩罗什、竺佛念、弗若多罗、佛陀耶舍、昙摩耶舍五人，现存后秦译经共四十四部，合四百五十四卷。

第一节　鸠摩罗什及其译经

一　鸠摩罗什

鸠摩罗什（344—413 年③），也作究摩罗什、鸠摩罗耆婆、究摩罗耆婆、拘摩罗耆婆、鸠摩罗、究摩罗、耆婆，简称罗什，意为"童寿"④。祖籍天竺，家世国相。祖父达多，倜傥不群，名重于国。父亲鸠摩炎

---

① 参见吕澂编《新编汉文大藏经目录》，齐鲁书社 1980 年版。

② 上述诸位学者对后秦译经的考证，可以参见以下著作中的相关记载：[日] 小野玄妙：《佛教经典总论》，杨白衣译，台北：新文丰出版公司 1983 年版；吕澂：《中国佛学源流略讲》，中华书局 1979 年版；吕澂编：《新编汉文大藏经目录》，齐鲁书社 1980 年版；汤用彤：《汉魏两晋南北朝佛教史》，北京大学出版社 1997 年版；王文颜：《佛典疑伪经研究与考录》，台北：文津出版社 1997 年版。

③ 关于鸠摩罗什的卒年，各种史料记载不一：（1）《出三藏记集》卷十四鸠摩罗什传载罗什"以晋义熙中（405—418 年）卒于长安"，但未说明具体年代。《晋书》卷九十五鸠摩罗什传也载其"死于长安"，仍没有说明具体年代。（2）《高僧传》卷二鸠摩罗什传先载罗什"以伪秦弘始十一年（409 年）八月二十日，卒于长安。是岁晋义熙五年也"，后又载："然则什死年月，诸记不同：或云弘始七年（405 年），或云八年（406 年），或云十一年（409 年）。寻七与十一，字或讹误"。《神僧传》卷二所载与《高僧传》同，亦云罗什"以弘始十一年（409 年）八月二十日，卒于长安。是岁晋义熙五年也"。（3）《广弘明集》卷二十三僧肇所撰《鸠摩罗什法师诔》则记罗什于"癸丑之年（姚秦弘始十五年，东晋安帝义熙九年，413 年），年七十，四月十三日，薨于大寺"。《开元释教录》卷四也载："准成实论后记云：大秦弘始十三年（411 年）岁次豕韦九月八日，尚书令姚显请出此论，至来年九月十五日讫。准此，十四年（412 年）末，什仍未卒。"近年来，日本的塚本善隆、镰田茂雄等学者结合相关史料的研究，采信《高僧传》的记载，认为罗什的生卒年代应为 350—409 年。此说得到了我国佛教研究者吕澂的认可。但我国包括陈垣、汤用彤、陈寅恪、郑郁卿、陈世良等在内的许多学者则在结合诸多史料研究的基础上，认为应以僧肇撰《鸠摩罗什法师诔》的记载为准，并由此推算出罗什的生年当为东晋康帝建元二年（344 年）。我赞同陈垣等诸位先贤的研究成果，即罗什生卒年代应为公元 344—413 年。

④ 鸠摩罗什的传记，主要见《出三藏记集》卷十四、《高僧传》卷二、《晋书》卷九十五等。各传大同，唯详略、层次及某些内容略有区别。近代以来，文涛、汤用彤、鉴安、张曼涛、任继愈、郭朋、殷鼎、游侠、郑郁卿、黄夏年、尚永琪等先生都曾结合上述材料，撰文评述鸠摩罗什生平业绩。

（或作鸠摩罗炎），聪明有懿节。本应嗣位为相，却辞避出家，东渡葱岭。龟兹国（今新疆库车县一带）国王听说他甘愿放弃荣禄，十分敬慕，亲自率众前往城郊，迎请其为国师。龟兹王有妹，名为耆婆，年方二十，才悟明敏，过目能解，一闻则诵。且体有赤黡，法生智子。对于西域诸国王公的婚聘，她都予以拒绝。但对鸠摩炎却是一见倾心。龟兹王大喜，遂安排鸠摩炎与耆婆完婚。

罗什在胎之时，"其母慧解倍常"①。听闻雀梨大寺名德既多，又有得道之僧，就与王族贵女、德行诸尼，弥日设供，请斋听法。在这期间，耆婆不仅自通天竺语，而且"难问之辞，必穷渊致"②，对此众人都感叹万分。当时，有位名叫达摩瞿沙的罗汉就曾预言，耆婆所怀必为智子，并给她讲述了舍利弗在胎，其母善辩的例证。等到罗什出生之后，其母便不再会说天竺语了。罗什出生后不久，公主耆婆就想出家修道，其夫不允。几年后，更生一男，名弗沙提婆。复因见枯骨有感，以绝食求出家。受戒后，修行禅法，专精不懈，学得初果。

罗什出生之时，就"岐嶷若神"③。七岁时，随母一同出家，从师受经，日诵千偈，"偈有三十二字，凡三万二千言"④。诵《毗昙》既过，师授其义，即自通解，无幽不畅。当时，龟兹国人因其母是王妹，遂给予丰厚供养，耆婆因此携罗什离开龟兹。九岁时，随母渡辛头河（今印度河），前往罽宾（今克什米尔一带）。在那里遇到了罽宾王的堂弟、当地的名德法师——槃头达多，此人"渊粹有大量，才明博识，独步当时，三藏九部，莫不该练。从旦至中，手写千偈，从中至暮，亦诵千偈。名播诸国，远近师之"⑤。罗什即拜他为师，从受《杂藏》《中阿含经》《长阿含经》，凡四百万言。槃头达多常称赞年少的罗什聪明神俊，罽宾王闻知，遂邀罗什入宫，与外道论师辩论。辩论之初，外道视其年幼，态度轻慢，出言不逊，后罗什"乘其隙而挫之，外道折伏，愧惋无言"⑥。自此之后，罽宾王更加钦敬罗什，"日给鹅腊一双，粳米面各三斗，酥六升。

---

① （梁）释僧祐撰：《出三藏记集》，苏晋仁、萧鍊子点校，中华书局1995年版，第530页。
② （梁）释慧皎撰：《高僧传》，汤用彤校注，汤一玄整理，中华书局1992年版，第45页。
③ （梁）释僧祐撰：《出三藏记集》，苏晋仁、萧鍊子点校，中华书局1995年版，第530页。
④ （梁）释慧皎撰：《高僧传》，汤用彤校注，汤一玄整理，中华书局1992年版，第46页。
⑤ （梁）释慧皎撰：《高僧传》，汤用彤校注，汤一玄整理，中华书局1992年版，第46页。
⑥ （梁）释僧祐撰：《出三藏记集》，苏晋仁、萧鍊子点校，中华书局1995年版，第530页。

此外国之上供也。所住寺僧乃差大僧五人，沙弥十人，营视扫洒，有若弟子"①。

罗什十二岁时，随母亲返回故乡龟兹。当时，西域诸国皆以高爵重礼聘之，他都不为所动。归程途中，经过月氏（今巴基斯坦西北白沙瓦一带）北山时，路遇一罗汉，对其母说："常当守护此沙弥，若至三十五不破戒者，当大兴佛法，度无数人，与沤波掬多无异。若戒不全，无能为也，正可才明俊艺法师而已。"② 母子进入沙勒国（即疏勒，今新疆西北的喀什一带），罗什顶戴佛钵，心中暗想："钵形甚大，何其轻耶？"正想着，佛钵立刻就重了起来，罗什自感难以承受，赶快从头顶取下。母亲看到后，问其缘由，罗什说："我心有分别，故钵有轻重耳！"③ 由于沙勒国佛教盛行，且"国王甚重之"④，罗什母子遂停沙勒一年。在沙勒停留期间，罗什习诵《阿毗昙》，研读"六足"⑤ 诸论，并诵持《增一阿含经》，以至"备达其妙""无所滞碍"⑥。当时，沙勒有三藏沙门名叫喜见，特向国王建议："此沙弥不可轻，王宜请令初开法门。凡有二益：一国内沙门耻其不逮，必见勉强；二龟兹王必谓什出我国，而彼尊之，是尊我也，必来交好。"⑦ 国王采纳其建议，随即开大法会，召请鸠摩罗什升座，为众宣讲小乘《转法轮经》。龟兹王果然遣使酬谢，表示友好。

及至罗什随母返抵龟兹时，其已"名盖诸国"⑧。当时，龟兹僧众一万余人，皆疑罗什非凡夫，"咸推而敬之，莫敢居上"⑨。罗什由是不预烧香之次，而于说法之暇，博览佛教以外诸典，如古印度的宗教哲学文献

---

① （梁）释慧皎撰：《高僧传》，汤用彤校注，汤一玄整理，中华书局1992年版，第46页。
② （梁）释僧祐撰：《出三藏记集》，苏晋仁、萧鍊子点校，中华书局1995年版，第531页。
③ （梁）释僧祐撰：《出三藏记集》，苏晋仁、萧鍊子点校，中华书局1995年版，第531页。
④ （唐）房玄龄等撰：《晋书》，中华书局1974年版，第2499页。
⑤ "六足"：小乘佛教说一切有部《集异门足论》《法蕴足论》《施设足论》《识身足论》《品类足论》和《界身足论》六部论书的统称。迦多衍尼子所著有部论典《阿毗达磨发智论》（异译《阿毗达磨八犍度论》），法门最广，上述"六论"，义门稍少，故后代论师，以《发智论》为"身"，以"六论"为"足"。此"一身六足"为说一切有部的根本论藏。
⑥ （梁）释慧皎撰：《高僧传》，汤用彤校注，汤一玄整理，中华书局1992年版，第47页。
⑦ （梁）释慧皎撰：《高僧传》，汤用彤校注，汤一玄整理，中华书局1992年版，第47页。
⑧ （梁）释僧祐撰：《出三藏记集》，苏晋仁、萧鍊子点校，中华书局1995年版，第531页。
⑨ （梁）释僧祐撰：《出三藏记集》，苏晋仁、萧鍊子点校，中华书局1995年版，第531页。

《韦陀舍多论》,"四韦陀"①和"五明"②诸论等,以至"阴阳星算,莫不必尽,妙达吉凶,言若符契"③。同时,他还研习古印度的撰文修辞和问答辩论等。此时的罗什由于"性率达,不砺小检"④,常引来同修颇多非议,但他却"自得于心,未尝介意"⑤。

二十岁时,罗什在龟兹王宫受具足戒,并跟从罽宾僧人卑摩罗叉学习《十诵律》⑥。其后不久,便再次前往沙勒、莎车(今新疆西南的莎车县一带)等国游学。在沙勒,跟从高僧佛陀耶舍参学。⑦到莎车后,得遇名僧须利耶苏摩⑧。苏摩才技绝伦,专以大乘为化。罗什遂"宗而奉之,亲好弥至"⑨。苏摩后来为罗什讲《阿耨达经》⑩。当他听到经中所说"阴、界、诸入,皆空无相"时,怪而问曰:"此经更有何义,而皆破坏诸法。"

---

① "四韦陀":古印度婆罗门教四圣典,即《梨俱吠陀》《娑摩吠陀》《夜柔吠陀》和《阿闼婆吠陀》。
② "五明":也称"五明处",指古代印度的五类学术,即研习语言文学的"声明"、医药医疗的"医方明"、工艺技术的"工巧明"、逻辑理论的"因明"和表明自家宗旨的"内明"。其中,前"四明"为各学派所共有,"内明"因各学派的典籍、宗旨而各不相同。
③ (梁)释慧皎撰:《高僧传》,汤用彤校注,汤一玄整理,中华书局1992年版,第47页。
④ (梁)释僧祐撰:《出三藏记集》,苏晋仁、萧鍊子点校,中华书局1995年版,第531页。
⑤ (梁)释慧皎撰:《高僧传》,汤用彤校注,汤一玄整理,中华书局1992年版,第47页。
⑥ 《高僧传》卷二有卑摩罗叉传,并载其"先在龟兹,弘阐律藏,四方学者,竞往师之,鸠摩罗什时亦预焉"。
⑦ 《出三藏记集》卷十四、《高僧传》卷二及《神僧传》卷二皆有佛陀耶舍传。但关于鸠摩罗什从佛陀耶舍受学的内容,各传记载不同。《出三藏记集》卷十四佛陀耶舍传明载:"罗什后至,从其受学阿毗昙、十诵律,甚相尊敬。"郭朋、任继愈等学者从其说。但日本学者镰田茂雄经过分析,则认为罗什并没有从耶舍学《十诵律》。《高僧传》卷二及《神僧传》卷二佛陀耶舍传皆载:"罗什后至,复从舍受学,甚相尊敬。"其中,虽未言及受学内容,但《高僧传》载耶舍"至年十九,诵大小乘经数百万言","性度简傲,颇以知见自处"。且"从其舅学五明诸论,世间法术,多所练习"。由此观之,笔者认为,因为耶舍与罗什性情相近,且其所学既有佛教之大小乘经典,又有"五明"诸论。所以,罗什从耶舍所学应兼有大小乘。又鉴于罗什力荐耶舍于长安译出《昙无德律》。亦可推测,或许此时耶舍也曾传授罗什《昙无德律》。
⑧ 《高僧传》卷二鸠摩罗什传载:"时有莎车王子、参军王子兄弟二人,委国请从而为沙门。兄字须利耶跋陀,弟字须耶利苏摩。"由此可见,须利耶苏摩出家之前,原为"王子"。而《出三藏记集》卷十四则只载罗什"又从须利耶苏摩谘禀大乘",并未提及苏摩的"王子"身份。
⑨ (梁)释慧皎撰:《高僧传》,汤用彤校注,汤一玄整理,中华书局1992年版,第47页。
⑩ 《阿耨达经》亦名《弘道广显三昧经》,二卷,西晋时竺法护曾译之。此经为大乘经典,主要内容为佛陀应阿耨达龙王之问宣讲般若空义。

苏摩答曰："眼等诸法非真实有。"① 罗什即以视觉器官"眼根"为例，说明一切应为实有，而苏摩也从分析"眼根"入手，证明一切皆非实有。经过对大小乘经典的反复研核，罗什方知理有所归，遂放弃小乘，专务方等，并感叹说："吾昔学小乘，如人不识金，以鍮石为妙。"② 此后，因广求要义，又受诵《中论》《百论》《十二门论》等大乘中观学派的著作。罗什游学返回龟兹途中，经过温宿国（今新疆乌什县一带）。当时温宿国内有一外道，神辩英秀，名震诸国，曾手击王鼓发誓："论胜我者，斩首谢之。"③ 罗什仅"以二义相检"，便使其"迷闷自失，稽首归依"，罗什也因之"声满葱左，誉宣河外"④。龟兹王遂亲自前往温宿迎接罗什回归龟兹。⑤

罗什回到龟兹后，广说诸经，以至"四远宗仰，莫之能抗"⑥。当时的龟兹王女阿竭耶末帝比丘尼博览群经，特深禅要，据说已证二果。她听罗什弘宣大乘之后欢喜异常，随即更开大集，请罗什讲说方等诸经之奥理。罗什遂为其阐明"诸法皆空无我""阴界假名无实"的深义，听众"莫不悲感追悼，恨悟之晚矣"⑦。后来，罗什的母亲对龟兹王帛（白）

---

① 参见（梁）释慧皎撰《高僧传》，汤用彤校注，汤一玄整理，中华书局1992年版，第47页。
② （梁）释慧皎撰：《高僧传》，汤用彤校注，汤一玄整理，中华书局1992年版，第47页。
③ （梁）释慧皎撰：《高僧传》，汤用彤校注，汤一玄整理，中华书局1992年版，第48页。
④ （梁）释慧皎撰：《高僧传》，汤用彤校注，汤一玄整理，中华书局1992年版，第48页。
⑤ 据《高僧传》卷二鸠摩罗什传记载，鸠摩罗什博览外道诸典、研习阴阳星占、跟从佛陀耶舍受学、受教须利耶苏摩并改宗大乘等，似乎均是在沙勒停留期间所为，折服外道亦在此次由沙勒返回龟兹途中，并不存在罗什返回龟兹后二次游学之事。《晋书》卷九十五鸠摩罗什传对此记述虽简，但亦与《高僧传》相近。近代，以汤用彤、任继愈、镰田茂雄等为代表的诸多学者也对此颇为认同。但《出三藏记集》卷十四鸠摩罗什传却记载，罗什的上述活动均是在随母从罽宾返回龟兹后进行的。学者陈世良在前人研究基础上，经过缜密的分析，认为：罗什随母返回龟兹后，龟兹等地的社会历史条件发生了变化。这些变化在罗什脑中产生了反映，造成了和传统的小乘信仰之间的矛盾。他到外道经典中去找答案，但并未解决问题。于是，罗什二十岁受戒后，再次前往沙勒、莎车等地游学。去的途中，在沙勒跟从佛陀耶舍受学。抵达莎车后，受教于须利耶苏摩，并由此改宗大乘。归途经过温宿，以大乘义折服外道论师。最后，回到龟兹，弘扬大乘［详见陈世良《鸠摩罗什年表考略》，载新疆龟兹石窟研究所编《龟兹佛教文化论集》，新疆美术摄影出版社1993年版，第21—26页］。笔者也同周菁葆、黄谶华等学者一样赞成此观点，即认为存在二次游学，且罗什由小乘改宗大乘应是二十多岁（二十一至二十六岁之间）在莎车完成的。
⑥ （梁）释慧皎撰：《高僧传》，汤用彤校注，汤一玄整理，中华书局1992年版，第48页。
⑦ （梁）释慧皎撰：《高僧传》，汤用彤校注，汤一玄整理，中华书局1992年版，第48页。

纯说:"汝国寻衰,吾其去矣"①,遂辞往天竺。到天竺后,进登三果。临行之前,她曾对罗什说:"方等深教,应大阐真丹(指中国),传之东土,唯尔之力。但于自身无利,其可如何。"罗什答道:"大士之道,利彼忘躯。若必使大化流传,能洗悟矇俗,虽复身当炉镬,苦而无恨。"② 其母走后,罗什留住龟兹,先住新寺,诵读于寺侧故宫中找到的《放光般若经》。其间,"魔来蔽文,唯见空牒。什知魔所为,誓心愈固,魔去字显,仍习诵之"③。后于雀梨大寺读大乘经,忽闻空中语曰:"汝是智人,何用读此。"罗什答曰:"汝是小魔,宜时速去,我心如地,不可转也。"④ 此后两年间,罗什广诵大乘经论,洞其奥秘。⑤

为了报答师恩,罗什再次前往罽宾,以期用大乘教义化导启蒙老师槃头达多。⑥ 师徒见面之后,槃头达多问罗什:"汝于大乘见何异相,而欲尚之。"罗什说:"大乘深净,明'有法皆空',小乘偏局,多诸漏失。"槃头达多则说:"汝说一切皆空,甚可畏也,安舍有法而爱空乎。如昔狂人,令绩师绩线,极令细好,绩师加意,细若微尘,狂人犹恨其粗,绩师大怒,乃指空示曰:'此是细缕。'狂人曰:'何以不见。'师曰:'此缕极细,我工之良匠,犹且不见,况他人耶。'狂人大喜,以付织师,师亦效焉。皆蒙上赏,而实无物,汝之空法,亦由此也。"罗什便继续"连类而

---

① (梁)释慧皎撰:《高僧传》,汤用彤校注,汤一玄整理,中华书局1992年版,第48页。
② (梁)释慧皎撰:《高僧传》,汤用彤校注,汤一玄整理,中华书局1992年版,第48页。
③ (梁)释僧祐撰:《出三藏记集》,苏晋仁、萧鍊子点校,中华书局1995年版,第531页。
④ (梁)释僧祐撰:《出三藏记集》,苏晋仁、萧鍊子点校,中华书局1995年版,第531页。
⑤ 《高僧传》卷二鸠摩罗什传载其"后于寺侧故宫中,初得放光经",并于此两次受到魔扰。而《出三藏记集》卷十四鸠摩罗什传则载其"于龟兹帛纯王新寺得放光经",于此受魔蔽文,而后于雀梨大寺再遭魔扰。文中系综合此二传所记。另,《高僧传》与《出三藏记集》均载罗什"停住二年",但并未具体言及在何寺停住。据《出三藏记集》卷十一《比丘尼戒本所出本末序》记载,当时龟兹僧人"皆三月一易屋、床座,或易蓝者"。由此可知,概罗什住寺,或常变更。
⑥ 《高僧传》卷二鸠摩罗什传载,龟兹王请罗什在本国讲法,"什曰:'家师犹未悟大乘,欲躬往仰化,不得停此。'俄而大师槃头达多不远而至。……什得师至,欣遂本怀。为说德女问经,多明因缘空假,昔与师俱所不信,故先说也。"据此可知,罗什并未前往罽宾,而是其师槃头达多主动来到龟兹就教于罗什。而《出三藏记集》卷十四鸠摩罗什传则载罗什"后往罽宾,为其师槃头达多具说一乘妙义",说明罗什去了罽宾。此据《出三藏记集》所载。另,关于罗什为槃头达多所说经典,《高僧传》明载为《德女问经》;而《出三藏记集》载罗什为师具说"一乘妙义",或即《法华经》,究竟为何,已不可考,但它们均为大乘经典。因此,文中只言以大乘教义化导槃头达多,并未言明具体的经名。

陈之"，经过一个多月的反复阐述论证，其师方感悟信服。槃头达多感慨地说："'师不能达，反启其志'①，验于今矣。"于是，礼罗什为师，并表示："和上是我大乘师，我是和上小乘师矣。"② 至此，"西域诸国伏什神俊，咸共崇仰"，每至讲法，皆有"诸王长跪高座之侧，令什践其膝以登焉"③。

罗什不仅"道震西域"，而且"声被东国"。④ 苻秦建元十三年（377年）正月，太史奏于前秦主苻坚，说："有星见外国分野，当有大德智人入辅中国"。苻坚闻奏乃问："朕闻西域有鸠摩罗什，将非此耶？"⑤ 建元十七年（381年）二月，鄯善王、车师前部王及康居、于阗及海东凡六十二国的国王到长安朝贡，⑥ 鄯善王及车师前部王并劝苻坚西征。翌年九月，车师前部王弥寘、鄯善王休密驮再次入朝，"请为向导，以伐西域之不服者"⑦。苻坚遂决定以"吕光为持节、都督西讨诸军事，与陵江将军姜飞、轻骑将军彭晃等配兵七万，以讨定西域"⑧。建元十九年（383年）春，吕光以弥寘、休密驮为向导，发兵西伐龟兹及焉耆等国。⑨ 当时，高僧道安在前秦国都长安，早已听说鸠摩罗什之名，"思共

---

① 此乃《佛说太子瑞应本起经》中太子七岁时学书时语。详见（吴）支谦译《佛说太子瑞应本起经》，《大正藏》第三卷，第474页中。

② 上述鸠摩罗什化导槃头达多归大乘的过程，《出三藏记集》并未详述，此据《高僧传》卷二鸠摩罗什传所记。详见（梁）释慧皎撰《高僧传》，汤用彤校注，汤一玄整理，中华书局1992年版，第49页。

③ （梁）释僧祐撰：《出三藏记集》，苏晋仁、萧錬子点校，中华书局1995年版，第531页。这种尊礼名僧的仪式、习俗，在东南亚诸佛教国家现在依然被保持着。

④ 参见（梁）释僧祐撰《出三藏记集》，苏晋仁、萧錬子点校，中华书局1995年版，第532页。

⑤ （梁）释僧祐撰：《出三藏记集》，苏晋仁、萧錬子点校，中华书局1995年版，第532页。

⑥ 《晋书》卷一百一十三苻坚载记虽记其事，但未说明具体年代。《资治通鉴》卷一百零四载，晋武帝太元六年（381年）二月，"东夷、西域六十二国入贡于秦"。此与《高僧传》卷二鸠摩罗什传所载一致。

⑦ （宋）司马光编著：《资治通鉴》，（元）胡三省音注，"标点资治通鉴小组"校点，中华书局1956年版，第3300页。

⑧ （唐）房玄龄等撰：《晋书》，中华书局1974年版，第2911页。

⑨ 《高僧传》卷二鸠摩罗什传载吕光于建元十八年（382年）出兵伐龟兹等国。但《出三藏记集》卷十四鸠摩罗什传、《晋书》卷一百一十三苻坚载记以及《资治通鉴》卷一百零五皆言吕光于建元十九年（383年）发兵攻打西域诸国。此据《出三藏记集》所记。

讲析，每劝坚取之"①。因此苻坚在吕光临出征时对他说："闻彼有鸠摩罗什，深解法相，善闲阴阳，为后学之宗，朕甚思之。若剋龟兹，即驰驿送什。"②

　　吕光的部队尚未到达龟兹时，罗什就对龟兹王帛纯说："国运衰矣，当有勍敌。日下人从东方来，宜恭承之，勿抗其锋。"③但帛纯并没有听从罗什的规劝，而是想方设法，奋力抵抗。苻秦建元二十年（后秦白雀元年，384年），吕光大败龟兹部队和诸国救兵，龟兹王帛纯出走④。吕光立帛纯弟帛震为龟兹王。俘获鸠摩罗什之后，吕光并不了解其智慧雅量，见罗什还年轻（时年四十一岁），便欲戏弄他，强以龟兹王之女妻之。罗什"拒而不受，辞甚苦到"⑤。吕光却轻慢道："道士之操不踰先父，何所苦辞？"⑥随后，逼迫罗什"饮以淳酒"，并将其与龟兹王女"同闭密室"，"遂亏其节"⑦。此外，吕光还强令罗什骑牛乘马，欲使其坠落，借此羞辱他。面对吕光的逼辱，罗什常怀忍辱之心，并无异色，遂使其惭愧而止⑧。吕光在回师途中驻军山下，罗什进言："不可在此，必见狼狈，

---

① （梁）释慧皎撰：《高僧传》，汤用彤校注，汤一玄整理，中华书局1992年版，第184页。
② （梁）释僧祐撰：《出三藏记集》，苏晋仁、萧錬子点校，中华书局1995年版，第532页。《高僧传》卷二鸠摩罗什传还载，吕光出发前，苻坚曾对其说"夫帝王应天而治，以子爱苍生为本，岂贪其他而伐之乎，正以怀道之人故也。"僧肇在《鸠摩罗什法师诔》中也说："大秦苻、姚二天王，师旅以延之。"（《广弘明集》卷二十三，《大正藏》第五十二卷，第264页下）许多学者据此认为苻坚命吕光攻打龟兹是以迎请罗什为主要目的的，实不尽然。《高僧传》及《鸠摩罗什法师诔》中所记是为了说明罗什的才学渊博、声名远播。当然，能够获得鸠摩罗什辅佐自己是苻坚发动战争的原因之一，但并不是最主要的原因。《晋书》卷一百二十二吕光载记载，苻氏"既平山东，士马强盛，遂有图西域之志"[（唐）房玄龄等撰：《晋书》，中华书局1974年版，第3054页]。而且如文中所言，《晋书》卷一百一十三和一百一十四苻坚载记中也多次记载西域来使劝其出兵之事。由此可见，苻坚兵发西域诸国最主要的目的还是攻城略地、拓展疆域、掠夺资源。
③ （梁）释僧祐撰：《出三藏记集》，苏晋仁、萧錬子点校，中华书局1995年版，第532页。
④ 《出三藏记集》卷十四及《高僧传》卷二鸠摩罗什传均载吕光攻破龟兹后"杀纯"，但《十六国春秋辑补》却载："帛纯收其珍宝逃奔。"[（北魏）崔鸿撰，（清）汤球辑补，王鲁一、王立华点校：《十六国春秋辑补》，《二十五别史》，齐鲁书社2000年版，第566页]此据《十六国春秋辑补》所记。
⑤ （梁）释僧祐撰：《出三藏记集》，苏晋仁、萧錬子点校，中华书局1995年版，第532页。
⑥ （梁）释僧祐撰：《出三藏记集》，苏晋仁、萧錬子点校，中华书局1995年版，第532页。
⑦ （梁）释僧祐撰：《出三藏记集》，苏晋仁、萧錬子点校，中华书局1995年版，第532页。
⑧ 观吕光对鸠摩罗什之逼辱可知，其并非佛教信徒。后来罗什在凉州未能弘法，这可能就是一个重要原因。

宜徙军陇上。"① 吕光没有采纳罗什的建议。到了晚上，果降大雨，洪水暴起，水深数丈，死者数千。至此，吕光才开始对罗什另眼相看，叹服其神异。罗什继而对吕光说："此凶亡之地，不宜淹留，推数揆运，应速言归，中路必有福地可居。"② 吕光从其言，即刻率军前行。行至凉州，吕光听说苻坚已为姚苌所杀，遂自立为王，建立了以姑臧（今甘肃武威市）为中心的割据政权，史称后凉。

后凉太安元年（后秦建初元年，386年）正月，姑臧起大风，罗什预言："不祥之风，当有奸叛，然不劳自定也。"其后，果有吕光部将梁谦、彭晃相继造反，但均很快即被平定。龙飞二年（后秦皇初四年，397年），张掖卢水胡沮渠男成及其堂弟沮渠蒙逊反，推建康太守段业为凉州牧。吕光派其子太原公吕纂率众五万讨伐。当时人们认为段业等系乌合之众，吕纂此行必胜。滞留凉州的罗什此时已凭借多次灵验的预言占卜获得了吕光的信任，当吕光向罗什询问吕纂出征之事时，罗什说："观察此行，未见其利。"③ 后来，吕纂果然兵败。后凉中书监张资"文翰温雅，识量沉粹"④，深得吕光器重。张资病重，吕光为其多方求医，有外国道人罗叉说他能治此病，吕光十分高兴，大加赏赐。罗什看出罗叉在骗人，便对张资说："叉不能为益，徒烦费耳。冥运虽隐，可以事试也。"⑤ 说罢，以五色丝作绳结之，后烧为灰末，投入水中。他接着说："灰若出水还成绳者，病不可愈。"⑥ 须臾之间，灰聚浮出，复绳本形。没过多久，张资就因罗叉的救治无效而亡。龙飞四年（后秦弘始元年，399年），吕光病死，吕绍即位。数日后，吕纂杀吕绍自立，改元咸宁。咸宁二年（后秦弘始二年，400年），传言有猪生子，一身三头。又谓龙出东厢井中，到殿前蟠卧，直到天亮才消失。吕纂以为祥瑞，并将此殿改名为龙翔殿。不久，据说又有黑龙在九宫门前升天而起。吕纂又改九宫门为龙兴门。罗什听到

---

① （梁）释僧祐撰：《出三藏记集》，苏晋仁、萧鍊子点校，中华书局1995年版，第532页。
② （梁）释僧祐撰：《出三藏记集》，苏晋仁、萧鍊子点校，中华书局1995年版，第532页。《出三藏记集》卷十四和《高僧传》卷二鸠摩罗什传皆载此言出于水淹驻军之后。但《十六国春秋辑补》卷八十一后凉录则载此言是罗什在龟兹时，针对吕光欲留西域称王的建言。此依《出三藏记集》及《高僧传》所记。罗什所谓"福地"应即凉州。
③ （梁）释僧祐撰：《出三藏记集》，苏晋仁、萧鍊子点校，中华书局1995年版，第533页。
④ （梁）释僧祐撰：《出三藏记集》，苏晋仁、萧鍊子点校，中华书局1995年版，第533页。
⑤ （梁）释僧祐撰：《出三藏记集》，苏晋仁、萧鍊子点校，中华书局1995年版，第533页。
⑥ （梁）释僧祐撰：《出三藏记集》，苏晋仁、萧鍊子点校，中华书局1995年版，第533页。

这些事情后，上奏吕纂："比日潜龙出游，豕妖表异，龙者阴类，出入有时，而今屡见，则为灾眚，必有下人谋上之变。宜克己修德，以答天戒。"① 吕纂不以为然。此后，罗什与吕纂下棋，吕纂杀罗什的棋子时戏云："斫胡奴头。"罗什答道："不斫胡奴头，胡奴斫人头。"② 胡奴是吕光侄吕超的小名，后吕纂即为吕超所杀，由吕超之兄吕隆即位。

  罗什留住凉州十七年，③ 由于吕光父子不信奉佛教，因此，他们也不鼓励罗什传教译经，而只是将其视为精通阴阳术数的重要军政顾问。在此期间，罗什非但没有得到高僧大德应有的礼遇和尊重，甚至还遭受凌辱，以至"蕴其深解"，却"无所宣化"。可怜苻坚已亡，"竟不相见"。④ 虽然罗什在凉州未能从事译经，但他很可能利用这段时间诵经弘法，所以才有僧肇"自远从之"⑤。而且，他还可能利用这段时间认真学习了汉语，接触和了解了汉文典籍以及内地佛教的相关情况。这一切都为他以后到长安从事译经事业打下了良好的基础。

  东晋孝武帝太元九年（后秦白雀元年，384年），原前秦将领羌人姚苌在渭北建立后秦政权。两年后（后秦建初元年，386年），他率军攻入长安，即皇帝位，国号大秦。姚苌亦慕罗什高名，"虚心要请"，但后凉吕氏认为罗什"智计多解，恐为姚谋"⑥，拒绝放行⑦。后秦皇初元年（394年），姚兴即位后，再次遣使邀请，亦未获放行。后秦弘始三年（401年）三月，有连理树生于庙庭，逍遥园内葱变为韭，"以为美瑞，谓智人应入"⑧。五月，姚兴派陇西公姚硕德西伐吕隆，吕隆大败。九月，上表归降，遣其亲属及文武旧臣五十余家人质于长安⑨。直到同年十二月

---

① （唐）房玄龄等撰：《晋书》，中华书局1974年版，第2501页。
② （唐）房玄龄等撰：《晋书》，中华书局1974年版，第3069页。
③ 自晋孝武帝太元十年（苻秦建元二十一年，385年）吕光携鸠摩罗什进入凉州，至晋安帝隆安五年（后秦弘始三年，401年）姚兴派兵攻破吕隆军迎请罗什前往长安，前后共十七年。
④ 参见（梁）释慧皎撰《高僧传》，汤用彤校注，汤一玄整理，中华书局1992年版，第51页。
⑤ （梁）释慧皎撰：《高僧传》，汤用彤校注，汤一玄整理，中华书局1992年版，第249页。
⑥ （梁）释慧皎撰：《高僧传》，汤用彤校注，汤一玄整理，中华书局1992年版，第51页。
⑦ 《出三藏记集》卷十四鸠摩罗什传载："到晋隆安二年（398年），吕隆始听什东。"此与《高僧传》的记载有所不同，但不可据。文依《高僧传》卷二鸠摩罗什传所载。
⑧ （梁）释慧皎撰：《高僧传》，汤用彤校注，汤一玄整理，中华书局1992年版，第52页。
⑨ 参见（唐）房玄龄等撰《晋书》，中华书局1974年版，第3070页。

二十日，五十八岁的鸠摩罗什才被后秦迎请到长安。

罗什抵达长安后，后秦主姚兴"待以国师之礼，甚见优宠"①，"晤言相对，则淹留终日，研微造尽，则穷年忘倦"②。由于"自大法东被，始于汉明，历涉魏、晋，经论渐多。而支（支谦）、竺（竺法护）所出，多滞文格义"③。而且姚兴"少崇三宝，锐志讲集"④。因此，弘始四年（402年）罗什便受姚兴之请，入逍遥园内西明阁⑤从事译经事业。此时的罗什，于诸多佛经皆可熟读成诵，"无不究达"⑥。再加上他曾学习过汉语，故"音译流利"⑦。而且，罗什还翻阅了许多前人所译佛经，发现以前的译经师由于没能准确地理解原文，而导致其翻译"义多乖谬"⑧，不能与"梵本相应"⑨。弘始五年（403年），姚兴命沙门僧䂮、僧迁、法钦、道流、道恒、道标、僧叡、僧肇等八百余人"谘受什旨"，重新翻译《大品般若经》。在翻译《大品般若经》的过程中，罗什手持梵本，姚兴则亲执旧经，"以相雠校"⑩。通过比对，发现罗什新译"义皆圆通"，由此"众心惬服，莫不钦赞焉"⑪。姚兴认为"佛道冲邃，其行为善，信为出苦之良津，御世之洪则"⑫，因此，"托意九经，游心十二"⑬，积极跟

---

① （梁）释僧祐撰：《出三藏记集》，苏晋仁、萧錬子点校，中华书局1995年版，第533页。
② （梁）释慧皎撰：《高僧传》，汤用彤校注，汤一玄整理，中华书局1992年版，第52页。
③ （梁）释僧祐撰：《出三藏记集》，苏晋仁、萧錬子点校，中华书局1995年版，第533页。
④ （梁）释僧祐撰：《出三藏记集》，苏晋仁、萧錬子点校，中华书局1995年版，第533页。
⑤ 逍遥园是鸠摩罗什在长安译经弘法的重要场所。《出三藏记集》卷十四、《高僧传》卷二和《晋书》卷九十五鸠摩罗什传均载其被姚兴请入"西明阁及逍遥园"，似为两地。但据《〈大智论〉记》载："于逍遥园中西门阁上"［（梁）释僧祐撰：《出三藏记集》，苏晋仁、萧錬子点校，中华书局1995年版，第388页］可知，西明阁应位于逍遥园内。任继愈、吴宏岐等学者皆持此说。至于逍遥园的位置，黄盛璋、吴宏岐等学者据《水经注》《资治通鉴》等史料研究认为，应在汉长安城（亦即后秦长安城）北。其实，在僧叡撰《大品经序》中早已言明"于京城之北逍遥园中出此经"。
⑥ （梁）释僧祐撰：《出三藏记集》，苏晋仁、萧錬子点校，中华书局1995年版，第534页。
⑦ （梁）释僧祐撰：《出三藏记集》，苏晋仁、萧錬子点校，中华书局1995年版，第534页。
⑧ （梁）释僧祐撰：《出三藏记集》，苏晋仁、萧錬子点校，中华书局1995年版，第534页。
⑨ （梁）释慧皎撰：《高僧传》，汤用彤校注，汤一玄整理，中华书局1992年版，第52页。
⑩ （梁）释僧祐撰：《出三藏记集》，苏晋仁、萧錬子点校，中华书局1995年版，第534页。
⑪ （梁）释僧祐撰：《出三藏记集》，苏晋仁、萧錬子点校，中华书局1995年版，第534页。
⑫ （梁）释慧皎撰：《高僧传》，汤用彤校注，汤一玄整理，中华书局1992年版，第52页。
⑬ （梁）释慧皎撰：《高僧传》，汤用彤校注，汤一玄整理，中华书局1992年版，第52页。九经，即九部、九分教，可理解为一切佛经；十二，为十二禅。

从罗什学习佛法。他还结合所学，著有《通三世论》，"以晶示因果"①，并以此向罗什求教。后秦国主如此崇佛，故"王公已下，并钦赞厥风"②。其中，姚兴宗亲常山公姚显和安城侯姚嵩都"笃信缘业"③，多次邀请罗什在长安大寺④讲说新经。罗什在长安期间，除重译《大品般若经》外，还陆续译出《小品般若波罗蜜经》《金刚般若波罗蜜经》《十住经》《妙法莲华经》《维摩诘经》《思益梵天所问经》《首楞严经》《华首经》《持世经》《佛藏经》《菩萨藏经》《遗教经》《菩提经》《菩萨呵色欲经》《自在王经》《十二因缘观经》《阿弥陀经》《新贤劫经》《诸法无行经》《禅经》《禅法要经》《禅要解经》《弥勒成佛经》《弥勒下生经》《称扬诸佛功德经》《十诵律》《十诵比丘戒本》《菩萨戒本》《大智度论》《成实论》《十住论》《中论》《百论》《十二门论》等经论，"凡三百余卷"⑤。其译经"显畅神源，发挥幽致"⑥。罗什的译经弘法活动引致四方义学沙门

---

① （梁）释慧皎撰：《高僧传》，汤用彤校注，汤一玄整理，中华书局1992年版，第52页。
② （梁）释慧皎撰：《高僧传》，汤用彤校注，汤一玄整理，中华书局1992年版，第52页。
③ （梁）释僧祐撰：《出三藏记集》，苏晋仁、萧鍊子点校，中华书局1995年版，第534页。
④ 大寺也是鸠摩罗什在长安译经弘法的重要场所。据考证，大寺"始建于四世纪中叶以前"[释宏林、释谛性、陈景富：《鸠摩罗什与草堂寺》，载新疆龟兹石窟研究所编《鸠摩罗什和中国民族文化——纪念鸠摩罗什诞辰1650周年国际学术讨论会文集》，新疆美术摄影出版社2001年版，第255页]。《历代三宝纪》卷八载："世称大寺，非是本名。中构一堂，权以草苫。即于其内及逍遥园二处翻译。……魏末周初，衢术稍整。大寺因尔成四伽蓝。草堂本名即为一寺。草堂东常住寺。南京兆王寺。京兆后改安定国寺。安定国西为大乘寺。边安定左天街东畔八隅大井。即旧大寺之东厨，供三千僧之甘泉也。"[（隋）费长房撰：《历代三宝纪》，《大正藏》第49卷，第75页上]《大唐内典录》卷三所记与此略同，唯载"常住南京兆王寺"与此稍异。由此可知，大寺与草堂寺在后秦时应指一处，只不过大寺范围更大。或者说，草堂寺就位于长安城内大寺之中。今陕西省户县圭峰山下之草堂寺虽名称与后秦时相同，但据任继愈、观民等先生考证，已非后秦草堂寺故址。寺内现有"姚秦三藏法师鸠摩罗什之舍利塔"，俗称"八宝玉石塔"，高约2.33米，八面十二层，系八色玉石雕刻镶拼而成。塔底座为须弥山形，上有三层云台，饰以蔓草花纹，云台上为亭阁式塔身，上覆四方隔檐，檐下阴刻佛像、飞天等。此塔造型奇特，工艺精巧。但任继愈、阎文儒、杜斗城等许多学者都认为此塔应为唐代制品，亦非后秦之物。
⑤ 《出三藏记集》卷十四、《高僧传》卷二和《晋书》卷九十五鸠摩罗什传皆载其译经总数为"三百余卷"。
⑥ （梁）释僧祐撰：《出三藏记集》，苏晋仁、萧鍊子点校，中华书局1995年版，第534页。

集聚长安,"盛业久大,于今咸仰"①。当时,"名德秀拔者才、畅二公,乃至道恒、僧标(即道标)、僧叡、僧敦、僧弼、僧肇等三千余僧,禀访精研,务穷幽旨"②。罗什在长安译经弘法期间,东晋龙光寺的高僧释道生虽"慧解入微,玄构文外",但"每恐言舛",于是,"入关请决"③。东晋名僧庐山慧远,"道业冲粹"④,听说罗什入关后,即遣书通好,并赠以衣物、法器。罗什答书,对慧远亦推崇备至,赠偈一章并鍮石双口澡罐。后有僧人法识自关中至庐山,慧远听说罗什欲还本国,亟复作书,报偈劝勉,并条具经中难问数十事,请为解释。⑤

沙门僧叡"才识高朗,常随什传写"⑥。罗什为其论说西方辞体、比较东西方之异同时曾说:"天竺国俗甚重文藻,其宫商体韵,以入弦为善。凡觐国王,必有赞德;见佛之仪,以歌叹为尊。经中偈颂,皆其式也。但改梵为秦,失其藻蔚,虽得大意,殊隔文体。有似嚼饭与人,非徒失味,乃令呕哕也。"⑦ 由此亦可知传译梵典之不易。罗什还曾作颂赠沙门法和,颂曰:"心山育德熏。流芳万由旬。哀鸾鸣孤桐,清响彻九天。"⑧ "凡为十偈,辞喻皆尔"。⑨ 罗什"雅好大乘,志在敷广",但在长安译经弘法时却曾感慨:"吾若著笔作《大乘阿毗昙》,非迦旃延子

―――――――

① (梁)释慧皎撰:《高僧传》,汤用彤校注,汤一玄整理,中华书局1992年版,第52—53页。
② (梁)释僧祐撰:《出三藏记集》,苏晋仁、萧鍊子点校,中华书局1995年版,第534页。
③ (梁)释慧皎撰:《高僧传》,汤用彤校注,汤一玄整理,中华书局1992年版,第53页。
④ (梁)释僧祐撰:《出三藏记集》,苏晋仁、萧鍊子点校,中华书局1995年版,第534页。
⑤ 参见(梁)释慧皎撰《高僧传》,汤用彤校注,汤一玄整理,中华书局1992年版,第216—217页。另,鸠摩罗什与慧远之间关于佛学问答的十八章被后人辑为《问大乘中深义十八科并罗什答》,或作《鸠摩罗什法师大义》《大乘大义章》。
⑥ (梁)释僧祐撰: 《出三藏记集》,苏晋仁、萧鍊子点校,中华书局1995年版,第534页。
⑦ (梁)释僧祐撰:《出三藏记集》,苏晋仁、萧鍊子点校,中华书局1995年版,第534页。
⑧ (梁)释僧祐撰:《出三藏记集》,苏晋仁、萧鍊子点校,中华书局1995年版,第534页。颂词中"哀鸾孤桐",似为罗什自喻,"盖玄旨幽赜,契悟者尤少也"(汤用彤:《汉魏两晋南北朝佛教史》,北京大学出版社1997年版,第206页)。前文所述,罗什欲还本国,恐亦因门人众多,但能契悟者寡,故生知难而退之意。
⑨ (梁)释僧祐撰:《出三藏记集》,苏晋仁、萧鍊子点校,中华书局1995年版,第534页。

比也。今在秦地，深识者寡，折翻于此，将何所论！"① 于是，便"悽然而止"②。唯为姚兴著《实相论》二卷，且注解《维摩诘经》，③ 皆"出言成章，无所删改，辞喻婉约，莫非渊奥"④。

罗什为人"神情映彻，傲岸出群，应机领会，鲜有其匹。且笃性仁厚，泛爱为心，虚己善诱，终日无倦"⑤。因此，罗什在长安译经弘法期间，姚兴曾对他说："大师聪明超悟，天下莫二，若一旦后世，何可使法

---

① （梁）释僧祐撰：《出三藏记集》，苏晋仁、萧鍊子点校，中华书局1995年版，第534—535页。

② （梁）释僧祐撰：《出三藏记集》，苏晋仁、萧鍊子点校，中华书局1995年版，第535页。

③ 鸠摩罗什在后秦时代的长安主要从事译经弘法活动，著述较少。除《出三藏记集》及《高僧传》鸠摩罗什传中所记的《实相论》（已佚）、《注维摩经》（已佚，今本僧肇《注维摩诘经》中的"什曰"，或为其文）外，南朝宋陆澄所撰《法论目录》[详见（梁）释僧祐撰：《出三藏记集》，苏晋仁、萧鍊子点校，中华书局1995年版，第428—447页]中录有鸠摩罗什应庐山慧远之问而作回答的十八项，即《问如法性真际》《问实法有》《问分破空》《问法身》《重问法身》《问真法身像类》《问真法身寿》《问法身感应》《问法身非色》《问修三十二相》《问法身佛尽本习》《问念佛三昧》《问遍学》《重问遍学》《问罗汉受》《问住寿》《问后识追忆前识》《问四相》。其中，《问四相》仅言慧远问，未明言鸠摩罗什答。《大乘大义章》[详见《大正藏》第四十五卷，第122页中—143页中]中亦有十八项，但《问答受决》《问答造色法》两项不见陆澄撰《法论目录》，而《法论目录》中的《问法身非色》则不见《大乘大义章》。这十八项问答讨论的内容主要是法性、佛身等问题。同时，《法论目录》还录有王谧（字稚远）与鸠摩罗什的问答二十六项，即《问涅槃有神不》《问灭度权实》《问清净国》《问佛成道时何用》《问般若法》《问般若称》《问般若知》《问般若是实相智非》《问般若萨婆若同异》《问无生法忍般若同异》《问礼事般若》《问佛慧》《问权智同异》《问菩萨发意成佛》《问法身》《问成佛时断何累》《问得三乘》《问三归》《问辟支佛》《问菩萨生五道中》《问七佛》《问不见弥勒不见千佛》《问佛法不老》《问精神心意识》《问十数法》《问神识》。另有《问实相》（王稚远问，外国法师答）、《问三乘一乘》（什答，不知何人问）及《略解三十七品次第》（什法师）。上述《法论目录》中王谧与罗什之问答，文皆不存，但从所存题目来看，多是关于般若、三乘、神识、涅槃、佛身、净土等问题的。此外，《广弘明集》卷二十二载唐李俨《金刚般若经集注序》谓："兼有秦世罗什、晋室谢灵运、隋代昙琛、皇朝慧净法师等，并器业韶茂，博雅洽闻，耽味兹典，俱为注释。"（《大正藏》第五十二卷，第260页上）由此可知，罗什或亦曾作《注金刚经》（已佚）。另，《广弘明集》卷十八还载有《答姚兴通三世论书》（详见《大正藏》第五十二卷，第228页上、中）、《弘明集》卷十一也载有《答后秦主书》（为姚兴敕道恒、道标还俗从政而奏，详见《大正藏》第五十二卷，第74页中、下）。

④ （梁）释僧祐撰：《出三藏记集》，苏晋仁、萧鍊子点校，中华书局1995年版，第535页。

⑤ （梁）释僧祐撰：《出三藏记集》，苏晋仁、萧鍊子点校，中华书局1995年版，第535页。

种无嗣?"① 于是，以妓女十人，逼令罗什受之。② 从此以后，罗什便不住僧房，姚兴为其"别立廨舍，供给丰盈"③。正因为如此，每至讲法，罗什总先自说譬喻："譬如臭泥，中生莲华，但采莲华，勿取臭泥也。"④ 以此劝诫听法之众。

罗什早年在龟兹时，曾跟从罽宾卑摩罗叉律师学习佛教戒律。后来，律师卑摩罗叉来到后秦长安，罗什"闻至欣然，师敬尽礼"⑤。起初，卑摩罗叉不知罗什被逼破戒之事，于是问他："汝于汉地大有重缘，受法弟子可有几人？"罗什回答说："汉境经律未备，新经及律多是什所传出，三千徒众，皆从什受法；但什累业障深，故不受师敬耳。"⑥ 另外，杯度比丘⑦当时在彭城（今江苏徐州），听说罗什在长安，曾感慨："吾与此子戏别三百余年，杳然未期。迟有遇于来生耳。"⑧

罗什在临终之前，"少觉四大不愈，乃口出三番神咒，令外国弟子诵之以自救，未及致力，转觉危殆"⑨。遂与众僧告别，说："因法相遇，殊未尽伊心，方复后世，恻怆何言。自以暗昧，谬充传译，凡所出经论三百余卷，唯《十诵》一部，未及删烦，存其本旨，必无差失。愿凡所宣译，传流后世，咸共弘通。今于众前发诚实誓，若所传无谬者，当使焚身之后，舌不焦烂。"⑩ 后秦弘始十五年（413 年）四月十三日⑪，鸠摩罗什在长安圆寂。随后，即依外国法，于逍遥园中将其火化，果真"薪灭形化，

---

① （梁）释僧祐撰：《出三藏记集》，苏晋仁、萧鍊子点校，中华书局 1995 年版，第 535 页。
② 关于鸠摩罗什在长安破戒的记载，《出三藏记集》和《高僧传》鸠摩罗什传皆载是姚兴为延续法嗣而逼迫罗什而为之。但《晋书》卷九十五的鸠摩罗什传则先载罗什"尝讲经于草堂寺，兴及朝臣、大德沙门千有余人肃容观听，罗什忽下高坐，谓兴曰：'有二小儿登吾肩，欲鄣须妇人。'兴乃召宫女进之，一交而生二子焉。"而后才说为延续法嗣而逼令罗什纳女破戒。
③ （梁）释僧祐撰：《出三藏记集》，苏晋仁、萧鍊子点校，中华书局 1995 年版，第 535 页。另，《晋书》卷九十五鸠摩罗什传载罗什破戒另住后，"诸僧多效之"，于是，便有了罗什吞针的典故［详见（唐）房玄龄等撰：《晋书》，中华书局 1974 年版，第 2502 页］。
④ （梁）释僧祐撰：《出三藏记集》，苏晋仁、萧鍊子点校，中华书局 1995 年版，第 535 页。
⑤ （梁）释僧祐撰：《出三藏记集》，苏晋仁、萧鍊子点校，中华书局 1995 年版，第 535 页。
⑥ （梁）释僧祐撰：《出三藏记集》，苏晋仁、萧鍊子点校，中华书局 1995 年版，第 535 页。
⑦ 杯度比丘传详见（梁）释慧皎撰《高僧传》，汤用彤校注，汤一玄整理，中华书局 1992 年版，第 378—385 页。
⑧ （梁）释僧祐撰：《出三藏记集》，苏晋仁、萧鍊子点校，中华书局 1995 年版，第 535 页。
⑨ （梁）释慧皎撰：《高僧传》，汤用彤校注，汤一玄整理，中华书局 1992 年版，第 54 页。
⑩ （梁）释慧皎撰：《高僧传》，汤用彤校注，汤一玄整理，中华书局 1992 年版，第 54 页。
⑪ 此依《广弘明集》卷二十三僧肇所撰《鸠摩罗什法师诔》之记载。

唯舌不变"①。后来，有外国沙门来至长安云："罗什所谙，十不出一。"②

二　鸠摩罗什的译经

关于鸠摩罗什的译经数量，历来说法不一。梁僧祐《出三藏记集》卷二说是"三十五部，凡二百九十四卷"③，而同书卷十四《鸠摩罗什传》则说是"三十三部，三百余卷"④。隋费长房《历代三宝纪》卷八记为"九十八部，合有四百二十五卷"⑤（除去罗什自撰的《实相论》一卷，应为九十七部，四百二十四卷）。唐道宣《大唐内典录》卷三也说是"九十八部，合四百二十五卷"⑥。唐智昇《开元释教录》卷四说是"七十四部，三百八十四卷"（其中，当时见在的五十二部，三百零二卷；阙本为二十二部，八十二卷）⑦。近人吕澂在《中国佛学源流略讲》中则称"现存只有三十九部，三一三卷"⑧。虽然在《中国佛学源流略讲》中，其未详三十九部经之经名卷数，但是，在其所编《新编汉文大藏经目录》中却能够检索到这三十九部鸠摩罗什译经。笔者将《新编汉文大藏经目录》与《开元释教录》中所载鸠摩罗什译经进行对比后发现，吕澂经过排查、考证，已将《开元释教录》中所载的二卷本《善臂菩萨经》、一卷本《须摩提菩萨经》、一卷本《摩诃般若波罗蜜大明咒》、三卷本《集一切福德三昧经》、一卷本《千佛因缘经》、一卷本《放牛经》、一卷本《海八德经》、一卷本《清净毗尼方广经》、一卷本《灯指因缘经》、二卷本《发菩提心论》、一卷本《思惟要略法》、一卷本《孔雀王神咒经》这

---

① （梁）释僧祐撰：《出三藏记集》，苏晋仁、萧錬子点校，中华书局1995年版，第535页。另，甘肃省武威市内保有始建于后凉太安元年（386年）的鸠摩罗什寺，寺中现存一座楼阁式空心砖塔，八面十三层，通高30.3米。塔门东开，第三、五、九层均东向设门，最上层东向设龛，龛内供佛。相传此塔即为鸠摩罗什舌舍利塔，始建于后秦弘始十五年（413年），盛唐修缮，后毁于战火，明代重建，其后屡有修葺，1927年在地震中倒塌，1934年于原址重建，屹立至今。鸠摩罗什于长安圆寂后，在其曾滞留十七年的丝路重镇凉州出现所谓"舌舍利塔"，此事不论真伪，都值得认真探讨。
② （梁）释慧皎撰：《高僧传》，汤用彤校注，汤一玄整理，中华书局1992年版，第54页。
③ （梁）释僧祐撰：《出三藏记集》，苏晋仁、萧錬子点校，中华书局1995年版，第51页。
④ （梁）释僧祐撰：《出三藏记集》，苏晋仁、萧錬子点校，中华书局1995年版，第534页。
⑤ 《大正藏》第四十九卷，第79页上。
⑥ 《大正藏》第五十五卷，第253页下。
⑦ 《大正藏》第五十五卷，第513页下。
⑧ 吕澂：《中国佛学源流略讲》，中华书局1979年版，第88页。

十二部经重新归入了失译或非后秦译经僧所译之中，又将二卷本《仁王护国般若波罗蜜经》和二卷本《梵网经》列入了疑伪之中①。复有小野玄妙在《佛教经典总论》中论及《开元释教录》所载之一卷本《马鸣菩萨传》、一卷本《龙树菩萨传》与一卷本《提婆菩萨传》时说："马鸣菩萨以下三传，与其说是翻译，无宁作为著作。"② 对于吕澂和小野玄妙的分析、考证，笔者均表赞成。

正是通过对上述材料的归纳、分析和总结，笔者才最终将现存于《大正藏》中的鸠摩罗什译经确定为三十五部，凡二百六十卷。

1. 《摩诃般若波罗蜜经》

《摩诃般若波罗蜜经》，亦名《新大品经》《大品般若经》，历代经录有载，现存于《大正藏》第八卷般若部典籍中，共二十七卷③。与西晋竺法护于太康七年（286年）所译十卷本《光赞般若经》以及无罗叉、竺叔兰于元康元年（291年）所译二十卷本《放光般若经》是同本异译。唐玄奘法师于龙朔三年（663年）译讫的六百卷《大般若波罗蜜多经》第二会七十八卷的内容亦与此经相类。此经据《大智度论》卷一百说是二万二千颂，玄奘法师所译《大般若波罗蜜多经》第二会则是二万五千颂，故又称《二万五千颂般若》，盖因时因地流传而有增减。

据僧叡所撰《大品经序》记载，鸠摩罗什"以弘始五年（403年），岁在癸卯，四月二十三日，于京城之北逍遥园中出此经。法师手执胡本，口宣秦言，两释异音，交辩文旨。秦王躬览旧经，验其得失，谘其通途，坦其宗致。与诸宿旧义业沙门释慧恭、僧䂮、僧迁、宝度、慧精、法钦、道流、僧叡、道恢、道标、道恒、道悰等五百余人，详其义旨，审其文中，然后书之。以其年十二月十五日出尽。校正检括，明年（弘始六年，即404年）四月二十三日乃讫。"此后，又随着《大智度论》的传译，

---

① 将《梵网经》和《仁王护国般若波罗蜜经》置于疑伪经之列的考证，并非吕澂一家之言，小野玄妙、汤用彤、王文颜等先生对此问题均有论述。可详见［日］小野玄妙《佛教经典总论》，杨白衣译，台北：新文丰出版公司1983年版，第73页；王文颜《佛典疑伪经研究与考录》，台北：文津出版社1997年版，第111—112、129页；汤用彤《汉魏两晋南北朝佛教史》，北京大学出版社1997年版，第213页。

② ［日］小野玄妙：《佛教经典总论》，杨白衣译，台北：新文丰出版公司1983年版，第73页。

③ 《出三藏记集》卷二载其为二十四卷；《历代三宝纪》卷八云三十卷；《开元释教录》卷四则记为四十卷。

"随而正之"。在最后定稿之前,"已有写而传者;又有以意增损,私以般若波罗蜜为题者。致使文言舛错,前后不同。……胡本唯序品、阿鞞跋致品、魔事品有名,余者直第其品数而已。"罗什认为"名非佛制",故只存序品之目。"其事数之名与旧不同者,皆是法师以义正之者也。"如将"阴"改为"众"、"入"改为"处"、"持"改为"性"、"解脱"改为"背舍"、"除入"改为"胜处"、"意止"改为"念处"、"意断"改为"正勤"、"觉意"改为"菩提"、"直行"改为"圣道"等。"胡音失者,正之以天竺;秦言谬者,定之以字义。不可变者,即而书之。是以异名斌然,胡音殆半。"① 另外,《出三藏记集》卷十四《鸠摩罗什传》和《晋书》卷一百一十七《姚兴载记》中对于罗什法师重译此经的情况也有相对详细的记载②。通过这些记载,我们可以看出,一方面,此经的翻译深受后秦皇帝姚兴的重视;另一方面,鸠摩罗什译经的审慎态度由此亦可见一斑。

《摩诃般若波罗蜜经》共九十品,始自《序品》,终于《嘱累品》,主要论述了般若空观以及信解般若的功德,内容大致可分为五部分。从《序品》至第五品《叹度品》为舍利弗般若,通过佛与舍利弗的问答来阐明菩萨智慧及菩萨二谛;第六品《舌相品》至第二十六品《无生品》为须菩提般若,通过佛与须菩提的对话讲述菩萨三解脱法门及摩诃衍、摩诃萨;第二十七品《问住品》至第四十四品《遍欢品》为信解般若,佛先与帝释谈般若福德,令初发心者都生信解,又为弥勒说菩萨行,令已成熟者入甚深般若;第四十五品《闻持品》至第六十六品《累教品》为实相般若,通过佛与帝释的问答说明魔幻魔事和阿鞞跋致相,令久修人功深不退;第六十七品《无尽品》至第九十品《嘱累品》为方便般若,详说菩萨境行果而以方便为旨归。

---

① 参见(梁)释僧祐撰《出三藏记集》,苏晋仁、萧錬子点校,中华书局1995年版,第292—293页。
② 《出三藏记集》卷十四鸠摩罗什传载:"于是兴使沙门僧肇、僧略、僧迁等八百余人谘受什旨,更令出《大品》。什持胡本,兴执旧经,以相雠校。其新文异旧者,义皆圆通,众心惬服,莫不钦赞焉。"[见(梁)释僧祐撰《出三藏记集》,苏晋仁、萧錬子点校,中华书局1995年版,第534页]《晋书》卷一百一十七姚兴载记则载:"兴如逍遥园,引诸沙门于澄玄堂听鸠摩罗什演说佛经。罗什通辩夏言,寻览旧经,多有乖谬,不与胡本相应。兴与罗什及沙门僧略、僧迁、道树、僧叡、道坦、僧肇、昙顺等八百余人,更出《大品》,罗什持胡本,兴执旧经,以相考校,其新文异旧者皆会于理义。"[(唐)房玄龄等撰:《晋书》,中华书局1974年版,第2984—2985页]

经中提出了"十八空"[①],并将对"十八空"的解释和发挥贯穿始终。《摩诃般若波罗蜜经》所列"十八空"的名目依次为:内空、外空、内外空、空空、大空、第一义空、有为空、无为空、毕竟空、无始空、散空、性空、自相空、诸法空、不可得空、无法空、有法空、无法有法空。[②] 这"十八空"从名目看起来很杂乱,内容也多有重复。但确实是经过一定的组织,引导人们按照般若性空的思路逐步深入。第一组六空,带有泛论的性质,先通过"内空""外空"及"内外空",以"空"破"有",再将破"有"之"空"舍之,即"空空",从小乘否定世俗认识而讲世间空,然后明"大空"及包含"实相""涅槃"二义的"第一义空",从否定小乘的世间空而讲出世间空。在理论上,则可以理解为有因缘空,无因缘亦空,最后用最高原则"第一义空"作为结束。第二组三空,是用"有为空"和"无为空"去简化第一组的说法,通过对"有为法"和"无为法"皆"空"的分析,说明与"第一义空"相对应的"毕竟空"。第三组五空,先从诸法"无始"入手,说明"无始空",再以诸法"无作",阐明"散空",既然一切皆"无作",即可理解为"体性皆空",故为"性空",由此导出"色、受、想、识、行"五阴之"自相空",最后得出"诸法空"的结论。这组颇具哲学意味,不仅因果关系明确,至"诸法空"更是扩大了"空"的范围。最后一组四空,先摆出"不可得空"的原则,然后说明过去已灭之法和未来未生之法,皆不是现实可以获得的,故"无法空",而由于受因缘条件的限制,因缘和合而得的诸法亦"空",故"有法空",合而言之,即"有法无法空"。总而言之,"《般若》经的内容,一字以蔽之曰'空'"[③]!

宣扬"诸法皆空"的《摩诃般若波罗蜜经》非常适合身处乱世的十六国统治阶级的需要,遂与当时流行的魏晋玄学一起,成为当时统治阶级

---

① 《光赞般若经》卷六《三昧品》里,列举了包括内空、外空、内外法空、空空、大空、真妙空、所有空、无为空、究竟空、广远空、不分别空、本净空、一切法空、自然相空、不可得无所有空、无所有空、自然空、无所有自然空在内的"十八空"(参见《大正藏》第八卷,第189页中—190页上)。《放光般若经》卷四《问摩诃衍品》中列举的"十八空"则为:内空、外空、内外空、空空、大空、最空、有为空、无为空、至竟空、不可得原空、无作空、性空、诸法空、自相空、无所得空、无空、有空、有无空(参见《大正藏》第八卷,第23页上、中)。

② 参见《大正藏》第八卷,第250页中、下。

③ 郭朋:《中国佛教思想史(上卷)》,福建人民出版社1994年版,第233页。

用以自欺、欺人的思想工具。所以，此经的翻译完全可以说是适应时代需要的历史产物。其译出之后，即成为般若空宗的重要经典，被广为解释和传诵。此经的解释，以鸠摩罗什所译龙树之《大智度论》为最早。藏译的论释收入藏经的，有圣者解脱军及大德解脱军两种《二万五千颂般若经论现观庄严释》、师子贤七十四卷的《二万五千颂般若合论》和牙军的《十万颂二万五千颂一万八千颂般若广释》等。汉地则有隋吉藏的《大品般若经游意》一卷、《大品般若经义疏》十卷及唐新罗元晓的《大慧度经宗要》一卷等。此外，南朝梁武帝在《注解大品序》中有言："（此经）叔兰开源，弥天导江，鸠摩罗什澍以甘泉。三译五校，可谓详矣。龙树菩萨著《大智论》训解斯经，义旨周备。此实如意之宝藏，智慧之沧海"①。由此可知，他对此经亦推崇有加，不仅以读诵宣讲为务，而且还亲自对其进行过注解。综上所述，可以说，此经的译出开创了性空典籍翻译的新时代，不但对当时大乘般若学的发展意义重大，而且对中国佛教思想史上的义理之学影响深远，因而被誉为"出八地之由路，登十阶之龙津也。……荡荡焉，真可谓大业者之通途，毕佛乘者之要轨也"②。

2.《小品般若波罗蜜经》

《小品般若波罗蜜经》，亦称《新小品经》或《小品般若经》，可见于《大正藏》第八卷般若部中，共十卷。东汉支娄迦谶译十卷本《道行般若经》，三国吴支谦译六卷本《大明度经》，前秦昙摩蜱共竺佛念译五卷本《摩诃般若钞经》以及北宋施护译二十五卷本《佛说佛母出生三法藏般若波罗蜜多经》为其同本异译。此外，唐玄奘所译《大般若波罗蜜多经》第四会凡十八卷与第五会凡十卷的内容也与此经相类③。因其梵本有八千颂，故又称其为《八千颂般若》。

《大正藏》将僧叡所作《小品经序》置于此经之前。《小品经序》云："有秦太子者，寓迹储宫，拟韵区外。玩味斯经，梦想增至。准悟《大品》，深知译者之失。会闻鸠摩罗法师神授其文，真本犹存，以弘始十年（408年）二月六日请令出之，至四月三十日校正都讫。考之旧译，

---

① （梁）释僧祐撰：《出三藏记集》，苏晋仁、萧鍊子点校，中华书局1995年版，第296页。
② （梁）释僧祐撰：《出三藏记集》，苏晋仁、萧鍊子点校，中华书局1995年版，第291—292页。
③ 参见印顺《初期大乘佛教之起源与开展》，台北：正闻出版社1994年版，第599页及602—603页。

真若荒田之稼，芸过其半，未讵多也。……胡文雅质，案本译之，于丽巧不足，朴正有余矣。幸冀文悟之贤，略其华而几其实也。"[1] 由此可知，此经是罗什法师应后秦太子姚泓之请，花了两个多月时间译出的，与旧译相比更多地保留了原经的本色。

《小品般若经》凡二十九品，依次为：《初品》《释提桓因品》《塔品》《明咒品》《舍利品》《佐助品》《回向品》《泥犁品》《叹净品》《不可思议品》《魔事品》《小如品》《相无相品》《船喻品》《大如品》《阿惟越致相品》《深功德品》《恒伽提婆品》《阿毗跋致觉魔品》《深心求菩提品》《恭敬菩萨品》《无悭烦恼品》《称扬菩萨品》《嘱累品》《见阿閦佛品》《随知品》《萨陀波仑品》《昙无竭品》和《嘱累品》。

经名中的"般若"，意译为"智慧"。但这种智慧并不是指普通经验的知识，也不是世俗人所能具有的一般智慧，而是一种可以致人成佛的特殊智慧。它的全称应该是"般若波罗蜜（多）"，意译为"智度"，即通过般若这种智慧，以达到佛的境界的意思。佛教中将立志成佛而修习大乘的众生称为"菩萨"；未正式成佛之前的一切修习，则被称为"菩萨行"。

此经就是讲佛在王舍城耆阇崛山的法会上，命解空第一的须菩提向诸天神、阿罗汉讲说菩萨应该怎样学、怎样做、怎样思维，才能完成修习大乘的任务，获得佛的成就，最终成佛的过程。全经通过佛、须菩提、舍利弗、帝释、弥勒间的问答对话，不仅阐释了菩萨般若波罗蜜、菩萨诸法无受三昧、摩诃萨义及摩诃衍等的涵义，而且详解了般若波罗蜜与五阴的关系，列举了受持、读诵、书写、供养、修习、信解般若波罗蜜的功德及"诽谤拒逆"般若波罗蜜的恶果，希望以此达到让人领悟般若"假有""性空"思想的目的。

按照《小品般若经》的说法，菩萨修成佛果，需要累世累劫修行方可。众生无穷无尽，而菩萨的任务就是要使这无穷无尽的众生统归于解脱，因此，菩萨超度众生的活动也应该是没有止境的。在这个漫长的过程中，要做的功德和修习的法门众多，但只有学习般若波罗蜜所得的功德最多，修习般若波罗蜜的效果最大。在《塔品》中佛问帝释："若善男子善女人于我灭后，以供养如来故起七宝塔，尽其形寿，以好花香涂香末香衣

---

[1] （梁）释僧祐撰：《出三藏记集》，苏晋仁、萧鍊子点校，中华书局1995年版，第298页。

服幢幡,供养是塔,于意云何?是善男子善女人,以是因缘故,得福多不?"帝释回答:"甚多,世尊。"佛则说:"憍尸迦。若善男子善女人供养般若波罗蜜经卷,恭敬尊重赞叹,以好华香涂香末香衣服幢幡,而以供养,其福甚多。"① 此后,佛又以建立和供养满阎浮提、满四天下、满周梨迦小千世界、满二千中世界、满三千大千世界七宝塔之功德与供养此经之功德相较,说明供养此经之功德无量。因为"一切诸佛萨婆若智,皆从般若波罗蜜生"②。《佐助品》中也有这样的对话,佛问帝释:"置是阎浮提及三千大千世界众生,乃至教十方如恒河沙等世界众生,令得斯陀含果、阿那含果、阿罗汉果、辟支佛道,于意云何?是人以是因缘,其福多不?"帝释回答:"甚多,世尊。"佛却说:"憍尸迦。不如善男子善女人以般若波罗蜜经卷与他人,令得书写读诵。作是言:汝当得是应般若波罗蜜功德。其福甚多。何以故?汝随学是法当得萨婆若法,随得萨婆若法。当随得斯陀含果、阿那含果、阿罗汉果、辟支佛道。"③ 意思是说,即令你使无数人成就了小乘圣果,所得的福佑功德也不如让人们书写读诵此经所得的巨大,因为只有般若思想才能使众生成就所谓的"一切智",达到佛境。

此类说法,突出地表现了大乘般若学对般若智慧的特殊重视。大乘佛教将其修习的方法归结为布施、持戒、忍辱、精进、禅定、般若六波罗蜜,即六种令人得到解脱的方法。六波罗蜜中,般若智慧是其核心。在《明咒品》中,佛告阿难:"般若波罗蜜导五波罗蜜。"④《舍利品》中帝释又问佛,般若如此重要,"菩萨但行般若波罗蜜,不行余波罗蜜耶?"佛说:"憍尸迦。菩萨皆行六波罗蜜",只是般若波罗蜜于六波罗蜜中最尊,其余五波罗蜜"入般若波罗蜜中无有差别"。⑤ 就是说,其余的五波罗蜜都是从属于般若波罗蜜的,都要在般若波罗蜜的指导下才能产生并发挥恰当的作用。不仅如此,此品还继续宣讲"诸佛如来萨婆若智,皆从

---

① 《大正藏》第八卷,第542页下—543页上。
② 《大正藏》第八卷,第543页中。
③ 《大正藏》第八卷,第547页上。
④ 《大正藏》第八卷,第544页上。
⑤ 《大正藏》第八卷,第545页下—546页上。

般若波罗蜜生"①。诸如此类的说法，在《小品般若经》中反复陈说，目的就是要给人一个深刻的印象：般若波罗蜜是造就菩萨，得道成佛的指导思想，是统率其他各种功德和修习方法的灵魂。将般若提到这样一种高度，也是小乘向大乘转变的一个显著特点。

此经在用理性呼唤人们去受持、诵读、书写、信解它的同时，又赋予信仰上的激励，将这些行为加以神化。经中说，只要受持和宣传此经，便可以受到诸天、神佛的护佑，而且般若波罗蜜自身也有威力，可以击退任何邪恶的伤害。经中举了很多例子，说明受持、诵读、书写、供养、信解此经所获的利益，例如，军阵中刀剑终不能伤；毒不能伤，火不能烧，终不横死；魔不能坏乱；等等。这种宗教宣传，不仅深入了无力无助的劳动人民之中，使没有文化的人也能传播佛教经籍，将其奉为圣典，而且影响到了统治阶级，使他们也很卖力地读诵、抄写和印刻，使其流通，以此作为他们贪婪残暴的福佑和卑怯空虚的慰藉。

总之，《小品般若经》所讲的般若学的宗教理论与其宗教实践是一个颇为完整的体系。它讲现象的部分，重点在分析现象的虚幻假有；讲本质的部分，则是说明诸法性空。最后，要求达到现象与本质的统一。由这种概念指导的宗教实践，乃是"方便"与"涅槃"的统一，"众生"与"佛性"的统一，"世间"与"出世间"的统一，"从而将佛教的世俗化大大向前推进了"②。

3.《金刚般若波罗蜜经》

《金刚般若波罗蜜经》，又名《金刚经》《金刚般若经》《能断金刚般若波罗蜜多经》，是重要的大乘般若类经典，最早为鸠摩罗什所译，一卷，可见于历代经录。其后此经的异译还包括：（1）元魏菩提流支译《金刚般若波罗蜜经》，一卷。（2）陈真谛译《金刚般若波罗蜜经》，一卷。（3）隋笈多译《金刚能断般若波罗蜜经》，一卷。（4）唐玄奘译《大般若波罗蜜多经》第九会，又名《能断金刚般若波罗蜜多经》，一卷。（5）唐义净译《能断金刚般若波罗蜜多经》，一卷。这六种译本现在均可看到，除玄奘译本收入《大般若波罗蜜多经》，成为其第五百七十七卷

---

① 《大正藏》第八卷，第545页下。
② 任继愈主编：《中国佛教史》（第一卷），中国社会科学出版社1985年版，第322—323页。

《能断金刚分》外，余皆收入《大正藏》第八卷般若部中。

此经具名《金刚般若波罗蜜经》，其中"金刚"为宝石名，具有坚、利、明三义；"般若"即智慧，亦含实相、观照、文字三义。意即以金刚之坚，无可破坏，喻实相般若虽经多劫，流浪六道生死之巷，犹未曾生灭，未曾亏损；以金刚之利，无物不摧，喻观照般若纵横无尽，擘开尘世之迷妄，照破森罗万象之正体正味，显破纷乱杂然之诸法本体本性；以金刚之明，能投光于暗夜，喻以文字般若纵横表现实相与观照之义理。此金刚般若，在佛不增，众生不减。然就佛而言，其效用彰显；就众生言，其用不彰。因此，才有圣人与凡夫之差别。"波罗蜜"系梵语音译，意为到达彼岸。一般译为到彼岸、度或彼岸到。意即乘般若智慧之舟，自迷界之生死此岸，抵达悟界之涅槃彼岸。

经文主要讲佛在舍卫国祇树给孤独园，与大比丘众千二百五十人俱。待佛乞食后，须菩提问佛："世尊，善男子善女人，发阿耨多罗三藐三菩提心，应云何住？云何降伏其心？"[①] 佛遂为其解答，宣讲诸法性空幻有，应无所住，不应住我、人、众生、寿者相，因为"凡所有相皆是虚妄"[②]，就连佛的三十二相乃至佛法亦是如此。"一切诸佛及诸佛阿耨多罗三藐三菩提法，皆从此经出"[③]，所以，只有信解、践行般若波罗蜜，才能做到扫相破执、无相无住，才能体证真如，获得解脱，成就佛道。经文的最后，佛说了四句偈喻，作为此经思想的总结，即"一切有为法，如梦幻泡影，如露亦如电，应作如是观"[④]。

《金刚经》"（既）不如《大般若经》之浩瀚，又不如《般若心经》之太简，而能说般若之空慧，无有余蕴，故古来传持、弘通甚盛"[⑤]。禅宗自慧能以后便将其奉为圭臬，作为历代祖师传承衣钵的印心经典。三论宗、天台宗、唯识宗亦对此经崇奉有加，竞相习诵。另外，为了更好地传

---

① 《大正藏》第八卷，第748页下。
② 《大正藏》第八卷，第749页上。
③ 《大正藏》第八卷，第749页中。
④ 《大正藏》第八卷，第752页中。
⑤ 丁福保编纂：《佛学大辞典》，文物出版社1984年版，第660页三。

持、弘通此经,我国历代高僧贤德甚至天子帝王屡有对其进行研读注疏者。[①] 同时,随着此经在中国社会的广泛传播,还产生了很多有关《金刚经》的感应故事和灵验记。[②] 它不仅对我国佛教和民间信仰的发展意义重大,而且在中国乃至世界文化艺术领域亦可谓影响深远。世界现存最早的雕版印刷品,就是唐咸通九年(868年)的雕版《金刚经》[③];世界现存最早的木刻版画,也是《金刚经》扉页的庄严佛像;山东泰山经石峪的石刻《金刚经》则是现存规模最大、时间最早的石刻经文之一。此外,柳公权、赵孟頫、林则徐、弘一大师等人的《金刚经》手迹业已成为珍贵的文化遗产。不仅如此,敦煌藏经洞和新疆吐鲁番出土文献中,也保有两千余号的《金刚经》写本,且绝大多数为罗什译本。[④] 事实上,在此经的诸多译本中,鸠摩罗什所译五千余字的《金刚经》因简洁流畅、词句优美一直最为流行。直到今天,罗什译本依然被佛教信众广为持诵。19世纪以来,《金刚经》更被译成德、英、法等多国语言,在世界范围内流传、弘通。[⑤] 综上可知,《金刚经》特别是罗什译本在中国乃至世界的流

---

① 高僧贤德所作《金刚经》的注疏主要包括:后秦僧肇著《金刚经注》一卷,隋吉藏撰《金刚经义疏》六卷,隋智顗作《金刚经疏》一卷,隋净影著《金刚经疏》一卷,唐慧净撰《金刚经注》三卷,唐智俨述《金刚经略疏》二卷,唐窥基作《金刚经赞述》二卷,唐慧能著《金刚经解义》二卷,唐宗密述《金刚经疏论纂要》二卷,宋善月撰《金刚经会解》二卷,宋昙应作《金刚经采微》二卷,宋宗镜著《销释金刚经科仪会要》一卷,元徐行善撰《金刚经疏科释》一卷,明洪莲编《金刚经注解》四卷以及明元贤作《金刚经略疏》一卷等(参见丁福保编纂《佛学大辞典》,文物出版社1984年版,第660页四—661页一、二)。此外,唐玄宗推行三教并重政策,从三教中各选一本典籍,亲自作注,颁行天下。其中,从儒教中选取《孝经》,从道教中选取《道德经》,从佛教中则选取《金刚经》。明成祖也曾编纂《金刚经集注》(参见刘保金《中国佛典通论》,河北教育出版社1997年版,第206页)。

② 唐代孟献忠就撰有三卷本《金刚般若集验记》,同时代的段成式在其《酉阳杂俎》续集卷七《金刚经鸠异》中也载有关于此经的灵验故事20余则,宋代李昉等编著的《太平广记》卷一〇二至一〇八中则保存有关于此经的感应故事100余则。另外,还有明代王起隆辑著的《金刚经新异录》一卷,清王泽泩编集的《金刚经感应分类辑要》一卷,周克复编纂的《金刚经持验记》一卷,甚至日本净慧和尚也集有《金刚灵验传》三卷(参见杜正乾《〈金刚经〉研究述评》,《五台山研究》2007年第1期,第13页,及丁福保编纂《佛学大辞典》,文物出版社1984年版,第661页二、三)。

③ 参见姜涛《唐咸通九年(868年)雕版〈金刚经〉》,《中国宗教》2006年第10期,第69页。

④ 参见方广锠《敦煌文献中的〈金刚经〉及其注疏》,《世界宗教研究》1995年第1期,第74页。

⑤ 详见丁福保编纂《佛学大辞典》,文物出版社1984年版,第660页四。

传之广、影响之盛。

　　需要注意的是，虽然属于中观学派的罗什译本历来最为流行，但却存在"三问阙一、二颂阙一、九喻阙一"等问题①，不如属于瑜伽行学派的玄奘译本经文信实，因此，今天我们研究《金刚经》时应对现存六种译本均予以充分重视，需共同参读，力争博采众长，兼收并蓄。

4.《妙法莲华经》

　　《妙法莲华经》，简称《法华经》，或称《新法华经》《妙法华经》，历史上曾先后汉译过六次，译本三存三阙②。其中，西晋太康七年（286年）竺法护译出的十卷本二十七品《正法华经》，后秦弘始八年（406年）鸠摩罗什翻译的七卷本二十八品《妙法莲华经》以及隋仁寿元年（601年）阇那崛多与达摩笈多共译的七卷本二十七品《添品妙法莲华经》为现存三译，皆可见于《大正藏》第九卷法华、华严部中；而三国吴支疆梁接译六卷本《法华三昧经》，西晋竺法护译六卷本《萨芸芬陀利经》及东晋支道根译五卷本《方等法华经》为三阙本③。此外，还有个别的单品译本，如流传广泛的《观世音菩萨普门品》以及西晋失译的一卷本《萨昙分陀利经》等。

　　据《出三藏记集》卷八所载释慧观之《法华宗要序》和僧叡撰《法华经后序》可知，此经乃鸠摩罗什应后秦司隶校尉、左将军、安城侯姚嵩之请而于长安大寺译出④。翻译时，"什自手执胡经，口译秦言，曲从方言，而趣不乖本"⑤。因此，虽然有上述诸多译本，但是历代以来，世所广泛流传、讲解、注疏、研习者，唯据什译。罗什译本原为七卷二十七

---

① 详见史元鹏《〈金刚经〉及其不同译本研究》，《中国宗教》2009 年第 2 期，第 31 页。
② 参见（唐）释智昇撰《开元释教录》卷十一和卷十四，《大正藏》第五十五卷，第 591 页中、下及 628 页下—629 页上。
③ 上述三缺本中，释智昇对竺法护所译已有疑惑。另，《中国佛教（第三辑）》中高观如撰《妙法莲华经》条中亦云："据现代学者考证，似属误传，实际只有今存的三种译本。"（中国佛教协会编：《中国佛教（第三辑）》，知识出版社 1989 年版，第 138 页）
④ 《出三藏记集》卷八《法华宗要序》载："秦弘始八年夏，于长安大寺集四方义学沙门二千余人，更出斯经，与众详究。"《法华经后序》亦载："秦司隶校尉、左将军安城侯姚嵩，拟韵玄门，宅心世表，注诚斯典，信诣弥至。每思寻其文，深识译者之失。既遇鸠摩罗法师，为之传写，指其大归，真若披重霄而高蹈，登昆仑而俯眄矣。于时听受领悟之僧八百余人，皆是诸方英秀，一时之杰也。是岁弘始八年，岁次鹑火。"[（梁）释僧祐撰：《出三藏记集》，苏晋仁、萧鍊子点校，中华书局 1995 年版，第 306、307 页]
⑤ （梁）释僧祐撰：《出三藏记集》，苏晋仁、萧鍊子点校，中华书局 1995 年版，第 306 页。

品，系后人将南齐法献共达摩摩提所译《提婆达多品》、北周阇那崛多所译《普门品偈》和唐玄奘译《药王菩萨咒》等陆续编入什译，遂成今本之二十八品。①

经名中，"妙法"意为此经所宣佛法精妙绝伦、不可思议；"莲华"则喻此经如白莲般洁净高雅，花开即佛因，结莲即佛果。

全经凡七卷二十八品，第一卷为《序品》和《方便品》，第二卷为《譬喻品》与《信解品》，第三卷为《药草喻品》《授记品》及《化城喻品》，第四卷为《五百弟子受记品》《授学无学人记品》《法师品》《见宝塔品》《提婆达多品》和《劝持品》，第五卷为《安乐行品》《从地踊出品》《如来寿量品》与《分别功德品》，第六卷为《随喜功德品》《法师功德品》《常不轻菩萨品》《如来神力品》《嘱累品》及《药王菩萨本事品》，第七卷为《妙音菩萨品》《观世音菩萨普门品》《陀罗尼品》《妙庄严王本事品》和《普贤菩萨劝发品》。

"就卷数来说，《法华经》并不算是大部头的；但就内容来说，它却具有相当的重要性"②。

首先，此经宣扬"会三归一""开权显实"的思想。所谓"会三归一""开权显实"，就是会三乘方便、入一乘真实之意。经中讲佛陀为"三乘"③次第演说佛法，实为适应众生"根机"而采取的权便之法，并非佛的本怀；佛出现于世的唯一、真实目的其实是"以佛之知见示悟众生"，"如来但以一佛乘故，为众生说法，无有余乘，若二若三"④。此后，《譬喻品》还形象地讲"火宅四车"喻，《药草喻品》说众生"根机"，《授记品》等述佛为诸种人等授记，以此不断深化"会三归一""开权显实"的思想。在这种思想的指导下，我们还可以看出，此经也蕴含一切众生皆可成佛的主张，只不过这些众生尚存在"根机"的差异。

其次，此经宣讲"诸法实相"与"十如是"⑤。《方便品》中云："佛所成就第一希有难解之法。唯佛与佛乃能究尽诸法实相。所谓诸法如是相，如是性，如是体，如是力，如是作，如是因，如是缘，如是果，如是

---

① 参见（唐）释智昇撰《开元释教录》卷十一，《大正藏》第五十五卷，第591页中。
② 郭朋：《隋唐佛教》，齐鲁书社1980年版，第124页。
③ "三乘"，指声闻乘、缘觉乘和菩萨乘。
④ 《大正藏》第九卷，第7页中。
⑤ "十如是"的提法，唯在罗什本《法华经》中有，其他译本中皆无。

报，如是本末究竟等。"① 所谓"诸法实相"，就是大乘佛法的根本真理，在此经看来，就是"一佛乘""佛之知见"和"大乘空义"等。"十如是"可以看作对"诸法实相"的解释，其既不脱离现实世界，又不肯定现实世界的真实性，在意蕴上具有很大的伸缩性。后来的天台宗即主要根据"十如是"和《妙音菩萨品》中所说的"十界"，加上诸种"世间"，发展成为"一念三千"的宗教体系。

再次，此经通过宣扬"常住不灭""久远实成"的释迦牟尼佛将大乘佛教具有哲理性的佛身论形象化。依照大乘佛教的理论，佛教的创立者释迦牟尼属于应身佛。而此经特别是《从地踊出品》之后的诸品，则更为释迦牟尼赋予了报身兼法身的意义，使之成为"寿命无量阿僧祇劫，常住不灭"②的独立实体。不仅如此，此经还要求众生从对佛、菩萨的崇拜扩大到对法师的供养③。

又次，此经宣讲"四安乐行"。《安乐行品》云："若菩萨摩诃萨于后恶世欲说是经，当安住四法。"④ 即在身业方面，应"安住菩萨行处及亲近处"⑤、远离权势、外道等；在口业方面，应对一切皆无所毁誉；在意业方面，除"无怀嫉妒谄诳之心"外，"当于一切众生起大悲想，于诸如来起慈父想，于诸菩萨起大师想"⑥；发愿令众生住是法中，修摄诸行便是第四安乐行。其中，特别强调禅观双修思想，即坐禅目的在于正观，而观想的内容决定禅的性质。

复次，此经同其他诸多佛经一样，在宣扬教理的同时，诉说成佛的方便法门和信仰该经的种种功德。《方便品》的偈颂中先说："更以异方便，助显第一义"，而后便讲述了成佛的种种方便法门，像起塔供养佛舍利者，由"起万亿种塔，金银及颇梨"，到"若于旷野中，积土成佛庙，乃至童子戏，聚沙为佛塔"，皆可成佛；"若人为佛故，建立诸形像，刻雕成众相"，从"或以七宝成"到"彩画作佛像"，以至用草木、指甲画作

---

① 《大正藏》第九卷，第5页下。
② 《大正藏》第九卷，第42页下。
③ 关于从佛菩萨崇拜到法师供养的论述，详见任继愈主编《中国佛教史（第二卷）》，中国社会科学出版社1985年版，第428—439页。
④ 《大正藏》第九卷，第37页上。
⑤ 《大正藏》第九卷，第37页上。
⑥ 《大正藏》第九卷，第38页中。

佛像，"渐渐积功德，具足大悲心，皆已成佛道"；"若人于塔庙，宝像及画像，以华香幡盖，敬心而供养"，或"使人作乐"，"歌呗颂佛德"，"或有人礼拜，或复但合掌，乃至举一手，或复小低头"，"以此供养佛，渐见无量佛，自成无上道"①。在《见宝塔品》《提婆达多品》《分别功德品》《随喜功德品》和《法师功德品》等品目的经文中，则讲述了读诵、书写、讲说、受持、信解此经的种种功德。上述种种方便和功德不仅为社会底层提供了成佛的可能，而且使得"以寺院塔庙和佛像为特征的佛教信仰基地，以惊人的速度普遍建立起来，佛教艺术，包括建筑、雕塑、绘画、音乐等也随之得到了发展"②。"十六国以来，《法华经》造像可以说弥漫天下"③，其中以《见宝塔品》为依据的"二佛并坐"像更是十六国及北朝时期广泛流行的造像题材。

最后，此经在《观世音菩萨普门品》等品目中讲述了以观世音菩萨为代表的诸多菩萨的事迹，为身处乱世的黎民百姓带来了希望，有力地推动了救苦救难的观世音信仰的发展。

总之，此经广泛开演大乘教义，将空性说与般若相摄，究竟归处与涅槃沟通，指归净土、宣扬济世以及陀罗尼咒密护等，实可谓集大乘思想之大成。

僧叡于《法华经后序》中言其为"诸佛之秘藏，众经之实体也"④，任继愈亦在《中国佛教史》中谓之"同此前译出的《般若经》和稍后译就的《大般泥洹经》，鼎足三立，构成了东晋南北朝时期佛教思想的经典支柱"⑤。此经不仅蕴含上述繁杂的大乘佛教思想，而且行文流畅，辞藻优美，在翻译文学史上也占有重要地位。"在《高僧传》所列举的讲经、诵经者中，以讲、诵此经的人数最多，"⑥ 在敦煌所出古代写经中也是"《法华经》的数量最多，总数在5000号以上"⑦，所以，又有"经中之王"的美誉。隋代智顗还依据此经立说，创立了天台宗。因此，它亦与

---

① 参见《大正藏》第九卷，第8页下—第9页上。
② 任继愈主编：《中国佛教史》（第二卷），中国社会科学出版社1985年版，第431页。
③ 赖鹏举：《关河的三世学与河西的千佛思想》，《东方宗教研究》1994年第4期，第236页。
④ （梁）释僧祐撰：《出三藏记集》，苏晋仁、萧鍊子点校，中华书局1995年版，第306页。
⑤ 任继愈主编：《中国佛教史》（第二卷），中国社会科学出版社1985年版，第414页。
⑥ 中国佛教协会编：《中国佛教》（第三辑），知识出版社1989年版，第141页。
⑦ 方广锠：《敦煌遗书中的〈法华经〉注疏》，《世界宗教研究》1998年第2期，第75页。

《无量义经》《观普贤经》合称为"法华三部经"。隋、唐以后，乃至明、清，一直流传不衰，明成祖都曾亲自为其作序①。历代研习、注疏此经者更是不可胜数。②此经译本传入朝鲜、日本等东亚国家后，对其影响也很大。尤其在日本，6世纪时就有圣德太子撰写此经之义疏。9世纪传教大师续开台宗，特倡此经。13世纪，日莲专奉此经与经题立日莲宗。现代新兴的创价学会、立正佼成会和妙智会等教团，都是专奉此经与经题为宗旨的。③ 19世纪以来，此经还先后被译成法文和英文，再加上梵汉对照、梵文和译、改订梵本以及原文等的出版，④更促进了该经在世界范围的流传和研究。

5. 《佛说华手经》

《佛说华手经》，又名《摄诸善根经》或《摄诸福德经》，简称为《华首经》或《华手经》，十卷，鸠摩罗什于弘始八年（406年）译出⑤。历代经录有载，现收于《大正藏》第十六卷经集部中。

经中反复陈说十方诸菩萨持花供养佛祖，故经名"华手"。

全经凡十卷，分三十五品，各品内容如下。

（1）《序品》讲众比丘、菩萨等往王舍城迦兰陀竹园诣见佛祖释迦牟尼，大迦叶亦施展神力赴会。佛祖谓迦叶："汝当就此如来半坐"⑥，迦叶谦让，并讲说法要赞佛。

（2）《神力品》中佛祖继续请迦叶共坐，并显神力，普集四众、菩萨、诸天、龙王等来至迦兰陀竹园。佛命目连敷高座，目连即以神通力化作高座。佛言："如来不于变化座上为众说法"⑦。复命无量缘菩萨敷座，

---

① 明成祖朱棣所作《御制大乘妙法莲华经序》，可见于《大正藏》第九卷，第1页上、中。
② 关于《法华经》的论疏，可参见丁福保编纂《佛学大辞典》，文物出版社1984年版，第605页二、三、四。另，郭朋、任继愈、杨曾文等现当代学者也在《隋唐佛教》《中国佛教史》以及相关论著中对此经进行过研究。
③ 近年来，日本学者镰田茂雄、池田大作、横超慧日、坂本幸男、菅野博史等也都发表了许多关于《法华经》的研究论著。
④ 中国佛教协会编：《中国佛教》（第三辑），知识出版社1989年版，第141页。
⑤ 《历代三宝纪》及《开元释教录》皆载此经为"弘始八年译"，见《大正藏》第四十九卷，第77页下及第五十五卷，第512页下。
⑥ 《大正藏》第十六卷，第127页中。
⑦ 《大正藏》第十六卷，第129页中。

诸菩萨各以上衣积为高座。佛入三昧现神通，令诸菩萨见其将来成佛之事。其后，法王子华德藏请佛宣摄一切法能起无量功德法门。佛口放光，举声謦咳，遍至十方世界。

（3）《网明品》说东方佛国的网明菩萨见光闻声，承一宝严佛之命，来至佛所，以众莲花供养、致敬佛，并讲说"义趣法门"。

（4）《如相品》述东方不虚行力菩萨，持花来会，乃至佛与跋陀婆罗（贤护）菩萨论说"如来"深义。

（5）《不信品》记佛向跋陀婆罗讲说末世不信佛法诸事之缘由及处置方式。

（6）《念处品》佛为跋陀婆罗说末世宜修"四念处"。五百菩萨以花供佛，且发大誓愿，以此经教化众生，令住佛法。

（7）《发心即转法轮品》讲东方发心即转法轮菩萨亦因如来光声而来持花供养、礼拜佛，佛乃说其种善根得果报之过往。

（8）《现变品》中发心即转法轮菩萨乞请佛祖前往其国未果，遂断取三千大千世界，欲置之于其国。佛更以神力，令诸世界互相击碎，并借此宣讲"世间虚妄无有真实"[①] 及"正见修行"之法门。

（9）《如来力品》先通过佛与目连的问答对话，显扬如来神力。其后，佛又为诸菩萨讲应据此经护持法藏，教化众生。

（10）《功德品》中佛为坚意菩萨说受持、读诵此经之功德。

（11）《发心品》说东方光明威德聚菩萨秉持须弥肩佛致敬、问讯之意，亦来集会，献花供养。释迦牟尼亦将花付弥勒，嘱其"助佛道善根因缘"[②]，弥勒转付七万七千菩萨，菩萨俱发大愿。随后，复以花奉佛，佛为其宣讲发菩萨心之功德。

（12）《无忧品》将经文与偈颂相结合，叙述佛为弥勒说无忧、离忧二王子成佛故事，以明"真菩萨心"。

（13）《中说品》列举了东方诸菩萨见光闻声而持香、花、袈裟来集者。

（14）《总相品》广述东方诸世界之佛、菩萨名。

（15）《上清净品》亦广述东方诸世界之佛、菩萨名。

（16）《散华品》讲东方观佛定善根庄严菩萨感佛声光，持花赴会，

---

① 《大正藏》第十六卷，第136页中。
② 《大正藏》第十六卷，第139页上。

散花供佛、赞佛之事。

（17）《众相品》仍述东方诸世界之佛、菩萨名。

（18）《诸方品》广叙南、西、北、上、下、西南、西北、东南、东北九方诸世界之佛、菩萨亦见光闻声而来集会。

（19）《三昧品》记佛次第入五十七种三昧，诸天偈赞。

（20）《求法品》述佛从三昧起，为舍利弗说菩萨求法之要，尤以妙德太子故事说明菩萨精进之功，舍利弗更请法要。

（21）《叹德品》中佛以譬喻为舍利弗说菩萨难事。

（22）《验行品》说佛以坚众菩萨之事说明"真菩萨心"应具两种"三事"，即应"舍一切所有而不望报""宁失身命而不舍法""不逆甚深之法"及"常勤精进求法不倦""常随法师恭敬供养""闻已随顺不违不逆不没不退"[①]。

（23）《得念品》讲往昔得念王子以菩萨真心不为失念魔所惑之事。

（24）《正见品》佛为舍利弗说菩萨"正见"。

（25）《叹教品》中佛以利意、乐法比丘之本生故事，述施、求菩萨法之福德。

（26）《毁坏品》说毁坏菩萨心的种种罪报。

（27）《众杂品》佛以撰择居士及其妻妙色闻法证果之事，说菩萨"应离四法""当修四法"等法要。

（28）《众妙品》详述唯"菩萨道"能救度众生。

（29）《逆顺品》分别讲说奉持此大乘经法之功德与违逆之恶报。

（30）《不退转品》佛先为舍利弗讲菩萨为护佛道、心常喜悦、终不退转而应行诸"四法"。又说撰择童子发菩萨心，转诸世界，续增寿命，最终成佛之故事。后又为阿难说终不退转、终不忘失无上菩提之"四法"及方音王太子事。

（31）《为法品》主要讲佛为阿难说菩萨不仅应求法更应修行践行此法。

（32）《叹会品》中佛在为阿难解释此会何谓"师子会"的过程中，更说何谓"空无相无作"。

（33）《上坚德品》述坚意比丘以衣供佛，发大誓愿，衣中现诸神变。

---

① 《大正藏》第十六卷，第173页下。

阿难问起因缘，佛言且待须臾。坚意比丘请问何谓"入、法、门"，佛先说其昔为上坚德王，亦曾问是法。

（34）《法门品》中佛祖正面回答坚意之问，为说"阿字法门""一相三昧""众相三昧"等法门。

（35）《嘱累品》谓佛以此经法嘱菩萨，菩萨发愿弘通。

总体而言，是经自诩为"断众生疑令众欢喜菩萨藏经"，广宣"诸法皆空""菩萨道""菩萨行""三昧"等大乘思想及修行法门，能够与大乘早期般若及《法华》等诸经相摄，亦是龙树在《大智度论》中所引三十七部早期大乘经籍之一①，在大乘佛教发展史上具有重要地位。

6. 《维摩诘所说经》

《维摩诘所说经》，简称《维摩诘经》或《维摩经》，又称《不可思议解脱经》《净名经》《说无垢称经》，可见于历代经录，是早期大乘佛教的重要经典。

据宋代智圆撰《维摩经略疏垂裕记》载，此经前后共有六译：（1）后汉严佛调译一卷本《古维摩经》；（2）三国吴支谦译两卷本《维摩诘说不思议法门经》；（3）西晋竺法护译一卷本《维摩诘所说法门经》；（4）西晋竺叔兰译三卷本《毗摩罗诘经》；（5）姚秦鸠摩罗什译三卷本《维摩诘所说经》；（6）唐玄奘译六卷本《佛说无垢称经》。② 在这六个译本中③，严佛调及西晋二竺的译本均已亡佚，仅支谦、罗什和玄奘的译本留存至今，皆收于《大正藏》第十四卷经集部中。

僧肇撰《维摩诘经序》云："大秦天王俊神超世，玄心独悟，弘至治于万机之上，扬道化于千载之下。每寻玩兹典，以为栖神之宅。而恨支、竺所出，理滞于文，常惧玄宗，坠于译人。北天之运，运通有在也。以弘始八年，岁次鹑火，命大将军常山公、左将军安城侯，与义学沙门千二百人，于常安大寺请罗什法师重译正本。什以高世之量，冥心真境，既尽环中，又善方言。时手执胡文，口自宣译。道俗虔虔，一言三复，陶冶精

---

① 参见印顺《初期大乘佛教之起源与开展》，台北：正闻出版社1994年版，第32页。
② 参见《大正藏》第三十八卷，第715页中。
③ 《历代三宝纪》卷七载此经还有东晋祇多蜜所译四卷本《维摩诘经》，已佚（参见《大正藏》第四十九卷，第71页下）。但小野玄妙对此持怀疑态度（参见[日]小野玄妙《佛教经典总论》，杨白衣译，台北：新文丰出版公司1983年版，第77页），笔者亦持此意见，故文中以六译本计。

求，务存圣意。其文约而诣，其旨婉而彰，微远之言，于兹显然。"[1] 由此可知，此经系弘始八年（406年）姚兴因感旧译之失而命常山公姚显共安城侯姚嵩与义学沙门一千二百人于长安大寺请鸠摩罗什重译。诚如吕澂所言，"罗什的翻译确实是十分慎重的"[2]，因而此经译文义理信达，文句优美，言简意赅，"隋、唐以来，讲习此经者，大都依据罗什译本"[3]。

罗什译本共三卷，凡十四品。

第一品《佛国品》是全经的序分，讲释迦牟尼佛在毗耶离城外庵罗树园与众集会，长者子宝积说偈赞佛讫，请佛宣示"诸菩萨净土之行"[4]，佛祖由此阐扬"若菩萨欲得净土，当净其心，随其心净，则佛土净"[5] 的义理，是为全经不思议解脱宗趣之张本。

第二品至第十二品为正宗分，是全经的主体。

第二品《方便品》讲述居于毗耶离城中的维摩诘长者，实为"得无生忍，辩才无碍，游戏神通，逮诸总持"[6] 的大乘菩萨，经常出入宫廷、学堂、淫舍、酒肆等，广设无量方便以饶益众生。他更以方便，现身有疾，借机向前来问疾之国王大臣、长者居士、王子官属、婆罗门等宣说"是身无常"，"为苦为恼，众病所集"[7]，不足为怙，应常乐从无量智慧功德、从慈悲喜舍、从"四摄六度"所生之佛身，发心修行，方为除病根本。

第三品《弟子品》述世尊知维摩示疾，遂遣声闻乘弟子前往探视，但以舍利弗、大目连、大迦叶等为首的众佛弟子各述其或宴坐习禅、或为人说法、或持钵乞食、或解说戒律时皆曾被维摩诘问难，相与辩析，都为其挫败，故五百声闻弟子无人敢去问疾。

第四品《菩萨品》承前品续说释迦又于菩萨乘弟子中，派遣弥勒、光严、持世、善德等前往问疾，各人亦说曾为维摩诘问难之种种而辞不堪

---

[1] （梁）释僧祐撰：《出三藏记集》，苏晋仁、萧鍊子点校，中华书局1995年版，第309—310页。

[2] 吕澂：《中国佛学源流略讲》，中华书局1979年版，第88页。

[3] 中国佛教协会编：《中国佛教》（第三辑），知识出版社1989年版，第67页。

[4] 《大正藏》第十四卷，第538页上。

[5] 《大正藏》第十四卷，第538页下。

[6] 《大正藏》第十四卷，第539页上。

[7] 《大正藏》第十四卷，第539页中。

往。

　　第五品《文殊师利问疾品》叙文殊菩萨最终秉承佛旨前往问疾，为听妙法，八千菩萨、五百声闻、百千天人随行。维摩诘以神力空其室内所有，唯置一床，示疾而卧。文殊致问，维摩作答。智德第一的文殊菩萨所发诸问，皆为关要，"辩才无滞"的维摩所答亦"智慧无碍"，同行大众于此酬对中得到启示开悟。维摩先空其室，寓意以佛性真空本体相呈；其次阐述"以一切众生病，是故我病，若一切众生病灭，则我病灭"① 之意；最终阐明"调伏其心"之法，并缕析何为"菩萨行"。

　　第六品《不思议品》舍利弗久立思坐，室内空无床座，维摩诘因向舍利弗开导："夫求法者，不贪躯命，何况床座？"以及"若行有为，是求有为，非求法也"诸义②。随即向东方距此三十六恒河沙世界的须弥相世界须弥灯王佛那里，借来了三万二千个高达八万四千由旬、严饰第一的师子宝座，让众人就座。借此"借座灯佛"故事宣说大小相容、久暂互摄等诸佛菩萨不思议解脱境界及其方便力用，并启发小乘声闻归心大乘。

　　第七品《观众生品》中有两对人物进行对话，首先是维摩诘与文殊就"云何观于众生"乃至"从无住本，立一切法"进行的辩析③。而后有天女散花，"华至诸菩萨，即皆堕落，至大弟子，便著不堕。一切弟子神力去华，不能令去"④。天女因机而与舍利弗辩论，说明大乘菩萨无"分别想"，而声闻弟子却不成。辩论中，天女又与舍利弗互换形象，以此证实众生如幻，"一切诸法亦复如是，无有定相"⑤，破除声闻乘对"法"的执着，最终说明诸佛菩萨的智慧功德"无所得故而得"⑥。

　　第八品《佛道品》由文殊"菩萨云何通达佛道"⑦之问引发，维摩遂讲述"若菩萨行于非道，是为通达佛道"⑧之深义。后维摩诘问文殊

---

① 《大正藏》第十四卷，第544页中。
② 《大正藏》第十四卷，第546页上。
③ 参见《大正藏》第十四卷，第547页上—下。
④ 《大正藏》第十四卷，第547页下。
⑤ 《大正藏》第十四卷，第548页中。
⑥ 《大正藏》第十四卷，第548页下。
⑦ 《大正藏》第十四卷，第548页下—549上。
⑧ 《大正藏》第十四卷，第549页上。

"何等为如来种"①，答以"六十二见及一切烦恼皆是佛种"②。由他们的问答，阐明摄化众生通达佛道的空有不二的菩萨行。

第九品《入不二法门品》则解说能生起不二妙行的不二之理，以及臻达解脱的"不二法门"。经中维摩诘向文殊等八千菩萨发问："云何菩萨入不二法门？"③，先有法自在等三十位菩萨各以"言语"陈说己见，维摩皆不置可否，于是众菩萨要文殊表态。文殊说："于一切法，无言无说，无示无识，离诸问答，是为入不二法门。"文殊说已，反问维摩："何等是菩萨入不二法门？"，维摩"默然无言"，文殊赞叹"是真入不二法门！"④

第十品《香积佛品》讲维摩诘入三昧，以神通力将上方界分的众香国景象普现于大众之前，随又化出一菩萨使往众香国乞取香饭。化菩萨取回香饭时，众香国随来者九万菩萨，述说其国以"众香"为佛事教化众生的种种妙用。维摩诘则告之此土佛以"刚强之语"说明因果有报以及菩萨须以"十事善法""四摄""八无疮疣法"⑤ 摄化众生。

第十一品《菩萨行品》记维摩诘以神通力，"持诸大众并师子座，置于右掌"，往诣佛所。因阿难问，佛为大众广说香饭功德，以及诸佛国土种种摄化众生之佛事，并教诸菩萨"不尽有为，不住无为"的"尽、无尽解脱法门"⑥。

第十二品《见阿閦⑦佛品》中先以佛与维摩之对话说明"正观"之义。次因舍利弗问维摩诘"汝于何没而来生此"，维摩诘就"没"和"生"说明"一切法如幻相"以及"菩萨虽没，不尽善本，虽生，不长诸恶"之理。⑧ 随后，佛向舍利弗介绍，维摩诘来自无动佛所在的妙喜世界，以教化此土众生。会众因之欲见无动如来，维摩诘于是"入于三昧，现神通力，以其右手断取妙喜世界置于此土"。释迦借此清净佛土，劝勉

---

① 《大正藏》第十四卷，第549页上。
② 《大正藏》第十四卷，第549页中。
③ 《大正藏》第十四卷，第550页中—下。
④ 《大正藏》第十四卷，第551页下。
⑤ 参见《大正藏》第十四卷，第553页上、中。
⑥ 《大正藏》第十四卷，第554页下。
⑦ "阿閦"意译即为"无动"。
⑧ 《大正藏》第十四卷，第555页上、中。

大众速达佛道。

末后两品为流通分,即结束语。

第十三品《法供养品》叙释迦为帝释等称说此经功德,指出"诸佛菩提皆从是生"①,若受持、信解此不可思议解脱法门及依之而行的,即是以法供养如来。佛复自述其往昔为月盖王子时,从药王如来禀受"法供养"之教,以此演说"以法供养于诸供养为上"②之理。

第十四品《嘱累品》佛以是法咐嘱弥勒,令其流通。

综上可知,此经不仅"宣说大乘佛教的空、中道实相和不二法门,提倡普度众生的'菩萨行'"③,"内容涉及到戒、定、慧等佛法的一切方面,说理恢张,伸缩性很大"④,而且用"深达实相""游戏神通"⑤的维摩诘形象展示了大乘佛教在家修行的特色,"它是与彻底批判出家中心主义,把佛教推向社会的大乘教徒的精神一脉相承的"⑥。僧肇在《维摩诘经序》中总结此经:"其旨渊玄,非言象所测;道越三空,非二乘所议。超群数之表,绝有心之境,眇莽无为而无不为,罔知所以然而能然者,不思议也。……此经所明,统万行则以权智为主,树德本则以六度为根,济蒙惑则以慈悲为首,语宗极则以不二为门。"⑦

《维摩诘经》,特别是罗什译本,流传广泛,对中国佛教影响深远。这一点从敦煌遗书的佛教写经和敦煌石窟中保留的经变画就可以看出,据方广锠先生统计,敦煌遗书中此经的罗什译本有六百号左右⑧;且"敦煌莫高窟壁画中的《维摩诘经变》主要是依据鸠摩罗什译本绘制的。现在

---

① 《大正藏》第十四卷,第556页上。
② 《大正藏》第十四卷,第557页上。
③ 杨曾文:《鸠摩罗什的"诸法实相"论——据僧肇〈注维摩诘经〉的罗什译语》,《世界宗教研究》1994年第2期,第22页。
④ 杨曾文:《〈维摩诘经〉释论序》,《法音》1997年第9期,第24页。
⑤ 《大正藏》第十四卷,第544页上、中。
⑥ [日]池田大作:《我的佛教观》,潘桂明、业露华译,四川人民出版社1990年版,第109页。
⑦ (梁)释僧祐撰:《出三藏记集》,苏晋仁、萧鍊子点校,中华书局1995年版,第309页。
⑧ 参见方广锠、许培玲《敦煌遗书中的〈维摩诘所说经〉及其注疏》,《敦煌研究》1994年第4期,第146页。另,吴文星撰文所述敦煌遗书中此写经数目更详:"支谦译本有2个敦煌写本,玄奘译本也只有4个敦煌写本,而鸠摩罗什译本的写本却高达821个"[吴文星:《〈维摩诘经〉的鸠摩罗什译本流行的原因分析》,《华南师范大学学报》(社会科学版)2005年第2期,第90页]。

莫高窟尚存《维摩诘经变》六十八铺"①。此经不但深受天台宗、华严宗、三论宗和禅宗的推崇、重视,而且古来诸多贤德对其评价、注疏②。不仅如此,经中维摩诘潇洒睿智的在家居士形象和丰富多彩的情节,更是作为日后绘画、雕塑、戏剧、诗歌的重要题材,在中国僧俗社会广为流传。

7.《佛说首楞严三昧经》

《佛说首楞严三昧经》,亦称《首楞严三昧经》《新首楞严经》或《首楞严经》,系早期大乘佛教经典,《大正藏》题"后秦龟兹国三藏鸠摩罗什译"③,现可见于第十五卷经集部中,历代经录皆载,凡二卷④。据《开元释教录》卷十四载,是经之异译本共九种,分别为:后汉支娄迦谶译《首楞严经》二卷,三国吴支谦译《方等首楞严经》二卷,曹魏失译《蜀首楞严经》二卷,曹魏失译《后出首楞严经》二卷,曹魏白延译《首楞严经》二卷,西晋竺法护译《勇伏定经》二卷,西晋竺叔兰译《首楞严经》二卷以及前凉支施仑译《首楞严经》二卷⑤。九种译本中唯罗什译本流传至今,余皆失传。

"首楞严三昧者,晋曰勇猛伏定意也。"⑥ 盖指佛德坚固,诸魔不能坏。

全经分上、下两卷。上卷主要讲佛在王舍城耆阇崛山中,与大比丘僧三万二千人俱。菩萨摩诃萨七万二千及天龙八部等,皆来集会。时坚意菩萨请问三昧法,佛唱首楞严之名。一切会众为求妙法各敷师子座,皆见如来坐其座上。等行梵王因之问"何等如来为是真实?"佛由此解说"一切

---

① 贺世哲:《敦煌莫高窟壁画中的〈维摩诘经变〉》,《敦煌研究》1982年第2期,第62页。

② 慧观就判此经为"五时"中的第三时,即属于挫抑小乘、赞扬大乘的"抑扬教";天台宗亦将此经归入"弹小斥偏,叹大褒圆"的第三方等时中;而华严宗则将本经归于"五教"中的第四"顿教"中(参见伍先林《〈维摩诘所说经〉思想试探》,《宗教学研究》1996年第1期,第56页)。另,此经注疏主要包括:僧肇《注维摩诘经》十卷,慧远《维摩经义记》八卷,智顗《维摩经玄疏》六卷,智顗撰、灌顶续补《维摩经文疏》二十八卷,湛然《维摩经疏记》三卷,吉藏《维摩经游意》一卷、《维摩经疏》五卷、《维摩经义疏》六卷和《净名玄论》八卷,智圆《维摩经略疏垂裕记》等(参见丁福保编纂《佛学大辞典》,文物出版社1984年版,第1259页四—1260页一)。

③ 《大正藏》第十五卷,第629页中。

④ 《出三藏记集》及《历代三宝纪》皆载其为二卷,《开元释教录》则载其为三卷,现《大正藏》中为上、下两卷本。

⑤ 《大正藏》第五十五卷,第631页下—632页上。

⑥ (梁)释僧祐撰:《出三藏记集》,苏晋仁、萧鍊子点校,中华书局1995年版,第268页。

诸法皆空如幻"及"是诸如来皆是真实"①之义，复以神力使诸佛及座皆不见。随后，释迦告坚意菩萨："首楞严三昧非初地、二地、三地、四地、五地、六地、七地、八地、九地菩萨之所能得。唯有住在十地菩萨，乃能得是首楞严三昧，"②又以百句义释此三昧，阐明"一切禅定、解脱三昧、神通如意、无碍智慧，皆摄在首楞严中"③。复说菩萨住此三昧于布施、持戒、忍辱、精进、禅定、智慧"六度"之"本事果报"及菩萨如何学此三昧。后又以坚意菩萨与持须弥顶释、现意天子及佛祖的对话，说明住此三昧之功德、神通。

下卷先讲佛因舍利弗之问，而以神通示现"以首楞严三昧威神力故皆被五缚"④之恶魔。尔后，佛为天龙诸众说信解此三昧便可解脱"十二见缚"。经中随后叙述魔界行不污菩萨化度魔众天女，恶魔寻见佛，佛与授记，并应机解说"四种菩萨授记"之不同。如来又为二百魔众天女授"现前记"，并以恶魔与天女之对话，阐明"一切诸法无有决定"⑤之义。复说住此三昧所现自在神力及信受之法。此后又通过坚意菩萨、文殊菩萨、须菩提、净月藏天子及阿难之问答，宣示"福田""多闻"义于小乘声闻、缘觉与大乘菩萨之差异。复说文殊菩萨于往昔照明劫中示现辟支佛教化众生，因持此三昧，虽入涅槃而永不灭之事，使二百菩萨发无上菩提心，以此三昧因缘，誓得"十力"，舍声闻、辟支佛乘而终入佛道。其后，名意菩萨与佛陀之问答，不仅说明闻说、修行此三昧可得一切功德，而且讲述了"菩萨云何修是三昧"⑥。经中还以弥勒神力和文殊前世之龙上种佛之事，说明"若能通达首楞严三昧，则能通达一切道行"⑦。经文最后不但描绘了世尊升空，光照十方，十方诸佛，同说此法的盛大场景，而且言明佛寿七百阿僧祇劫，嘱累阿难受持、传播是经，并为会众说书写、读诵、解说此经之"二十不可思议功德"。

此经重在宣扬"首楞严三昧"威力最大，修学此三昧，可得成佛的

---

① 《大正藏》第十五卷，第 630 页下。
② 《大正藏》第十五卷，第 631 页上。
③ 《大正藏》第十五卷，第 631 页下—632 页上。
④ 《大正藏》第十五卷，第 637 页中。
⑤ 《大正藏》第十五卷，第 639 页下。
⑥ 《大正藏》第十五卷，第 643 页中。
⑦ 《大正藏》第十五卷，第 643 页下。

思想，同时，亦蕴含般若性空、众生平等等大乘思想，而且同大乘早期的诸多佛经一样，也对小乘充满了贬抑，对大乘则大加赞扬。

此经所论"首楞严三昧"，"是大乘最为重要之禅法，曾广行于汉晋间，极为世人所赞仰"[1]，故被一再翻译，且对后世之禅法亦影响颇深。南朝刘宋高僧释弘充在其所撰《新出首楞严经序》中总结、评价罗什所译此经："盖神通之龙津，圣德之渊府也。妙物希微，非器像所表；幽玄冥湛，岂情言所议。冠九位以虚升，果万行而圆就，量种智以穷贤，绝殆庶而静统。用能灵台十地，扃镳法云；罔象环中，神图自外。然心虽澄一，应无不周，定必凝泊，在感斯至。故明宗本则三达同寂，论善救则六度弥纶，辩威效则强魔慴沦，语众变则百亿星繁。至乃征号龙上，晦迹尘光，像告诸乘，有尽无灭。斯皆参定之冥功，成能之显事，权济之枢网，勇伏之宏要矣。"[2]

8.《十住经》

《十住经》，亦称《十地经》，凡四卷[3]，历代经录皆载，现可见于《大正藏》第十卷华严部中，题"后秦龟兹国三藏鸠摩罗什译"[4]。《十地经》早期可能是单独流通的，相当于现今通行的《华严经》的《十地品》[5]，即"七处八会"中第六他化自在天会之部分。故东晋佛驮跋陀罗所译《大方广佛华严经·十地品》（第二十三至二十七卷）与唐实叉难陀译《大方广佛华严经·十地品》（第三十四至三十九卷）皆与此经内容相当。现存西晋竺法护译五卷本《渐备一切智德经》和唐尸罗达摩译九卷本《佛说十地经》则为此经的同本异出经[6]。释僧卫在其所撰《十住经含注序》中谓此经"乃众经之宗本，法藏之渊源。实鉴始领终之水镜，光宣佛慧之日月者也"[7]。

此经叙述佛在他化自在天宫摩尼宝殿，诸方世界诸大菩萨皆来集会。

---

[1] 刘保金：《中国佛典通论》，河北教育出版社1997年版，第44页。
[2] （梁）释僧祐撰：《出三藏记集》，苏晋仁、萧鍊子点校，中华书局1995年版，第271—272页。
[3] 《出三藏记集》及《历代三宝纪》皆在其为五卷，《开元释教录》及《大正藏》现存本均为四卷。
[4] 《大正藏》第十卷，第497页下。
[5] 杨维中：《中国唯识宗通史（上）》，凤凰出版社2008年版，第39页。
[6] 参见中国佛教协会编《中国佛教》（第三辑），知识出版社1989年版，第3—13页。
[7] （梁）释僧祐撰：《出三藏记集》，苏晋仁、萧鍊子点校，中华书局1995年版，第328页。

会中金刚藏菩萨承佛威神力，入菩萨大智慧光明三昧，受到诸佛称赞并摩顶。其遂从定起，向众宣唱"菩萨十地"之名，即"喜地""净地""明地""焰地""难胜地""现前地""深远地""不动地""善慧地"和"法云地"，还复默然。因此"十地者，是一切佛法之根本。菩萨具足，行是十地，能得一切智慧"①，故解脱月等诸菩萨请金刚藏菩萨为其敷衍深义，佛亦现神力，出偈劝说。金刚藏菩萨遂为众次第演说甚深之"十地法门"。

先说若能发"阿耨多罗三藐三菩提心"并深住此心，"是菩萨便有，大喜相显现"，"得于欢喜地，即过五恐怖"，"而发于大愿，求欲见诸佛"，"为是众生故，而行种种施"，"菩萨住初地，应知诸地行"，"是初菩萨地，名之为欢喜"。②

次说当生"十心"，"得是十心已，入于第二地，菩萨住是地，成就诸功德"，"行于真实理，寂灭之善法"，"禅乐三乘乐，皆从十善生"，"身自持净戒，亦叫人令持"。③

复次说以"净心猛厌心，离心不退心，坚心堪受心，快心及大心"则可以入三地，"即时于一切，三界生厌离"，"但求诸佛智，无量无边限"，"若得闻正法，是为最甚难"，"以听法因缘，能得正忆念，正忆念因缘，能生诸禅定，深妙等三昧，及五神通事，次第皆能起，自在不随生"。④

再次说当以"十法明门"，"得入第四地"，"不住常灭相，佛家生势力"，"内外四念处，依止于离厌，亦依止寂灭，回向于涅槃，除灭恶法故，善法得增长，习行四正法，修四如意分，习行于五根，及以修五力，修习七觉意，行于八圣道"，"成十力功德，无畏不共法"，"菩萨住是地，深心及直心，净心与信解，皆转得明净"，"菩萨住是地，天人所供养"，"其心常坚固，不可得动转"，"如是第四地，清净名为焰"。⑤

继而说以"十平等心"，能入第五地，"四念处为弓，诸根为利箭，四正勤为马，四如意为车，五力以为铠，破诸烦恼贼，勇健不退转，直入第五地"，"四如意为足，正念为头项，慈悲明净眼，利智慧为牙，以空

---

① 《大正藏》第十卷，第499页中。
② 参见《大正藏》第十卷，第503页中—504页中。
③ 参见《大正藏》第十卷，第506页中。
④ 参见《大正藏》第十卷，第508页下—509页中。
⑤ 参见《大正藏》第十卷，第510页下—511页中。

无我吼，破诸烦恼贼，如是人师子，能入第五地"，"深集二资粮，福德及智慧"，"第一谛世谛，差别谛成谛，事生灭道谛，至无障碍谛"，"如是观诸谛"，"无障碍解脱"，"悉知有为法，虚妄伪诈诳"，"是菩萨能拔，世间之苦恼"，"得佛力无畏，能度诸众生"。[1]

然后说当以"十平等法"入第六地，"诸法常离相，不取亦不舍，性空犹如幻，离二无分别，若能顺如是，微妙之理趣，心无有违逆，得入第六地"，"知十二因缘，在于一心中"，"从因而生果，因灭则果灭"，"无缘则无相，知此二虚假"，"诸根悉猛利，能破增上慢"。[2]

接着讲"行空无相愿，而修慈悲心，顺佛平等法，而供养诸佛，虽以智观空，而修福无厌，然后能得入，第七远行地"，"行空不二法，如幻如梦等，而行慈悲心，得入第七地"，"所谓是十种，波罗蜜等法，如是诸菩萨，所修之福德"，"是助菩提法，念念皆能摄"，"第七集一切，具菩提分法，能起诸功德，以及一切愿"，"入是正道中，无有诸烦恼"，"过于二乘行，安住第七地"，"诸根悉猛利，通达诸道果"。[3]

其后说"善集助道法，大愿之所系，诸佛神力护，善根悉成就，求于胜智故，能入第八地"，"菩萨住是地，心识无分别，如入灭尽定，无念想分别"，"悉遍知诸法，广度于一切"，"开是众智门，令入诸佛法，成就无边底，无量妙智慧"，"入是智慧门，行道疾无碍"，"诸佛所有法，皆能善修习，住三净业中，不动如须弥，能得大菩萨，所有十种力，一切诸魔众，皆所不能转"。[4]

之后又讲"得入于诸佛，秘密之藏处，得微妙最上，三昧陀罗尼，广大神通力，善入世间相，智慧力决定，能观诸佛法，大愿悲心净，得入第九地"，"悉知诸众生，险难诸杂心"，"及知天龙等，烦恼诸业心"，"菩萨住是地"，"随宜而说法，通达无碍智"，"法义辞无碍"，"具足乐说力"，"能于一念中，得见无量佛"，"以一音说法，悉令断疑网"，"能住甚深妙，寂灭智解脱"，"善以三乘法，示悟诸众生，所作诸善业，皆顺于正念"，"得见十方佛，微妙音说法，见佛大神力，更发无量愿"。[5]

---

[1] 参见《大正藏》第十卷，第513页上—下。
[2] 参见《大正藏》第十卷，第516页上—下。
[3] 参见《大正藏》第十卷，第519页中—520页中。
[4] 参见《大正藏》第十卷，第523页上—下。
[5] 参见《大正藏》第十卷，第526页下—527页下。

最后说"菩萨为一切,智慧得是职,如是名为到,无上法云地,住于是地中,智慧无边限","入此地悉具,菩萨变化事","又能悉通达,一切诸劫数","大智慧力故,及生大愿力,能于一念中,遍满无量国,雨甘露法水,灭诸烦恼火,是故诸佛名,此地为法云","通达诸智慧,善以三乘化,能于一念中,得无量三昧,能见十方佛,其数亦如是"。①

金刚藏菩萨说讫,十方周遍一切世界,皆说此经,并有金刚德世界无数金刚藏菩萨来证。

此经内容难解,《高僧传》卷二《佛陀耶舍传》载:"于时罗什出《十住经》,一月余日,疑难犹豫,尚未操笔。耶舍既至,共相征决,辞理方定。"②罗什都不敢擅自翻译此经,而需与其师佛陀耶舍商议,可见是经确实难解。龙树菩萨曾造《大不思议论》来解说《华严经》,现行汉译的十七卷本《十住毗婆沙论》,便是该论的一部分,即为《华严经·十地品》中初二地的解说。后来世亲菩萨又造《十地经论》,以解释、发挥《十地品》。世亲这部释论不仅使经文的义理得以纲举目张,而且从经文中发掘出许多新义为后来大乘教义发展的张本。③元魏菩提流支、勒那摩提等将其译成汉文后,出现了诸多宣讲、弘传此论的地论师,由此形成了地论学派,对南北朝乃至隋唐佛教的发展都具有重大影响。不仅如此,《十住经》对中国佛教艺术也产生过一定的影响。"五世纪以来,北传一系佛衣画造像即与5世纪初罗什在长安传出《十住经》有关。"④

9.《思益梵天所问经》

《思益梵天所问经》,简称《思益义经》或《思益经》,四卷,弘始四年(402年)十二月一日鸠摩罗什于逍遥园译出⑤,僧叡、道恒传写⑥。根据经末的内容来看,是经亦可名为《摄一切法》《庄严诸佛法》和《文

---

① 参见《大正藏》第十卷,第533页下—534页中。
② (梁)释慧皎撰:《高僧传》,汤用彤校注,汤一玄整理,中华书局1992年版,第67页。
③ 中国佛教协会编:《中国佛教》(第三辑),知识出版社1989年版,第239页。
④ 赖鹏举:《五世纪以来北传地区"法界人中像"与〈十住经〉"法云地"》,《敦煌研究》2007年第6期,第5页。
⑤ 《出三藏记集》对此经译出年代缺载,《历代三宝纪》和《开元释教录》则均载其系罗什法师"弘始四年十二月一日于逍遥园出"(见《大正藏》第四十九卷,第77页下及第五十五卷,第512页下)。
⑥ 释僧叡撰《思益经序》有云:"于时予与道恒谬当传写之任"。[见(梁)释僧祐撰《出三藏记集》,苏晋仁、萧鍊子点校,中华书局1995年版,第308页。]

殊师利论议》。① 历代经录皆载。竺法护太康七年（286 年）所出四卷本《持心梵天所问经》② 和菩提流支神龟元年（518 年）所译六卷本《胜思惟梵天所问经》③ 系其同本异译，现皆可见于《大正藏》第十五卷经集部中。

参与翻译此经的僧叡曾为此经作序，其中不仅说明了罗什再译此经的原因，即"恭明前译，颇丽其辞，仍迷其旨。是使宏标乖于谬文，至味淡于华艳。虽复研寻弥稔，而幽旨莫启"④，而且释义"思益"者曰："其言益者，超绝殊异，妙拔之称也。思者，进业高胜，自强不息之名也。"

全经四卷，凡十八品⑤。

首卷含《序品》《四法品》《分别品》和《解诸法品》四品。

《序品》说佛在王舍城迦兰陀竹林，与六万四千比丘、七万二千菩萨及天龙八部俱。网明菩萨赞佛身相光明，佛遂为说种种光明之名及其功用。随后，世尊又应网明菩萨之请，身放光明，感召十方无量菩萨皆来至娑婆世界。其中，东方清洁国思益梵天与万二千菩萨俱来诣佛。其国日月光佛赞娑婆佛土并嘱以"十法"，即"于毁为誉，心无增减；闻善闻恶，心无分别；于诸愚智，等以悲心；于上、中、下众生之类，意常平等；于轻毁供养，心无有二；于他阙失，不见其过；见种种乘，皆是一乘；闻三恶道，亦勿惊畏；于诸菩萨，生如来想；佛出五浊，生希有想"⑥。

《四法品》主要讲思益梵天发菩萨修行之二十问，佛各以"四法"答之。

《分别品》先述因网明菩萨请问"何谓菩萨所问为正问耶？"⑦，故思益梵天具答"正问"与"邪问"之不同，并讲说"诸法正性"之理。在

---

① 参见《大正藏》第十五卷，第 62 页上。
② 参见（梁）释僧祐撰《出三藏记集》，苏晋仁、萧鍊子点校，中华书局 1995 年版，第 308 页。
③ 参见《大正藏》第四十九卷，第 85 页下、第 109 页下。
④ （梁）释僧祐撰：《出三藏记集》，苏晋仁、萧鍊子点校，中华书局 1995 年版，第 308 页。
⑤ 鸠摩罗什译本在宋、元、明本大藏经及《契丹藏》中皆为二十四品，《高丽藏》《频伽藏》和《大正藏》中为十八品，或系依竺法护之译本加以改变其章段。（参见慈怡编著《佛光大辞典（第 8 册）》，北京图书馆出版社 2004 年版，第 3808 页上、中。)
⑥ 《大正藏》第十五卷，第 34 页中。
⑦ 《大正藏》第十五卷，第 36 页上、中。

会五百比丘不解，网明、梵天遂以问答宣示"涅槃名为除灭诸相，远离一切动念戏论"①之义，尽解五百比丘之漏。其后，思益梵天复问菩萨所行"六度""菩萨遍行""菩萨过世间法"等事，佛具答之。

《解诸法品》中佛先以"四圣谛"为例向思益梵天宣说"真圣谛"之深义，进而明诸佛如来"深入大慈大悲，得如是寂灭相法，而以文字言说教人令得"②之事及信解此法者之德行。

第二卷包括《解诸法品之余》《难问品》及《问谈品》。

《解诸法品之余》乃是首卷中《解诸法品》没有讲完的部分，经中佛祖先向思益梵天讲说如来说法所用之"五力"，而后通过与梵天的问答，具说"语说""随宜""方便""法门"和"大悲"之涵义。

《难问品》中先通过网明菩萨与思益梵天关于凡夫行和贤圣行的对话，说明"诸法无二"之理，佛赞印之。而后又以普华菩萨、网明菩萨与舍利弗之问答，继续阐释"圣人无所断，凡夫无所生，是二不出法性平等之相"③。其后佛因大迦叶之问，敕网明菩萨放大光明，普照十方，使诸众会同一金色，与佛无异。下方现诸宝庄严国四菩萨感光赴会，不知何为真佛，遂发"今此众会，其色无异，一切诸法，亦复如是"④之诚实语，佛乃升空，令得作礼。网明还摄光明，佛告迦叶，网明菩萨日后将成佛，其佛国无声闻辟支，唯有菩萨。闻此会中四万四千人发菩提心，愿往生网明成佛之佛国。

《问谈品》中迦叶问网明"仁者几时当得阿耨多罗三藐三菩提"⑤，网明因之向会众宣示"诸法无决定相"之理，四万四千菩萨于是得柔顺法忍。随后佛祖答迦叶之问，为众讲说网明功德及其成佛后的庄严国土，相当于为其授记。其后，此经通过思益梵天与网明菩萨、世尊的对话谈论，先说菩萨受记之因缘，明"无相无分别则是菩提"⑥之义，又以世尊得受记之事为例，解释受记涵义，说明"依止所行"，不得受记，"出过

---

① 《大正藏》第十五卷，第36页下。
② 《大正藏》第十五卷，第39页中。
③ 《大正藏》第十五卷，第43页上。
④ 《大正藏》第十五卷，第43页下。
⑤ 《大正藏》第十五卷，第44页上。
⑥ 《大正藏》第十五卷，第45页下。

一切诸行，具足六波罗蜜"，① 方得受记，继而阐释"萨婆若"和"菩萨家清净"义。

第三卷由《谈论品》《论寂品》《仂行品》《志大乘品》和《行道品》组成。

《谈论品》中先讲佛应思益梵天之请，命文殊说法，文殊直答不可说。思益梵天藉此以"说法""听法""知法""诤讼""随佛语""随佛教""守护法""亲近佛""给侍佛""供养佛""见佛""见法""见因缘法""得真智""随如来学""正行""善人""乐人""得脱""得度""漏尽""实语""入道""见道""修道"之事问之，文殊师利具答，以明"法性无二相"之义及佛法修习的方法、意义。后又通过等行菩萨与文殊师利的问答，阐释"归依佛、法、僧"及"发菩提心"之深义；通过等行菩萨与世尊的对话以及菩提、坚意等三十余位菩萨的演说，说明"菩萨"的含义。

《论寂品》先通过思益梵天与等行菩萨的问答，说明"一切法无有差别，是诸行相亦复如是"②之理。次有文殊师利具答思益梵天所问"行处行""知见清净""得我实性""见佛""正行""慧眼无所见""无所得而得""得道""入正位"之事。随后，文殊师利又为思益梵天宣说"佛出于世，不为益法故出，不为损法故出"③，"无生死无涅槃"④ 以及"灭度"与"四圣谛"之义。最后，不仅通过等行菩萨、文殊菩萨与须菩提的对话，阐释了"说法"与"圣默然"二事，而且佛祖还为会众讲说了文殊与思益梵天前世在喜见国的过往。

《仂行品》通过等行菩萨、文殊师利及思益梵天的问答对话，次第阐明了"勤精进""得圣道""得圣道已""正见世间""世间相""有为法""诸法实相义""佛相""佛名"之深义。

《志大乘品》中等行菩萨问佛"何谓菩萨发行大乘"⑤，世尊以偈言具答。

《行道品》中首先通过文殊与佛祖的问答，说明因为"菩提无有住

---

① 《大正藏》第十五卷，第46页上。
② 《大正藏》第十五卷，第49页中。
③ 《大正藏》第十五卷，第49页下。
④ 《大正藏》第十五卷，第50页上。
⑤ 《大正藏》第十五卷，第52页中。

处"，故"发菩提愿是为邪愿"①。接下来文殊又为思益梵天讲说"菩提行""发菩提愿""菩提""真智慧""众生相"等法理。最后借文殊与思益梵天的对话，言明"如来于法无所说"②之深义。

末卷有《称叹品》《咏德品》《等行品》《授不退转天子记品》《建立法品》《诸天叹品》和《嘱累品》。

《称叹品》经文不长，主要讲述释梵四天王散花赞护是经。

《咏德品》中世尊说听闻、受持、读诵、如法修行、广为人说是经能够得到的功德，其中特别强调了如法修行的修行功德。

《等行品》中先因不退转天子之问，佛陀讲说"随法行"之意，进而言明"诸法平等无差别故"③之理。后又通过思益梵天与不退转天子的对话，说明应有"正见"，以"不二法行随法行"④。

《授不退转天子记品》先有帝释天赞叹佛菩萨之师子吼，复有不退转天子详说"师子吼"之深义，后为思益梵天偈颂称扬。其后佛为不退转天子授记，思益梵天因之与不退转天子讨论"授记""修道"及"菩萨牢强精进"⑤之法，遂有八千菩萨得授记。佛因迦叶之问，复以大海喻诸菩萨，向会众讲说菩萨功德。

《建立法品》先通过思益梵天与文殊的对话，明"一切法无说、无示、无有护念，是法终不可灭，不可护念"⑥之理，复以思益与得忍诸菩萨的问答，释"不听法者乃为听法"⑦之义。其后有净相天子赞叹、颂扬斯经。接下来世尊应思益之问，先说净相天子得授记之因缘，复以此为例，明"若菩萨不喜、不乐、不贪、不著、不得菩提，则于诸佛必得受阿耨多罗三藐三菩提记"⑧之法理，会中五百菩萨因之即得授记。

《诸天叹品》讲文殊请佛祖护念此经法，令得久住阎浮提，广宣流布，佛祖遂说咒术章句，并详解此咒之威力。随后，四天王、释提桓因诸

---

① 《大正藏》第十五卷，第54页中。
② 《大正藏》第十五卷，第54页下。
③ 《大正藏》第十五卷，第56页上。
④ 《大正藏》第十五卷，第56页上。
⑤ 《大正藏》第十五卷，第57页上。
⑥ 《大正藏》第十五卷，第59页中。
⑦ 《大正藏》第十五卷，第59页中。
⑧ 《大正藏》第十五卷，第60页上。

天及梵天王等皆表示愿护卫斯经及讲经法师。

《嘱累品》述世尊将此经法付与阿难,令其受持读诵,为人广说,并为其说供养奉持本经的现世"十一功德"。

此经是大乘初期经典之一,成立于般若经典与《法华经》之间,与《维摩经》一样,是极力排斥小乘佛教的经典。① 后秦罗什所译此经就经文内容来讲,并不是非常艰涩难懂,但却比较繁芜,涉及诸多佛教的基本思想,所以,在中国佛教发展史上具有一定的地位,特别对禅宗的形成与发展有较大的作用。据王惠民先生统计,目前发现的敦煌遗书中,竺法护译本写经有 2 件,菩提流支译的经及经论均无,而罗什译本写经则有 80 多个写本。可见古代敦煌与中原一样,都流行鸠摩罗什译本。不仅如此,至今还在莫高窟中保留有其经变画 14 铺,在榆林窟中保留有 3 铺②。与其他佛经相比,此经的论疏较少。传世者有北魏菩提流支译传为天亲菩萨所造的四卷本《胜思惟梵天所问经论》及明代圆澄的四卷本《思益梵天所问经简注》》③。

10. 《持世经》

《持世经》,又名《佛说法印品经》《法印品经》或《法印经》,四卷,历代经录皆载,现收于《大正藏》第十四卷经集部中,题"姚秦龟兹三藏鸠摩罗什译"④。依《开元释教录》卷四与卷十一的记载,西晋竺法护所译四卷本《持人菩萨所问经》及后秦竺佛念所译三卷本《持人菩萨经》为本经之同本异译⑤。其中,竺法护译本亦可见于《大正藏》第十四卷中,竺佛念译本则已为阙本。

---

① [日] 鎌田茂雄編:《大藏経全解説大事典》,東京:雄山閣出版株式會社 1998 年版,第 176 頁。

② 详见王惠民《〈思益经〉及其在敦煌的流传》,《敦煌研究》1997 年第 1 期,第 33—38 页。

③ 隋法经等撰《众经目录》卷七还载释道安曾作《持心梵天经略解》一卷,日本僧人永超所集《东域传灯目录》中也提及此疏。另,高丽沙门义天所集《新编诸宗教藏总录》卷一载贤明亦曾作《注思益经》十卷。但道安、贤明的两部注疏在其他的佛典目录及文献中却未见著录、论及,王惠民先生据此认为此两部注疏颇为可疑,待考,笔者同意此说。

④ 《大正藏》第十四卷,第 642 页上。

⑤ 《大周刊定众经目录》卷四谓此经与《善臂菩萨所问经》一卷及《善肩品抄经》一卷为同本异译(见《大正藏》第五十五卷,第 392 页下),显系错误。《开元释教录》卷十一中智昇曾考证曰:"此善臂会《大周录》云与《持人菩萨经》及《持世经》《善肩经》等同本异译者,非也。寻其文理,与《持人经》等义旨悬殊,其《善肩经》从《善臂经》钞出,与《法华经·普门品》同类。既有斯异,故为单译"(《大正藏》第五十五卷,第 585 页中)。

此经凡四卷，分为十二品。

首卷含《初品》及《五阴品之一》；第二卷为《五阴品之二》和《十八性品》；第三卷分为《十二入品》《十二因缘品》《四念处品》与《五根品》；末卷则由《八圣道分品》《世间出世间品》《有为无为法品》《本事品》及《嘱累品》组成。

《初品》述佛陀在王舍城迦兰陀竹园举行法会，会中持世菩萨发问："云何菩萨摩诃萨能善知诸法实相，亦善分别一切法章句？云何菩萨摩诃萨能得念力，亦转身成就不断之念，乃至得阿耨多罗三藐三菩提？"[①] 世尊答诸菩萨摩诃萨能见四种"四利"、拥有四种"四法"，故可勤修习诸法实相，亦善分别一切法章句。复说三种"四利"，使菩萨摩诃萨能求念力，四种"四法"，使其能得念力。次说菩萨摩诃萨见有七种"四利"，故能修集一切法，分别章句慧。又说菩萨摩诃萨有四种"四法"，能使其转身常得不断念，乃至得阿耨多罗三藐三菩提。还说菩萨摩诃萨复有七种"五净智力"，能令其得如上功德，故应勤修集。最后说菩萨摩诃萨只有成就"一切法根本"的"欲""精进""不放逸""三法"[②]，方能于上述"净智力"中勤修集。其后，世尊复以五百菩萨累世勤修"三法"，终得授记之事，示"诸佛阿耨多罗三藐三菩提，皆以欲、精进、不放逸为根本"[③] 之理。说罢，世尊现神力使会众皆见其所化佛为三千大千世界阎浮提众生讲说是经，并因之为众讲说能具如此神力之前世因缘，教化现世会众以"三法"求无上菩提，希望诸菩萨能于未来世受持、诵读、广为人说是经。此品最后佛陀以大乘法理解说"见佛""见如来""正见""无行处是如来行处""入一切法门"[④] 之深义。

《五阴品》中佛陀继续回答持世之问，先总说"九方便法门"，然后分别讲解菩萨如何正观、选择"色""受""想""行""识"这"五取阴"，最后以无量意与无量力二王子成佛之事为例，说明观察、选择"五阴"所具功德。

《十八性品》主要讲佛陀明示菩萨应善知、方便正观"十八性"。这

[①] 《大正藏》第十四卷，第 642 页上。
[②] 《大正藏》第十四卷，第 644 页上。
[③] 《大正藏》第十四卷，第 644 页中。
[④] 参见《大正藏》第十四卷，第 645 页中—646 页上。

"十八性"可以依"六根"而分为六组,即"眼性""色性""眼识性";"耳性""声性""耳识性";"鼻性""香性""鼻识性";"舌性""味性""舌识性";"身性""触性""身识性"以及"意性""法性""意识性"。六组中,经文重点解说了"眼性""色性""眼识性"和"意性""法性""意识性"这两组,前者是物质的"色法五根"的代表,后者则是代表意识的"意法"。

《十二入品》中世尊讲说菩萨应善知、正观择"十二入",即"眼入""色入";"耳入""声入";"鼻入""香入";"舌入""味入";"身入""触入";"意入""法入"。其中,依然以"眼""意"为例,重点阐释"眼入""色入"与"意入""法入"之理。

《十二因缘品》叙世尊继续为持世菩萨宣说菩萨摩诃萨应善观择"无明""行""识""名色""六入""触""受""爱""取""有""生""老死忧悲苦恼"这具有因果关系的"十二因缘"。

《四念处品》中佛祖讲菩萨应善知、观择"四念处",并详解"顺身观身""顺受观受""顺心观心""顺法观法"[①] 之法理。

《五根品》述释迦为持世菩萨解说菩萨摩诃萨应如何正观、成就"信根""精进根""念根""定根""慧根"这"出世间五根"。

《八圣道分品》中释迦继续答持世菩萨之问,讲说菩萨应知"八圣道分",即"正见""正思惟""正语""正业""正命""正精进""正念""正定",以及如何获得、安住"八圣道分"。

《世间出世间品》主要讲佛陀开示菩萨应如何善知、正观"世间法"与"出世间法"以及如何获得"世间、出世间法方便"。

《有为无为法品》叙佛陀宣讲菩萨怎样善知并正观择"有为、无为法"。

《本事品》中世尊先说过去阎浮檀金须弥山王佛时,宝光菩萨听闻、受持是经,且精进修持,而成一切义决定庄严如来之本事。复说菩萨能得如是法中善知、方便的两种"四法"及"清净六度"。次说菩萨摩诃萨欲得如是法、修集如是法进而得无碍智慧的方便法门。后又说过去无量光德高王佛法欲尽时,无量意菩萨精进持法,成无量光庄严王佛之本事。于是,以跋陀婆罗伽罗诃达多菩萨为首的数千菩萨发愿护持是经。最后通过

[①] 《大正藏》第十四卷,第657页下。

世尊对阿难所说，称赞诸菩萨护经持法之功德，并预言诸菩萨必得佛果。

《嘱累品》言说世尊以神力护念是经，并明两种菩萨护持是经之"四利"，五百菩萨承法受记。

吐鲁番出土文献中存有此经写本，即鄯善县土峪沟出土、现藏东京书道博物馆的《持世经》第一抄本残页，尾题"岁在己丑（449 年），凉王大且渠安周所供养经，吴客丹扬郡张休祖写，用帋廿六枚"。① 由此可见，此经在其译出之后不久，便迅速流传开来，对北凉乃至高昌佛教都产生过一定的影响。僧叡在其所撰《关中出禅经序》中曾言："菩萨习禅法中，后更依《持世经》，益《十二因缘》一卷，《要解》二卷，别时撰出。"② 结合经文内容也可以看出，是经确实与《安般守意经》等小乘禅经有相似之处，但对诸如"五阴""十二因缘"等事数的解说却大多是站在大乘的角度进行的。印顺法师在其所著《初期大乘佛教之起源与开展》中将此经置于"大乘慧学"之中，认为此经与《华手经》《富楼那经》一起是"以大乘闻思慧为主的"三部重要经典③。它们都以空无分别的体悟为究极，而注重闻思法义的方便。④

综上可知，斯经是大乘早期的重要经籍，无论是从禅学还是从慧学方面，对佛教在中国的发展都颇具意义。

11.《自在王菩萨经》

《自在王菩萨经》，或称《自在王经》，据经文所述，此经亦可称为《四自在经》或《四自在神力经》⑤，二卷，系鸠摩罗什应后秦大将军、尚书令、常山公姚显之请而于弘始九年（407 年）于逍遥园译出⑥。元魏

---

① ［日］池田温编：《中国古代写本识语集录》，东京：东京大学东洋文化研究所，1990 年版，第 86 页。
② （梁）释僧祐撰：《出三藏记集》，苏晋仁、萧鍊子点校，中华书局 1995 年版，第 342 页。
③ 参见印顺《初期大乘佛教之起源与开展》，台北：正闻出版社 1994 年版，第 1238—1242 页。
④ 印顺：《初期大乘佛教之起源与开展》，台北：正闻出版社 1994 年版，第 1242 页。
⑤ 参见《大正藏》第十三卷，第 935 页上、中。
⑥ 《出三藏记集》卷八《自在王经后序》详载："秦大将军、尚书令、常山公姚显，真怀简到，彻悟转诣。闻其名而悦之，考其旨而虚襟。思弘斯化，广其流津。以为斯文既布，便若菩萨常住，不去此世。奔诚发自大心，欣跃不能自替。遂请鸠摩罗法师译而出之，得此二经……是岁弘始九年，岁次鹑首。"［（梁）释僧祐撰：《出三藏记集》，苏晋仁、萧鍊子点校，中华书局 1995 年版，第 312—313 页］另，《开元释教录》卷十一明载此经为"姚秦三藏鸠摩罗什于逍遥园译"（《大正藏》第五十五卷，第 589 页上）。

瞿昙般若流支于兴和四年（542年）所译两卷本《奋迅王问经》是其同本异译。① 两经历代经录皆载，且均收于《大正藏》第十三卷大集部中。

僧叡在其所撰《自在王经后序》中谓："此经以菩萨名号为题者，盖是《思益》《无尽意》《密迹》诸经之流也。以其圆用无方，故名自在，势无与等，故称为王。"②

经文上卷讲佛陀在舍卫城祇陀树林给孤独园为众说法，会中有一位名叫自在王的菩萨，向佛发问："云何菩萨摩诃萨于大乘法中得自在行，而能为人演说此法，以自在力摧伏诸魔增上慢者，及诸外道有所见得诸贪著者，令住大乘，具足大愿，成就戒行，得阿耨多罗三藐三菩提？"③ 于是，佛告自在王菩萨，菩萨摩诃萨有"戒自在""神通自在""智自在"和"慧自在"这"四自在法"，故"能自在行，令诸众生得住大乘"④。随后，佛先谈"戒自在"，说诸戒行，明持戒能得自在力之理。复以过去世金刚齐菩萨降伏障碍魔子之事，述自在王菩萨与持地菩萨的过往因缘，具说"戒"之名义以及"正趣""正行""得菩提""转法轮"等圣法，再次强调"菩萨得是戒自在者，能示众生不思议愿力，教化无量众生于阿耨多罗三藐三菩提，亦能自降魔怨，疾成阿耨多罗三藐三菩提。"⑤ 佛次谈"神通自在"，具解"天眼自在""天耳自在""他心智自在""宿命智自在""如意足自在"之深义及神通。其后，佛复谈"智自在"，详说"阴智""性智""入智"及"因缘智"之法理。

下卷佛继续讲说"智自在"中的"谛智"义理。然后，佛谈"四自在法"中的"慧自在"，详解"四无碍智力"，即"义无碍智""法无碍智""辞无碍智"和"乐说无碍智"，并说"慧"之功用。佛说此"四自在法"讫，自在王菩萨散花赞叹，佛更显神力，使诸菩萨法相庄严。世尊复说其过往，以自为喻，明受持、信解此经之功德。此后，佛陀又因自

---

① 《开元释教录》卷十一不仅记载了此经的两个译本，而且释智昇还对此经与北凉昙无谶所译《大方等大集经·陀罗尼自在王菩萨品》的关系做了考证，认为"上二经《内典录》云抄《大集经·陀罗尼自在王菩萨品》，异译者不然。寻其文理，悬绝不同，但可为《大集》别分耳或可。此之二经非《大集》分，但以上代群录皆云异译，抄《陀罗尼自在王品》，勘检虽则不同，且记于《大集》之末。"（《大正藏》第十一卷，第589页中）
② （梁）释僧祐撰：《出三藏记集》，苏晋仁、萧錬子点校，中华书局1995年版，第312页。
③ 《大正藏》第十三卷，第924页下。
④ 《大正藏》第十三卷，第924页下。
⑤ 《大正藏》第十三卷，第926页中。

在王菩萨之问，先明言久住八地、欲入九地之阿鞞跋致菩萨"能具成菩萨十力、四无所畏、十八不共法"①，继而具说"菩萨十力""四无所畏"及"十八不共法"之含义。最后，佛告会众过去世天王如来及其后诸佛皆说此经，并为会众讲说自己在天王如来世时为净光菩萨，不得受记，而历诸佛闻法修行，终得受记之事，由此阐明"一切法无退无生""一切法皆空无相"②之理，再次强调"得此四自在能转法轮，于佛无上正法之中当得慧光"③。

此经同《般若》《法华》等诸经一样，都是初期大乘的重要佛典。因其经文通俗易懂，修习法门简捷，故流传广泛，尤其是罗什译本，对佛教文化在中国的发展具有一定的影响。现存河南洛阳龙门石窟宾阳南洞南壁东南侧下部的唐淮南公主造像龛，就是依据罗什所译此经而雕造的。④ 因此，正如僧叡所总结的那样，此经"标准宏廓，固非思之所及；幽旨玄凝，寻者莫之仿佛。此土先出方等诸经，皆是菩萨道行之式也。《般若》指其虚标，《勇伏》明其必制，《法华》泯一众流，《大哀》旌其拯济。虽各有其美，而未备此之所载"⑤。

12.《佛藏经》

《佛藏经》，也称《奉入龙华经》或《选择诸法经》，据经末所言，此经亦可名为《发起精进经》或《降伏破戒经》⑥，三卷⑦，系鸠摩罗什于后秦弘始七年（405年）六月十二日在长安译出⑧。历代经录皆载，现可见于《大正藏》第十五卷经集部中，题"姚秦龟兹三藏鸠摩罗什译"⑨。

---

① 《大正藏》第十三卷，第932页下。
② 《大正藏》第十三卷，第934页下。
③ 《大正藏》第十三卷，第935页上。
④ 详见张丽明《龙门淮南公主造自在王佛龛及相关造像》，《中原文物》2006年第4期，第65—67页。
⑤ （梁）释僧祐撰：《出三藏记集》，苏晋仁、萧鍊子点校，中华书局1995年版，第312页。
⑥ 《大正藏》第十五卷，第803页中。
⑦ 《出三藏记集》卷二、《历代三宝纪》卷八及《大唐内典录》卷三载其为三卷，其他经录皆载其为四卷，此依《大正藏》第十五卷所收记为三卷。
⑧ 《历代三宝纪》卷八、《大唐内典录》卷三及《开元释教录》卷四皆载此经为"弘始七年六月十二日出"。
⑨ 《大正藏》第十五卷，第782页下。

全经分上、中、下三卷，凡十品。

上卷为《诸法实相品》《念佛品》《念法品》《念僧品》《净戒品之一》。

《诸法实相品》述佛在王舍城耆阇崛山中与众大比丘、菩萨摩诃萨俱，举行法会。因舍利弗赞叹佛法，故以画空等十喻，说明"如来所说一切诸法无生、无灭、无相、无为，令人信解，倍为希有"①。复说法理，详解诸法"无生""无灭""无相""无为"之深义。

《念佛品》通过佛与舍利弗的问答对话，对比丘邪教、邪见与正教、正见进行对比，明"诸法毕竟空无所有""无有分别、无取无舍，是真念佛"② 之理。

《念法品》佛继续为舍利弗说"念佛"过程中出现的邪见与正见，以此阐明"是法如是，无想、无戏论、无生、无灭、不可说、不可分别、无暗、无明"③。

《念僧品》中佛因舍利弗之问，先为众讲说何谓"圣众"，复叙痴人见猕猴群谓忉利天之喻及恶比丘僧之行，最终得出"中有出家人，喜乐问难，得值善师为说名色寂灭、语言道断、无起无失、通达无相，得闻如是无生、无灭、无相之法，不惊畏者"④，才是真"圣众"的结论。

《净戒品之一》中佛先总说"破戒比丘有十忧恼箭，难可堪忍"⑤，随后论说前六忧恼箭及其罪相。

中卷含《净戒品之余》《净法品》《往古品》。

《净戒品之余》佛继续讲说破戒比丘的后四烦恼箭及其罪相。

《净法品》由迦叶佛预言释迦牟尼佛因多受供养致法疾灭之事说起，先讲不应耽于小利，而弃大法，复述六种闻是经法而忧恼者，次说其中"不净说法者"之"五过失"。其后，又以诸盲为贼人所诳，堕于深坑之喻，说明佛弟子不应"以世利故，失大智慧"⑥。继而言明"不净说法者"现世之"五过失"及"不净说法"当得诸多罪报。

---

① 《大正藏》第十五卷，第 783 页上。
② 《大正藏》第十五卷，第 785 页中。
③ 《大正藏》第十五卷，第 785 页下。
④ 《大正藏》第十五卷，第 788 页上。
⑤ 《大正藏》第十五卷，第 788 页上。
⑥ 《大正藏》第十五卷，第 794 页上。

《往古品》中先说过去世大庄严佛灭后，诸弟子众分为五部，唯普事比丘能解正法，却于当时不为人解，而苦岸比丘、萨和多比丘、将去比丘及跋难陀比丘这四说邪法者则于当时蛊惑世人，信者众多。由于"佛说深经是人不信，破坏、违逆、毁谤贤圣持戒比丘"①，所以，四说邪法者及其信众久堕阿鼻地狱。时值今世，虽出地狱，却依然受到业报，此四不净说法者即今世之调达痴人、拘迦离比丘、迦罗比丘和波利摩陀。而昔日的普事比丘即今世之富楼那，则信解正法，护法持戒，功德无量，成为"说法第一"之弟子。由此明"恶有恶报，善有善报"②之理。经文复言佛将此经嘱累于舍利弗，并告其何人能受是法。

下卷有《净见品》《了戒品》《嘱累品》。

《净见品》讲释迦曾于过去世历侍、供养诸佛，却"以有所得故"，不获受记，直至定光佛时，悟无生忍，乃得受记，由此说明"阿耨多罗三藐三菩提甚难修习"③。复说如来善护法城，为舍利弗详解唯持正见，明诸法实相者方能受持、信解是经，修习得圣，而持诸邪见，行诸邪行者则只能远离佛道真际。

《了戒品》中佛再次强调三种人闻是经心不喜乐，随后详解其因。其间，明言若不理解此"无所有自相空法、无我无人法"④，虽清净受戒，亦形同破戒。此后，佛复说善比丘受持、信解此法，应有之行为及功德，亦说恶比丘远离、破坏此法之逆行和恶业。

《嘱累品》中佛为阿难具说末世之种种不如法事，并嘱阿难以此经教化末世之众。恶魔因佛以此经传世，不能破正法，故忧恼啼哭。佛更说偈，以结前义。

虽然此经牵涉菩萨比丘戒法、实相念佛、大乘僧团、因果报应和三世轮回等诸多思想内容，但总体而言，"《佛藏经》是重戒的"⑤。所以，尽管《大正藏》将它归入经集部，但历代佛教学者却更多地将其视为大乘律典。作为大乘律典，其虽不及《十诵律》等律典的流传及影响广泛，但亦曾对中国佛教的发展、成熟具有一定的推动作用，这一点从敦煌出土

---

① 《大正藏》第十五卷，第795页下。
② 《大正藏》第十五卷，第796页上。
③ 《大正藏》第十五卷，第798页中。
④ 《大正藏》第十五卷，第800页下。
⑤ 印顺：《初期大乘佛教之起源与开展》，台北：正闻出版社1994年版，第1309页。

的汉文和藏文文献中皆保有此经写本即可看出①。

13.《菩萨藏经》

《菩萨藏经》，亦名《富楼那问经》或《大悲心经》，三卷，系鸠摩罗什于弘始七年（405年）在长安译出②。历代经录皆载。与西晋竺法护所译《菩萨藏经》（今阙）为同本异译③，而现存萧梁僧伽婆罗译一卷本《菩萨藏经》，唐玄奘译二十卷《大菩萨藏经》和宋法护等译四十卷《佛说大乘菩萨藏正法经》，虽均被称为《菩萨藏经》，但究其内容却与罗什译本迥然不同，故切不可望文生义，混淆视听。此经于唐时被菩提流志编入《大宝积经》卷七十七至七十九，题为"富楼那会"④，作为《大宝积经》的第十七会，而上面提到的玄奘译《大菩萨藏经》则被编入卷三十五至五十四，题为"菩萨藏会"⑤，作为其经的第十二会，现均可见于《大正藏》第十一卷宝积部中。

全经共三卷，凡八品。

第一卷包括《菩萨行品》《多闻品》和《不退品》。

《菩萨行品》叙说佛在王舍城竹园中与众俱，十大弟子中说法第一的富楼那于会中以"云何修治心？云何广行施？云何度众生，喜心常行道？"⑥"云何修集多闻？……云何能集多闻宝藏，能于诸法得决定义，于诸语言善了章句？"⑦ "云何能于阿耨多罗三藐三菩提不退转？"⑧ 等菩萨行向佛发问，佛以菩萨应具之"四大希有事""能生喜心四法"及"得离诸难四法"具答所问。

《多闻品》中佛继续因富楼那之问，为其讲说能够修集多闻之"菩萨四法"，明菩萨受正法、持正见、起慈心、了实相方能成就多闻之理。

---

① 参见孙玉蓉《俞泽箴整理敦煌写经日记辑录》，《文献》2009年第1期，第22页；曾良、任西西《敦煌残卷篇名考五则》，《艺术百家》2009年第2期，第16页；以及才让《敦煌藏文佛教文献价值探析》，《中国藏学》2009年第2期，第36页。

② 《历代三宝纪》卷八、《大唐内典录》卷三及《开元释教录》卷四皆载此经为"弘始七年出"。

③ 《开元释教录》卷十一，《大正藏》第五十五卷，第585页上。

④ 《大正藏》第十一卷，第434页中。

⑤ 《大正藏》第十一卷，第195页上。

⑥ 《大正藏》第十一卷，第434页中。

⑦ 《大正藏》第十一卷，第434页中。

⑧ 《大正藏》第十一卷，第434页下。

《不退品》佛先以"菩萨四法"即"闻未闻法,思量义理,不即言非"①"真实精进"②"善知五阴、十二入、十八界、十二因缘"③"菩萨学戒"④,答富楼那不退转之问。其间,详述过去世一切功德光明佛灭后,弟子懈怠,诸经尽灭,唯弥勒菩萨前世之那罗延法师守护法、善说法。后安乐城长者阇匿之子、桥越兜菩萨前世之摩诃耐摩陀出家向那罗延法师求法,信解正法,累世问经之事。以此明"菩萨闻未闻法,信受不逆,正心思量,不即言非,则能饶益无量众生"之理。复因富楼那于一劫中发菩提心而退失之事,为众讲说"退失阿耨多罗三藐三菩提成声闻乘"⑤之"菩萨四法"。最后,佛又为富楼那开示"随回向菩提心不退失,随回向诸善根亦不退失"⑥之"菩萨四法""利益菩提"之"菩萨四法"以及"得身色具足、财物具足、眷属具足,终常不生诸恶难处,常值诸佛,诸佛所赞"⑦之"菩萨四法"。

第二卷含《善根品》和《神力品》。

《善根品》中佛先总说"菩萨摩诃萨发于大乘,常当修习亲近四法,则能具摄一切善法,亦能具足一切善根"⑧。然后,详说"四法"。讲述行忍辱法、生平等心之菩萨初法时,分别从菩萨不应对众生心生憎恨和爱著两方面进行分析论证,以此阐明"一切诸法从众缘生,自性本空定不可得"⑨、"诸法实相毕竟空中,无法本体可依止者"⑩及"通达一切诸法平等"⑪之深义。复说离五欲、得出家、持善法之菩萨二法。其后,讲说"菩萨常学求法……求已读诵,思惟正观,如所说行,为人演说,不求世利,乃至不求称赞善哉,教多众生,令住是法"⑫之菩萨三法时,又为众

---

① 《大正藏》第十一卷,第437页上。
② 《大正藏》第十一卷,第439页下。
③ 《大正藏》第十一卷,第440页上。
④ 《大正藏》第十一卷,第440页上。
⑤ 《大正藏》第十一卷,第441页上。
⑥ 《大正藏》第十一卷,第441页下。
⑦ 《大正藏》第十一卷,第442页上。
⑧ 《大正藏》第十一卷,第443页中。
⑨ 《大正藏》第十一卷,第443页下。
⑩ 《大正藏》第十一卷,第444页上。
⑪ 《大正藏》第十一卷,第444页上。
⑫ 《大正藏》第十一卷,第445页中。

详说陀摩尸利王子于过去世弥楼揵驮佛灭后,在法废僧怠之世出家求法,且累世求法,为众演说,而令众生住正法中,自身终得成佛之事为证。最后,言明亲近善知识、具足"六度"行之菩萨四法。

《神力品》中先述佛现神通力,欲令众生发心向佛。复说佛以此经嘱累阿难,令其"第一供养"。次说三世诸佛皆学是经,并以此竹园为例说明宣讲斯经之地亦因之而具无量功德。

最后一卷有《大悲品》《答难品》和《富楼那品》。

《大悲品》叙佛应大目犍连之请,以燃臂仙人、人药王子、转生畜身、割肉舍血、大力王施臂、救度调达、忍力仙人、身施众生、吉利舍财换命、智象王等本生故事以及大象入战等譬喻,明"菩萨大悲"之内涵。

《答难品》讲会中象手比丘向佛请教应如何应对"汝等大师本愿,当度一切众生,众生未尽而自灭度"① 的问难,佛先以众生、诸法实相、佛相、体性、十二因缘法、佛种相续不绝、一切佛法是一佛法等义理具答所问,复为象手讲说自身过往,由此开示"诸天开悟,知当作佛"之"菩萨四法"②。

《富楼那品》中富楼那先赞叹佛行菩萨道时,能够坚住善法。复说此法为菩萨乘之法,并表决心,信奉此法,战胜困难,依法而行,成就佛道,利益众生。

全经以长行与重颂相结合的形式,运用论证、譬喻等手法,将大乘行菩萨道的内容形象、具体地展现于世人面前,其中既包括对"闻未闻法"正确态度的论述,又含有对"六波罗蜜""诸法皆空"等大乘思想的阐发,因此,印顺法师将其视为"初期大乘经",且是大乘闻思慧为主的重要经典③。

14.《佛说阿弥陀经》

《佛说阿弥陀经》,简称《阿弥陀经》,亦称《小无量寿经》或《小(阿弥陀)经》,一卷,题"姚秦龟兹三藏鸠摩罗什译"④,历代经录皆

---

① 《大正藏》第十一卷,第 454 页下。
② 《大正藏》第十一卷,第 456 页上。
③ 参见印顺《初期大乘佛教之起源与开展》,台北:正闻出版社 1994 年版,第 588 页及 1238—1242 页。
④ 《大正藏》第十二卷,第 346 页中。

载。"公元1—2世纪时,印度贵霜王朝时期已经有此经在犍陀罗地区流行。"① 如今,仍保有此经的梵文写本。此经传入中国后,共有三个汉译本。② 第一译是姚秦弘始四年(402年)二月八日由鸠摩罗什在长安译出。③ 第二译是南朝刘宋孝建年中(454—456年)求那跋陀罗在荆州辛寺译出,名为《小无量寿经》,一卷,今已阙失。④ 第三译是唐永徽元年(650年)正月一日玄奘法师于长安大慈恩寺译出的一卷本《称赞净土佛摄受经》。⑤ 三个汉译本中,除第二译为阙本外,罗什和玄奘两个译本皆可见于《大正藏》第十二卷宝积、涅槃部中。

此经梵本先传入我国,后传入日本,曾于1881年由英籍德国学者马克斯·缪勒与日本学者南条文雄在伦敦加以刊行。嗣又于1894年将其英译,收于由马克斯·缪勒于1875年开始编辑出版的《东方圣书》第四十九卷中。1979年高畑崇导又据罗什译本译成新的英文译本。又此经的藏文译本系由施戒与智军共译出(一作慧铠日帝与智军共译)。此外,南条文雄、荻原云来、椎尾辨匡、河口慧海等还依据梵、汉、藏文译出数种日文本。⑥

《佛说阿弥陀经》主要讲释迦牟尼佛在舍卫国祇树给孤独园,与比丘菩萨诸天大众俱。无问自说,向长老舍利弗等称说西方极乐世界阿弥陀佛依报和正报的功德庄严,劝人发愿往生,并说明"执持名号……一心不乱,其人临命终时,阿弥陀佛与诸圣众现在其前。是人终时,心不颠倒,即得往生阿弥陀佛极乐国土"⑦。与此同时,东、南、西、北、下、上六方诸佛"各于其国出广长舌相,遍覆三千大千世界,说诚实言:汝等众

---

① 王尧:《藏汉佛典对勘释读之四——〈佛说阿弥陀经〉》,《西藏研究》1990年第4期,第64页。
② 《开元释教录》卷十四载:"(此经)前后三译,二存一阙"(《大正藏》第五十五卷,第629页下)。
③ 《历代三宝纪》卷八和《开元释教录》卷四皆载其为"弘始四年二月八日"译出。
④ 参见《开元释教录》卷五(《大正藏》第五十五卷,第528页中)及(梁)释慧皎撰《高僧传》,汤用彤校注,汤一玄整理,中华书局1992年版,第131页。
⑤ 参见《开元释教录》卷十二(《大正藏》第五十五卷,第595页中)及中国佛教协会编:《中国佛教》(第三辑),知识出版社1989年版,第50页。
⑥ 参见中国佛教协会编《中国佛教》(第三辑),知识出版社1989年版,第50页;王尧《藏汉佛典对勘释读之四——〈佛说阿弥陀经〉》,《西藏研究》1990年第4期,第64页。
⑦ 《大正藏》第十二卷,第347页中。

生当信是称赞不可思议功德一切诸佛所护念经"①，以证释迦所说真实不虚。由此可知，此经还可被称为《称赞不可思议功德一切诸佛所护念经》，简称《一切诸佛所护念经》。释迦复说信受此经必得诸佛护念，由此劝信流通。经文最后为经咒。

　　罗什所译斯经，文辞平易而流畅简明，没有像其他佛经那样烦琐的哲学论证，而是惟妙惟肖地为大家描绘了一个西方极乐世界，塑造了一位能够接引死者往生净土的慈悲长寿的阿弥陀佛，并且承诺只要简单地称诵佛名即可踏上信受往生的解脱之路。正因为其具有异门方便、三根普被、横超娑婆、带业往生的特点②，所以释智旭在《阅藏知津》中评价其为"真救世神宝，圆顿上乘也"③，古往今来也最为汉地佛教学人所乐诵。其实，在佛教经典中，关于阿弥陀佛的为数众多，"据估计，现存大乘佛典中含有赞颂阿弥陀佛内容的经典约占三分之一"④。但其中影响较大的则是曹魏康僧铠译的二卷本《无量寿经》、罗什译是经和刘宋畺良耶舍译的一卷本《观无量寿经》，即后来净土宗所推崇的"净土三经"。

　　此经篇幅虽短，仅二千余字，但由于上述原因，却在中国产生了广泛而深远的影响。

　　一方面，自后秦以来，历代据罗什译本注疏者颇多。研习此经的注疏主要包括：姚秦僧肇的《阿弥陀经义疏》一卷（已佚），隋智顗的《阿弥陀经义记》一卷，唐慧净的《阿弥陀经义述》一卷，窥基的《阿弥陀经通赞疏》三卷，智昇的《阿弥陀经钞》一卷（已佚），宋智圆的《阿弥陀经疏》一卷，元照的《阿弥陀经义疏》一卷，戒度的《阿弥陀经义疏闻持记》三卷，元性澄的《阿弥陀经句解》一卷，明传灯的《阿弥陀经略解圆中钞》二卷，袾宏的《阿弥陀经疏钞》四卷，清徐槐廷的《阿弥陀经疏钞撷》等。⑤

---

① 《大正藏》第十二卷，第347页中。
② 参见王尧《藏汉佛典对勘释读之四——〈佛说阿弥陀经〉》，《西藏研究》1990年第4期，第67页。
③ （明）释智旭编：《阅藏知津（二）》，载王云五主编《万有文库》，商务印书馆1931年版，第40页。
④ 任继愈主编：《中国佛教史》（第一卷），中国社会科学出版社1985年版，第439页。
⑤ 参见丁福保编纂《佛学大辞典》，文物出版社1984年版，第734页上、中；中国佛教协会编：《中国佛教》（第三辑），知识出版社1989年版，第51页。

另一方面，据广川尧敏统计，在伦敦、巴黎、北京三大部分及其他零星散藏的敦煌遗书中，亦保有一百八十三个卷号的《阿弥陀经》写本。① 而且，在四川的诸多中小石窟和敦煌莫高窟中也保留有不少依据罗什译《阿弥陀经》雕造的塑像和绘制的经变画。

此外，该经对隋唐时期净土宗的形成以及净土信仰在中国的不断深化也都具有重要的推动作用。直到今天，影响犹存，依然有广大净土僧众读诵受持是经。

罗什所译此经不仅在中国影响深远，而且在朝鲜、日本等东南亚国家也流传甚广。不仅有日文等译本，而且也有颇多注疏。朝鲜古德圆测、元晓、道伦、玄一都曾撰写过一卷本的《阿弥陀经疏》，璟兴也写过《阿弥陀经略记》一卷，太贤曾作《阿弥陀经古迹记》一卷；而日本古德对于此经的注疏则有源信的《阿弥陀经大意》一卷，《阿弥陀经略记》一卷，源空的《阿弥陀经释》一卷，圣聪的《阿弥陀经直谈要注记》八卷等。② 此外，日本净土宗开祖法然上人亦将此经定为该宗的根本经典，直到现在，依然是日本净土教各宗派尊奉的正依经典。③ 不仅如此，现藏于日本广岛湾严岛神社的平安时代末期的"平家纳经"中的平清盛墨书《阿弥陀经》和北京大学藏平清盛同时代泥金写本《阿弥陀经》，均是此经在日本流行的重要实证。④

15.《佛说弥勒下生成佛经》

《佛说弥勒下生成佛经》，简称《弥勒下生成佛经》《弥勒下生经》或《下生成佛经》，亦称《弥勒受决经》，一卷，"弥勒六部经"⑤ 之一。

---

① [日]广川尧敏：《净土三部经》，载牧田谛亮、福井文雅主编《讲座敦煌7·敦煌と中国仏教》，东京：大东出版社1984年版，第81—114页。另施萍婷先生依据《敦煌遗书总目索引》的统计，《阿弥陀经》有133件，而《称赞净土佛受摄经》只有2件，并据此得出"敦煌流行的是鸠摩罗什译本"的结论（施萍婷：《新定〈阿弥陀经变〉——莫高窟第225窟南壁龛顶壁画重读记》，《敦煌研究》2007年第4期，第29页）。

② 中国佛教协会编：《中国佛教》（第三辑），知识出版社1989年版，第51—52页。

③ 姚长寿：《净土三经与净土五经》，《佛教文化》1990年第2期，第42页。

④ 参见沈乃文《新发现的日本珍贵文物——平清盛泥金写本〈阿弥陀经〉》，《文物》2004年第8期，第75—78页。

⑤ "弥勒六部经"，即专说关于弥勒的六部佛典，包括：沮渠京声译一卷《佛说观弥勒菩萨上生兜率天经》、鸠摩罗什译一卷《佛说弥勒下生成佛经》、译者不详之一卷《佛说弥勒来时经》、竺法护译一卷《佛说弥勒下生经》、义净译一卷《佛说弥勒下生成佛经》和鸠摩罗什译一卷《佛说弥勒大成佛经》。

历代经录皆载。根据《开元释教录》卷十二和卷十四的记载可知，此经前后共有六译：（1）西晋失译《弥勒当来生经》，一卷。（2）东晋失译《弥勒作佛时事经》，一卷。（3）东晋失译《弥勒来时经》，一卷。（4）姚秦三藏鸠摩罗什译是经，一卷。（5）梁天竺三藏真谛译《弥勒下生经》，一卷。（6）唐三藏法师义净译《弥勒下生成佛经》，一卷。其中，（1）、（2）、（5）三译已阙，其余三译则均被收录于《大正藏》第十四卷经集部中①。然而，《大正藏》第十四卷中题"西晋月氏三藏竺法护译"②的《佛说弥勒下生经》经编者考证极有可能就是《开元释教录》中所谓的西晋阙本，虽然对其译者是否为竺法护依然存疑③，但通览全经内容与罗什所译此经大同小异，故亦可将其视为此经的同本异译。此经的注疏有唐憬兴所撰《弥勒下生经疏》一卷及作者不详之《弥勒下生经述赞》二卷（现已不全）等。④

经文开篇即由舍利弗请佛宣讲弥勒下生作佛的功德神力与国土庄严，并请佛开示"众生以何施何戒何慧得见弥勒？"⑤ 释迦遂因之向其宣说未来世阎浮提之国土广阔、环境优美、城邑繁华，其时"人寿八万四千岁，智慧威德，色力具足，安隐快乐……女人年五百岁，尔乃行嫁"⑥。随后，进一步描绘弥勒下生之翅头末城的国土庄严美妙、城邑富乐丰饶。复说城中转轮圣王蠰佉因拥有"千子""七宝""七宝台"和"四大藏"，而"不以威武治四天下"⑦。弥勒菩萨即以大婆罗门主妙梵为父、婆罗门女梵摩波提为母下生此城。出生时，"身体具足，端正无比，成就相好，如铸金像"⑧。后弥勒菩萨出家学道，出家当日，便于华林园龙华树下得道成佛。"蠰佉王亦共八万四千大臣""八万四千诸婆罗门聪明大智""王所爱重"及今世之须达长者、毗舍佉、提婆娑那、郁多罗等"皆于弥勒佛法

---

① 参见《大正藏》第五十五卷，第 595 页中及第 629 页下—630 页上。
② 《大正藏》第十四卷，第 421 页上。
③ 《大正藏》第十四卷题"西晋月氏三藏竺法护译"的《佛说弥勒下生经》经末编者按即为考证之内容。
④ 参见丁福保编纂《佛学大辞典》，文物出版社 1984 年版，第 1385 页四。
⑤ 《大正藏》第十四卷，第 423 页下。
⑥ 《大正藏》第十四卷，第 423 页下。
⑦ 《大正藏》第十四卷，第 424 页上。
⑧ 《大正藏》第十四卷，第 424 页中。

中出家"①。弥勒佛于是讲说出家诸多人等的种种善根功德，并因之称赞释迦牟尼佛于恶世中说法度人的无量功德。此后，弥勒佛在华林园为众说法，"初会说法，九十六亿人得阿罗汉；第二大会说法，九十四亿人得阿罗汉；第三大会说法，九十二亿人得阿罗汉"②。弥勒说法讫，率众入城乞食，受到诸天礼赞供养。其间，弥勒更降伏诸魔，而为无量众生礼赞。复有魔王，劝诸男女，精进求道。弥勒更与四众前往耆阇崛山顶见大迦叶身骨，并因之赞叹迦叶头陀第一，再次强调释迦牟尼佛于恶世教化众生之功德。最后，佛告会众"弥勒佛住世六万岁，怜愍众生，令得法眼。灭度之后，法住于世，亦六万岁"③，并勉励会众"宜应精进，发清净心，起诸善业"④，以期得见弥勒法身。

总而言之，此经通过佛祖释迦牟尼不仅向大家讲述了未来世弥勒下生阎浮提出家、成佛、转法轮等事，而且为世人描绘了一幅美妙绝伦、令人向往的弥勒净土。是故该经成为中国弥勒信仰所尊奉的主要经典，对弥勒信仰的形成具有重要的推动作用。此外，是经对佛教石窟艺术亦曾产生过一定影响。敦煌壁画中的《弥勒经变》始于隋，盛于唐，终于西夏。其中，下生经变有90幅（莫高窟85，榆林窟3，五个庙2）。绘制这些壁画所依据的佛经，即包括该经。据该经绘制的经变画是以"婆罗门拆幢"和"路不拾遗"为特点的⑤。此外，经中描绘的"五百岁出嫁""老人入墓""一种七收"等情景，亦是此类经变画的常见题材。

16.《佛说弥勒大成佛经》

《佛说弥勒大成佛经》，简称《佛说弥勒成佛经》《弥勒大成佛经》或《弥勒成佛经》，一卷，历代经录皆载，现可见于《大正藏》第十四卷经集部中，题"姚秦龟兹国三藏鸠摩罗什译"⑥，系罗什弘始四年（402年）于长安译出⑦。与竺法护所译的同名经（今阙）为同本异译。此经是

---

① 《大正藏》第十四卷，第424页下。
② 《大正藏》第十四卷，第425页中。
③ 《大正藏》第十四卷，第425页下。
④ 《大正藏》第十四卷，第425页下。
⑤ 参见李永宁、蔡伟堂《敦煌壁画中的〈弥勒经变〉（摘要）》，《敦煌研究》1988年第2期，第34—35页。
⑥ 《大正藏》第十四卷，第428页中。
⑦ 《历代三宝纪》卷八和《开元释教录》卷四皆载其为"弘始四年出"。

宣讲弥勒下生成佛的重要经典，为历代弥勒及弥勒净土信仰者所遵依、推崇，故"弥勒三部经"① 与"弥勒六部经"中皆收斯经。

此经讲佛祖释迦在夏安居期间于摩伽陀国波沙山因舍利弗之问而为四部诸天等宣说是经，以明弥勒之"功德神力、国土庄严"②，示众欲见弥勒修行之法门。经中对未来世阎浮提及弥勒下生之翅头末城丰盛太平、美妙奇异的景象均有详细的描述。其后，便着重讲述弥勒下生出家、修道成佛、初转法轮、度化众生等事。经中说弥勒下生穰佉王世后，有感"众生受苦，沈没长流，在大生死"③，而决意出家。复有穰佉王献七宝台，弥勒转赠婆罗门，婆罗门拆台分幢之事。弥勒由此深感"诸行无常"，遂出家学道，"坐于金刚庄严道场龙花菩提树下……即于是日初夜降四种魔，成就阿耨多罗三藐三菩提"④。弥勒得道成佛后，帝释诸天、梵王等便乞请其转法轮、度众生，穰佉王亦与八万四千大臣出家求道。弥勒遂于城中金刚座上为众演说"四圣谛""三十七品助菩提法"及"十二因缘"等⑤。法音遍覆三千大千世界，通达三界。复有种诸善根之人与未来世八万四千人等，"于弥勒佛法中俱共出家"⑥。弥勒复为众人讲说其能得见弥勒法身之前世因缘，并三赞释迦佛于过去世教化众生之功德，同时，赞叹众人能于恶世修行之不易。弥勒初转法轮后，"九十六亿人不受诸法，漏尽意解，得阿罗汉，三明六通，具八解脱；三十六万天子、二十万天女发阿耨多罗三藐三菩提心；天龙八部中，有得须陀洹者，种辟支佛道因缘者，发无上道心者，数甚众多，不可称计"⑦。初会之后，弥勒率众前往花林园中，时阎浮提城邑聚落小王长者及诸四姓，皆集花林园中。尔时弥勒再转法轮，重说"四谛""十二因缘"。"九十四亿人得阿罗汉；他方诸天及八部众六十四亿恒河沙人发阿耨多罗三藐三菩提心，住不退转。"⑧

---

① "弥勒三部经"，即沮渠京声译一卷《佛说观弥勒菩萨上生兜率天经》、竺法护译一卷《佛说弥勒下生经》和鸠摩罗什译一卷《佛说弥勒大成佛经》。
② 《大正藏》第十四卷，第 428 页下。
③ 《大正藏》第十四卷，第 430 页中。
④ 《大正藏》第十四卷，第 430 页中、下。
⑤ 《大正藏》第十四卷，第 431 页中。
⑥ 《大正藏》第十四卷，第 431 页下。
⑦ 《大正藏》第十四卷，第 432 页中、下。
⑧ 《大正藏》第十四卷，第 432 页下。

第三次法会又有"九十二亿人得阿罗汉；三十四亿天龙八部发三菩提心"①。三会说法度天人已，弥勒遂将会众入翅头末城乞食。其间，弥勒佛现十八种神足，使得欲界、色界诸天及四大天王恭敬供养，赞叹佛德。乞食之后，弥勒率众深入禅定。复因帝释等之请，与诸弟子前往耆阇崛山山顶会见摩诃迦叶。迦叶即从灭尽定觉，承释迦之命，将其僧伽梨授与弥勒。当时，弥勒弟子中有人轻视身形短小、相貌丑陋的迦叶。弥勒因之为其讲说迦叶头陀第一的功德。大众遂礼拜迦叶，请其显现神足并说释迦佛所有经法。迦叶应邀作十八变，并为众演说释迦牟尼佛十二部经，使得"八十亿人远尘离垢，于诸法中不受诸法，得阿罗汉；无数天人发菩提心"②。说罢，迦叶便入涅槃。会众收身舍利，山顶起塔。弥勒复赞迦叶"头陀第一，通达禅定，解脱三昧"，"于彼恶世能修其心"，堪称"大神德、释师子、大弟子"。③ 经末指出"弥勒佛住世六万亿岁"④，其灭度后，与释迦一样，舍利被转轮王于四天下各起八万四千塔供养。"正法住世六万岁，像法二万岁。"⑤ 最后，佛祖释迦告诫会众须"勤加精进，发清净心，起诸善业"，方可得见弥勒佛身。复因舍利弗、阿难之问，以诸经名总结是经要义，嘱累阿难忆持、演说此经，并说受持、读诵斯经之功德。

虽然此经与其他描写弥勒下生成佛的佛经在内容上大同小异，但其结构形态却最为完整，内涵也最为丰富，故冠之以"大"字。20 世纪初，高昌故城所出承平三年（446 年）兴造之《且渠安周造寺功德碑》碑文中提到的名数术语，许多便出自此经，由此可见，是经译出后便流行当世，甚至对北凉高昌佛教产生过重要影响。⑥ 不仅如此，至今莫高窟等石窟中也依然保有依据此经绘制的弥勒下生经变，只不过较之依据其他下生经绘制的经变画而言，多了弥勒降魔的画面。⑦ 总之，该经作为宣扬弥勒

---

① 《大正藏》第十四卷，第 432 页下。
② 《大正藏》第十四卷，第 433 页下。
③ 《大正藏》第十四卷，第 434 页上。
④ 《大正藏》第十四卷，第 434 页上。
⑤ 《大正藏》第十四卷，第 434 页上。
⑥ 参见贾应逸《鸠摩罗什译经和北凉时期的高昌佛教》，《敦煌研究》1999 年第 1 期，第 150—152 页。
⑦ 参见李永宁、蔡伟堂《敦煌壁画中的〈弥勒经变〉》（摘要），《敦煌研究》1988 年第 2 期，第 35 页。

净土、讲说弥勒下生成佛的重要经典，在中国佛教史和民间信仰史上都可谓流传广泛，影响深远。

17. 《诸法无行经》

《诸法无行经》，二卷，《大正藏》题"后秦龟兹三藏鸠摩罗什译"①。历代经录皆载。据《开元释教录》卷四、卷七和卷十四所载，此经唐代之前已有三译，分别为后秦罗什所译二卷本是经、刘宋求那跋陀罗译一卷本《诸法无行经》和隋阇那崛多等译三卷本《诸法本无经》。其中，求那跋陀罗所译已为阙本。宋朝时，译经院沙门绍德等所译三卷本《佛说大乘随转宣说诸法经》，虽然内容"经过了后人的修改"②，经义有所不同，但亦可视为此经的同本异译。今天，斯经与阇那崛多、绍德译本均可见于《大正藏》第十五卷经集部中。

全经分为上、下两卷。

上卷讲佛在王舍城耆阇崛山中，与五百比丘、九万二千菩萨俱，举行法会。师子游步菩萨于会中以偈请佛开示"一相法门"。佛恐新发意菩萨不能信解深法而误入歧途，故不欲讲说。师子游步菩萨则恳请世尊"但为信解甚深一相法者说之"③。佛遂以偈说法，明"诸法一相"之理，示求道修行之法，斥名不副实菩萨之行。世尊复告师子游步菩萨，因"如是说法于诸法中最为第一"④，故能饶益包括天龙八部、夜叉、增上慢比丘及菩萨众在内的无量众生。随后，佛为众讲说过去世高须弥山王佛灭度后，净威仪比丘受持正法，度化众生，而有威仪比丘虽持戒苦行，却未能信解正法，更生不净恶心，并因此业报，饱受地狱之苦。有威仪比丘即佛前生。世尊以自身本生，告诫会众"当知虽久发心，有大功德，不入是法门，皆能断灭善根功德"⑤，且因之说明菩萨"不当好求人长短"，而"用是法门能灭一切业障罪，亦于一切众生之中离憎爱心，便能疾得一切种智"⑥。复有文殊菩萨以"云何灭业障罪"⑦问佛，佛告文殊见贪、嗔、

---

① 《大正藏》第十五卷，第750页上。
② 印顺：《初期大乘佛教之起源与开展》，台北：正闻出版社1994年版，第901页。
③ 《大正藏》第十五卷，第751页上。
④ 《大正藏》第十五卷，第752页中。
⑤ 《大正藏》第十五卷，第752页中。
⑥ 《大正藏》第十五卷，第753页中。
⑦ 《大正藏》第十五卷，第753页中。

痴际即是真际,"见一切众生性即是涅槃性","则能毕灭业障之罪"①。其后,佛继续解说众生因有分别想,而欲于佛法中出家,"分别诸法是善、是不善,是应知、是应断、是应证、是应修"②,舍一切有为法而修行,自以为得阿罗汉道,命终却堕地狱中。然后,又通过文殊与世尊的问答,阐明行者应正观"四谛""四念处""八圣道分""五根"及"七菩提分"。文殊复请佛为说陀罗尼,世尊遂为其说"不动种性法门",并详解"种性""不动相"之深义。

下卷承上,叙文殊菩萨亦说种种不动相。此后,通过佛与文殊的问答,说明于佛法应不取不舍,无有分别。诸天子散花礼赞文殊,文殊止之,自言"我是贪欲尸利、嗔恚尸利、愚痴尸利",是"凡夫""外道""邪行人",③并为众详解其中深义。尔时,会中又有华戏慧菩萨请佛讲说"入音声慧法门"。世尊亦恐新发意者不能思解,故止而不说。在华戏慧菩萨坚请之下,世尊遂通过诸多行为的正反对比,演说"入音声慧法门"。复有文殊菩萨阐明一切音声空如响,故一切音声皆平等之理。佛因之命文殊自说过往因缘,以警来世假名菩萨,并劝勉会众。文殊遂说过去世师子吼鼓音王佛灭度后,喜根菩萨比丘"不称赞少欲知足、细行独处,但教众人诸法实相"④,而文殊前世之胜意菩萨比丘则持戒行头陀行。胜意乞食时,恰入喜根弟子家中。他遂"赞叹远众,乐独行者"⑤,而说喜根法师过失,遭喜根弟子问难后,愤然离去。喜根则于众僧面前以偈说法,阐释"一相法门"。胜意因未能"入音声慧法门",毁谤喜根,而堕地狱,受诸苦难,后听闻深法,方证菩提。经文最后,世尊再说斯经之利,且护念是经,又嘱累阿难,于未来世流通。

此经是大乘初期的佛教典籍,故经文对只重自身修行的头陀行及小乘修为颇有微词,而主要宣扬"诸法性空""摄化众生"等大乘佛教思想,对大乘佛教在中国的发展具有积极的推动作用。《续高僧传》卷十八就曾记载僧法纯在隋时仍读诵此经,并据是经为众宣法。⑥ 印顺法师在其所著

---

① 《大正藏》第十五卷,第753页下。
② 《大正藏》第十五卷,第753页下。
③ 《大正藏》第十五卷,第757页下。
④ 《大正藏》第十五卷,第759页上。
⑤ 《大正藏》第十五卷,第759页中。
⑥ 详见《大正藏》第五十卷,第575页中—576页上。

《初期大乘佛教之起源与开展》一书中，则因经中许多义理都是借文殊菩萨之口宣讲而将斯经归入"文殊法门"，而且据此经所举文殊前世之因缘，说明在初期大乘经重定与重慧两大流中，"'文殊法门'也是重慧的"①。

18.《文殊师利问菩提经》

《文殊师利问菩提经》，简称《文殊问菩提经》或《菩提经》，亦称《菩提无行经》《伽耶山顶经》，一卷，《大正藏》题"姚秦龟兹三藏鸠摩罗什译"②。历代经录皆载。北魏菩提流支所译《伽耶山顶经》一卷，隋代毗尼多流支所译《佛说象头精舍经》一卷，以及唐代菩提流志所译《大乘伽耶山顶经》一卷都是其同本异译，③现皆收于《大正藏》第十四卷经集部中。

斯经谓佛初得道，在摩伽陀国伽耶山祠与千比丘及数万菩萨诸天俱。自"入诸佛甚深三昧"④，谛观诸法性相。会中文殊菩萨默知世尊所念，于是便问佛发菩提心之深义，佛以"无发是发菩提心"⑤答之。次有月净光德天子以"菩萨缘何事故行菩萨道"⑥问教文殊，文殊答之曰："诸菩萨道，以大悲为本，缘于众生"⑦，大悲以直心为本，直心以一切众生等心为本，一切众生等心以无别异行为本，无别异行以深净心为本，深净心以阿耨多罗三藐三菩提心为本，阿耨多罗三藐三菩提心以六波罗蜜为本，六波罗蜜以方便慧为本，方便慧以不放逸为本，不放逸以三善行为本，三善行以十善业道为本，十善业道以摄六根为本，摄六根以正忆念为本，正忆念以正观为本，正观以坚念不忘为本。⑧月光净德天子复以"菩萨有几心能摄因能摄果"⑨问之，文殊以初发心、行道心、不退转心及一生补处心"四心"作答，并通过种种譬喻加以阐释。会中复有定光明主天子问文殊疾得阿耨多罗三藐三菩提之菩萨略道，文殊以方便与智慧、助道与断

---

① 印顺：《初期大乘佛教之起源与开展》，台北：正闻出版社1994年版，第1297页。
② 《大正藏》第十四卷，第481页中。
③ 参见《大正藏》第五十五卷，第596页中。
④ 《大正藏》第十四卷，第481页下。
⑤ 《大正藏》第十四卷，第482页上。
⑥ 《大正藏》第十四卷，第482页上。
⑦ 《大正藏》第十四卷，第482页上。
⑧ 参见《大正藏》第十四卷，第482页上、中。
⑨ 《大正藏》第十四卷，第482页中。

道、系道与无系道、量道与无量道、智道与断道答之。其后，又有随智勇行菩萨以"何谓为菩萨义，何谓为菩萨智"①向文殊发问，文殊以"义名无用，智名有用"②作答。继而又对诸天子讲说菩萨应有之十智、十发、十行、十思惟尽、十治法、十善地以及六对"二随法行"。经末，佛赞叹其所说之法，"十千菩萨得无生法忍"③，听闻大众欢喜信受。

此经篇幅虽短，却言简意赅。正如释僧馥在《菩提经注序》中所述："其文虽约，而义贯众典；其旨虽玄，而晓然易览。犹日月丽天，则群像自朗；示之一隅，则三方自释也。经之为体，论缘性则以二谛为宗，语玄会则以权智为主，言菩提则以无得为玄，明发意则以冥期为妙。婉约而弘深，莫不备矣"④，实可谓"诸佛之要藏，十住之营统"⑤。天竺论师天亲曾造《文殊师利问菩提经论》二卷，后由元魏菩提流支译出。南朝凉州僧人释弘充亦曾为是经注疏。⑥由此可见，斯经在古印度及中国佛教史上都具有重要地位。不仅如此，罗什译本还可见于北京房山石刻及上海图书馆藏日本古写经卷中，⑦而且从日本古写经题记中还可以看出罗什译本由中国传入日本后，便在皇族和僧俗当中广为流传，作为祈福抄写的主要经典。罗什所译斯经对中国及日本佛教的影响，由此可见一斑。

19.《佛垂般涅槃略说教诫经》

《佛垂般涅槃略说教诫经》，简称《佛临涅槃略诫经》《略说教诫经》，又称《佛遗教经》《遗教经》或《遗经》，一卷，现收于《大正藏》第十二卷宝积、涅槃部中，题"后秦龟兹国三藏鸠摩罗什奉诏译"⑧。历代经录皆载。

---

① 《大正藏》第十四卷，第483页上。
② 《大正藏》第十四卷，第483页上。
③ 《大正藏》第十四卷，第483页下。
④ （梁）释僧祐撰：《出三藏记集》，苏晋仁、萧鍊子点校，中华书局1995年版，第341页。
⑤ （梁）释僧祐撰：《出三藏记集》，苏晋仁、萧鍊子点校，中华书局1995年版，第341页。
⑥ 参见（梁）释慧皎撰《高僧传》，汤用彤校注，汤一玄整理，中华书局1992年版，第308—309页。
⑦ 参见张建木《房山石经题记历史资料初探（上）》，《法音》1981年第2期，第21页；吴织、胡云耕《上海图书馆藏敦煌遗书目录（续）——附传世本写经及日本古写本》，《敦煌研究》1986年第3期，第98—99页。
⑧ 《大正藏》第十二卷，第1110页下。

此经是佛陀"于娑罗双树间将入涅槃"时,"为诸弟子略说法要"①,故名"遗教"。佛将入灭,嘱诸比丘,其灭度后,应以戒为师。经中首先列诸波罗提木叉,如"不得贩卖贸易,安置田宅,蓄养人民、奴婢、畜生;一切种殖及诸财宝,皆当远离,如避火坑;不得斩伐草木,垦土掘地;合和汤药,占相吉凶,仰观星宿,推步盈虚,历数算计,皆所不应;节身时食,清净自活;不得参预世事,通致使命,咒术仙药;结好贵人,亲厚媟嫚,皆不应作;当自端心,正念求度;不得苞藏瑕疵,显异惑众;于四供养,知量知足;趣得供事,不应蓄积"②。"戒为第一安隐功德之所住处",只有"依因此戒",才能"得生诸禅定,及灭苦智慧"。③其次,明"当制五根""当好制心"④及"饮食知量""觉寤瑜伽"⑤,方可戒学清净,精进修为之理。再次,揭示比丘应具有的慈忍而不暴戾嗔忿、谦卑而不骄傲自慢、质直而不谄曲虚伪内在德行。其后,佛复以"少欲""知足""远离""精进""不忘念""定""智慧"以及"不戏论"教诲弟子。至此,"大悲世尊,所欲利益,皆已究竟",惟愿大家"念所受法,勿令忘失。常当自勉,精进修之"⑥。世尊说法罢,三问弟子,皆无疑惑。阿楼驮观察众心后对佛说,虽然大家对"四谛"无疑,但"所作未办者,见佛灭度,当有悲感"⑦,而"所作已办、已度苦海者"亦会感慨"世尊灭度,一何疾哉!"⑧佛遂以"自利利人,法皆具足;若我久住,更无所益"⑨答之,更为众开示"我今得灭,如除恶病","如来法身常在而不灭"⑩之深义,以此劝慰弟子不但不必伤心,反而应当为佛陀得除假名感到欢喜。经文最后,佛将无常,依然策勉大家"常当一心,勤求出道"⑪。

此经是释迦将入涅槃前对弟子们的谆谆教诲,"以端心正念为首,而

---

① 参见《大正藏》第十二卷,第1110页下。
② 《大正藏》第十二卷,第1110页下—1111页上。
③ 《大正藏》第十二卷,第1111页上。
④ 参见《大正藏》第十二卷,第1111页上。
⑤ 印顺:《华雨集(第三册)》,台北:正闻出版社1993年版,第117页。
⑥ 《大正藏》第十二卷,第1112页上。
⑦ 《大正藏》第十二卷,第1112页中。
⑧ 《大正藏》第十二卷,第1112页中。
⑨ 《大正藏》第十二卷,第1112页中。
⑩ 《大正藏》第十二卷,第1112页中。
⑪ 《大正藏》第十二卷,第1112页中。

深言持戒,为禅定智慧之本"①,内容统摄戒、定、慧三学以及修行解脱之法门,经文虽短,只有二千余字,却是言简意赅,韵味无穷。

该经在古印度就备受重视,天亲菩萨为阐释此经曾造《遗教经论》一卷,后由南朝陈真谛译为汉本。罗什译出是经之后,汉地亦有诸多高僧贤德对其研习、论注。②佛家禅门犹重此经,将其与《四十二章经》《沩山警策》合称为"佛祖三经"。罗什译本,词意顺达,古朴典雅,加之经文意蕴深远,长短适中,译出之后,不仅僧界重视,帝王文人与佛教信众亦对其推崇有加。唐太宗就曾敕命有司抄写此经,以护持佛法、弘阐圣教③;宋真宗也曾御注是经,并入藏颁行④。历代书法家更是将其作为习字、抄经的对象,相传王羲之所书《佛遗教经》便是其中精品。此外,斯经亦是佛教刻经的重要题材。直到今天,西安碑林中仍保有此经的刻经残石⑤。综上可知,罗什所译斯经对中国佛教影响深刻。

20.《菩萨诃色欲法经》

《菩萨诃色欲法经》,简称《菩萨诃色欲经》,亦云《菩萨呵色欲经》《菩萨呵色欲法经》《菩萨呵色欲》《呵色欲法》或《呵欲经》,一卷,"属于后期小乘经"⑥。历代经录皆载。现收于《大正藏》第十五卷经集部中,题"后秦三藏鸠摩罗什译"⑦。

经文谓女色为世间之枷锁、重患、衰祸,而凡夫却贪恋其中。行者舍

---

① 真德秀:《题遗教经》。转引自丁福保编纂《佛学大辞典》,文物出版社1984年版,第591页四。

② 据(宋)释赞宁撰《宋高僧传》卷十四及(明)如惺撰《明高僧传》卷六所载,唐代律僧怀素和禅僧鼎需都曾研读此经[(宋)释赞宁撰:《宋高僧传(上)》,范祥雍点校,中华书局1987年版,第334页及《大正藏》第五十卷,第923页下—924页上];另,此经汉地论疏主要包括:《佛遗教经论疏节要》一卷,天亲菩萨论、宋智圆疏、宋净源节要、明袾宏补注;《遗教经论住法记》一卷,宋元照述;《遗教经论记》三卷,宋观复述;《佛遗教经补注》一卷,明守遂注、了童补注;《佛遗教经解》一卷,明智旭述;《遗教经指南》一卷,明道霈述;《佛遗教经笺注》,丁福保注等(丁福保编纂:《佛学大辞典》,文物出版社1984年版,第591页四。)。

③ 参见(宋)释志磐撰《佛祖统纪》,第三十九卷(《大正藏》第四十九卷,第365页中)。

④ 参见(宋)释志磐撰《佛祖统纪》,第四十四卷(《大正藏》第四十九卷,第406页中)。

⑤ 参见路远《新见唐刻〈佛遗教经〉残石考》,《考古与文物》2009年第1期,第65—73页。

⑥ 陈士强:《大藏经总目提要·经藏(三)》,上海世纪出版股份有限公司、上海古籍出版社2007年版,第431页。

⑦ 《大正藏》第十五卷,第286页上。

之复念，如"从狱得出，还复思入；从狂得正，而复乐之；从病得差，复思得病"[1]。凡夫甘为色仆，"终身驰骤，为之辛苦"[2]。行者若能弃之不顾，则能"既安且吉""永无患难"[3]。复说"女人之相，其言如蜜，而其心如毒"[4]，犹如龙渊狮窟，不可亲近。"室家不和""毁宗败族"[5]，亦皆妇人之罪。故女人"实是阴贼"，如高罗密网、暗坑明火，"灭人慧明"[6]。智者应"知而远之""恶而秽之"，方能"不受其害""不为此物之所惑"[7]。

此经极短，只有三百余字。但罗什却以议论文体，从凡夫、行者和智者三个不同的角度，譬喻明理，层层递进，劝诫世人切勿贪恋女色，而受其害。全经中心明确，译文流畅，譬喻贴切，发人深省。斯经若是今人读来，或有贬斥女性之嫌，而为女权主义者所诟病。但若出自以女色为大戒的佛教僧侣之口，且在女性地位相对较低的封建社会，斯经还是颇具警示作用的。直至今日，洛阳龙门石窟西山南段崖面的"北市綵帛行净土堂"后室南侧仍保有武周延载元年（694 年）僧俗数十人参与镌刻的该经经文。[8] 由此可见，是经虽短但在宣扬佛教色戒方面，亦具有一定影响，而为僧俗所重。

21.《禅法要解》

《禅法要解》，又名《禅法要解经》，简称《禅要经》，二卷，历代经录皆载，现可见于《大正藏》第十五卷经集部中，题"姚秦三藏鸠摩罗什等于长安逍遥园译"[9]。据《开元释教录》卷四所载，北凉沮渠京声所译两卷本《禅法要解》，系此经同本异译，可惜唐时已阙[10]。此经之译出，

---

[1]《大正藏》第十五卷，第 286 页上。
[2]《大正藏》第十五卷，第 286 页上。
[3]《大正藏》第十五卷，第 286 页上。
[4]《大正藏》第十五卷，第 286 页上、中。
[5]《大正藏》第十五卷，第 286 页中。
[6]《大正藏》第十五卷，第 286 页中。
[7]《大正藏》第十五卷，第 286 页中。
[8] 参见王振国《龙门石窟刻经研究》，《华夏考古》2006 年第 2 期，第 78—87 页；高俊苹《龙门石窟所见阿史那造像研究》，《文博》2006 年第 2 期，第 48—49 页。
[9]《大正藏》第十五卷，第 286 页中。
[10]《大正藏》第五十五卷，第 521 页上、中。

"当在弘始六年（404 年）末至弘始七年（405 年）末之间"①。

全经分为上、下两卷，旨在解说菩萨习禅之法要。

经文上卷先讲"若淫欲多者，应教观不净"②，随之详述"不净"之缘由以及修习"不净观"之法门。其间，以大目犍连修禅悟道，抵御本妇诱惑为例，说明修习"不净观"应"住心本缘，不畏众欲"③。次说"净观"应"观欲界无常，苦空无我"，以致"如清净镜，光现于外；如明珠在净水中，光明显照"④。复具明修禅过程中，除灭"五盖"，即贪欲盖、嗔恚盖、睡眠盖、掉悔盖及疑法盖之法。其后，经文继续讲说行者若能"如是思惟，除舍五盖，及诸善法，深入一心"，便可"断欲界烦恼，得初禅定"⑤。次说修得初禅，便具"身心快乐，柔和轻软，身有光明"⑥之相。复说行者得初禅后，应除灭"觉观"，以进二禅，兼述修得二禅所具"内心清净"之相。又说得二禅后，应"离喜行舍，得入三禅"⑦，并说修得三禅便知"三乐"。继而说得三禅后，"当舍此乐，行于四禅安隐之地"⑧，"第四禅中，不苦不乐，舍念清净，调柔随意"⑨。说罢色界"四禅定"，经文又以问答形式，详解如何修习慈、悲、喜、舍"四无量心"。

下卷承上卷文义，具说修习无色界"四空定"之法门，即"离一切色相""内外虚空，同为一空"⑩，而入初无色定；"识处无边无量""但观于识，舍于空缘"⑪，得入无边识处定；明色、识皆空，"空无所有，是安隐处"⑫，能入无所有处定；知"一切想地，皆粗可患""无想地则是痴处"⑬，皆应舍弃，便入非有想非无想处定。次说行者当学"四谛"，遂具

---

① 详见宣方《鸠摩罗什所译禅经考辨》，《中国哲学史》1998 年第 1 期，第 62—66 页。
② 《大正藏》第十五卷，第 286 页中。
③ 《大正藏》第十五卷，第 287 页上。
④ 《大正藏》第十五卷，第 287 页中。
⑤ 《大正藏》第十五卷，第 288 页中。
⑥ 《大正藏》第十五卷，第 288 页中。
⑦ 《大正藏》第十五卷，第 289 页上。
⑧ 《大正藏》第十五卷，第 289 页下。
⑨ 《大正藏》第十五卷，第 290 页上。
⑩ 《大正藏》第十五卷，第 293 页上。
⑪ 《大正藏》第十五卷，第 293 页中。
⑫ 《大正藏》第十五卷，第 293 页下。
⑬ 《大正藏》第十五卷，第 293 页下。

解苦、集、灭、道"四谛"之深义及其之间的联系。复说初习此门,当有"十事":一者心专正、二者质直、三者惭愧、四者不放逸、五者远离、六者少欲、七者知足、八者心不系著、九者不乐世乐、十者忍辱。次说修习此门,当忍蚊虻侵害等"十事"。经文最后,先解说行者依据"四禅",修习欲定、精进定、心定、思惟定之法,进而详述依据"四禅"及"四如意分",修习"五神通",即飞行幻化之如意神通、闻诸音声之天耳神通、得知他心之他心智神通、能知宿命之宿命神通和一切悉见之天眼神通之法。

需要注意的是,《大正藏》中此经上卷末尾单出自"净观者三品"至"甚可患也"一段经文,印顺法师认为这段文字错乱至此,乃传抄流通过程中疏忽所致,其中部分与罗什所译《坐禅三昧经》经文相同。① 但细读此段经文,皆言"净观"之事,而经中所说"净观"颇简,似可以之相续,以补经义之不足。

道宣在《续高僧传》的《习禅五》中曾论说,佛教传入中国之后,修习禅法者甚少,鸠摩罗什译出《禅法要解》等禅经之后,习禅者才日渐增多,淮北的昙影、道融,江东的智严、慧观,庐山慧远,北齐的僧稠,北周的僧实,都是以禅法高妙而闻名遐迩。② 由此可知,此经对于禅法在中土的流行具有重要的开拓作用。另外,新疆吐峪沟石窟中也发现有依据此经绘制的十六国时期比丘禅定观想的壁画,③ 是经对十六国、北朝时期北方禅学的深刻影响由此亦可见一斑。

总之,该经所说禅法"虽仍属于小乘禅的体系,但已揉进相当部分的大乘佛教的内容。从这些禅法的形式来说,大乘修行者既可以修习,也可以不受它们的拘束,进行超越"④。正因为是经于禅法流行中土的开拓之功,再加之译文顺畅、所说禅法流传广泛、影响深远,故被中国佛教界尊为"五部禅经"之一。

22.《坐禅三昧经》

《坐禅三昧经》,亦称《坐禅三昧法门经》《菩萨禅法经》《阿兰若习

---

① 参见印顺《华雨集》(第三册),台北:正闻出版社1993年版,第255页及第263—264页。
② 参见《大正藏》第五十五卷,第595页下—597页中。
③ 参见贾应逸《新疆吐峪沟石窟佛教壁画泛论》,《佛学研究》1995年版,第240—249页。
④ 杨曾文:《隋唐以前流行的主要禅法》,《中国社会科学院研究生院学报》1996年第4期,第36页。

禅经》《禅法要》及《禅经》，二卷（或云三卷①），历代经录皆载，现收于《大正藏》第十五卷经集部中。据僧叡撰《关中出禅经序》的记载，弘始三年（401年）十二月二十六日，僧叡从鸠摩罗什受禅法，得其所抄撰众家禅要，即译为此经。②但笔者认为，是经极有可能系鸠摩罗什于弘始四年（402年）在长安译出。③

此经上、下两卷。

上卷开篇即以四十三偈规劝众生修禅悟道。随后，经文言说学禅之人应"五众戒净，无重罪恶"④。若曾破重戒，则今生不可习禅。若曾破余戒，应行忏悔，直至清净，方可修禅。那么，如何判断曾破戒欲学禅之人是否已至清净了呢？经文次说师若得天眼他心智之神通，可以神通知之。师若未得神通，则需观相询问。遂详述种种"淫欲相""嗔恚相"及"愚痴相"，作为观相的标准。复说不同法门对治不同病相，如"若多淫欲人，不净法门治；若多嗔恚人，慈心法门治；若多愚痴人，思惟观因缘法门治；若多思觉人，念息法门治；若多等分人，念佛法门治"⑤。然后，经文便逐一演说"五门禅法"，即"第一治贪欲法门"⑥、"第二治嗔恚法门"⑦、"第三治愚痴法门"⑧、"第四治思觉法门"⑨以及"第五治等分法门"⑩。

---

① 《出三藏记集》卷二、《历代三宝纪》卷八及《关中出禅经序》皆载其为三卷。
② 参见（梁）释僧祐撰《出三藏记集》，苏晋仁、萧鍊子点校，中华书局1995年版，第342页。
③ 《历代三宝纪》卷八载其为"弘始四年（402年）正月五日出"，正月五日译出的说法似不可信，因为此经系鸠摩罗什抄撮众家禅法精心编撰而成，故不太可能在短短十天之内草率译竟。另据《出三藏记集》卷十的《〈大智论〉记》所载，此经似应出于《大智度论》与《十诵律》之间，《大智度论》始译于弘始四年（402年）夏，《十诵律》始译于弘始六年（404年），由此可知，是经译出时间应不早于弘始四年夏，且不晚于弘始六年。现代学者宣方也通过对此经名相翻译的变化，结合《关中出禅经序》的记载，考证出是经可能译于弘始四年（402年）末或弘始五年（403年）初。综上所述，笔者得出此经极有可能译于弘始四年（402年）的结论，汤用彤先生在《汉魏两晋南北朝佛教史》中似乎也持此观点。
④ 《大正藏》第十五卷，第270页下。
⑤ 《大正藏》第十五卷，第271页下。
⑥ 《大正藏》第十五卷，第271页下。
⑦ 《大正藏》第十五卷，第272页中。
⑧ 《大正藏》第十五卷，第272页下。
⑨ 《大正藏》第十五卷，第273页上。
⑩ 《大正藏》第十五卷，第276页上。

下卷经文先说行者"当求初禅，灭断欲火"①，次说得初禅后，所具诸相。复说行者当修二禅、三禅乃至四禅，并所得诸相。此后，经文略说行者应修"四空处""四等"及"五通"之法。又言说"行者欲破颠倒故，当习四念止观"②，遂详述观身、痛、心、法"四念止"之法门。复说行者观"四谛"、修"十六行"时，应得暖法、顶法、忍法、世间第一法此"四善根"。其后，又演说入"见道"的"十六心"以及所修声闻乘"四果"、缘觉乘三种辟支佛果、菩萨乘修至佛果。进而叙说行者欲求佛道而应修习的"菩萨念佛三昧"③。而后，经文再次讲说行菩萨道者应以"不净观"治淫欲，以"慈三昧"治嗔恚，以"思惟观十二因缘"治愚痴，以"阿那波那法门"治思觉。复具说"菩萨见道应行三种忍：法生忍、柔顺法忍、无生忍"④。经文阐述完菩萨道之禅法之后，以二十偈作结，明示修禅者的实际心得。

斯经"初四十三偈，是鸠摩罗罗陀法师所造，后二十偈，是马鸣菩萨之所造也。其中五门，是婆须蜜、僧伽罗叉、沤波崛、僧伽斯那、勒比丘、马鸣、罗陀禅要之中，抄集之所出也。六觉中偈，是马鸣菩萨修习之以释六觉也。初观淫、恚、痴相及其三门，皆僧伽罗叉之所撰也。息门六事，诸论师说也。菩萨习禅法中，后更依《持世经》，益《十二因缘》一卷，《要解》二卷，别时撰出"⑤。作为诸家禅要的攒集，此经不但阐释"五门禅法"⑥，而且综述大小二乘之禅观。是经译出之前，我国佛教初期的禅观，皆依据安世高所传小乘禅法。尔后，在前秦道安的推动下，两秦时北地禅观始渐兴盛，但均囿于小乘禅法。"鸠摩罗什译出本经后，大乘

---

① 《大正藏》第十五卷，第 277 页下。
② 《大正藏》第十五卷，第 278 页下。
③ 《大正藏》第十五卷，第 281 页中。
④ 《大正藏》第十五卷，第 285 页上。
⑤ （梁）释僧祐撰：《出三藏记集》，苏晋仁、萧鍊子点校，中华书局 1995 年版，第 342 页。另，引文中所说关于菩萨禅法，罗什曾依《持世经》益《十二因缘》，各录均言此经已阙，但汤用彤先生则认为"恐即现存《坐禅三昧经》之末一经"（汤用彤：《汉魏两晋南北朝佛教史》，北京大学出版社 1997 年版，第 216 页），观斯经下卷重述"思惟观十二因缘"部分，论述详尽，故笔者同意先生推论，亦以为讲述"思惟观十二因缘"之经文或即所阙之《十二因缘观经》。
⑥ 罗什所译"五门禅法"更多继承马鸣学说而说大乘空义、诸法实相，与佛陀跋陀罗译《达摩多罗禅经》中所传佛陀斯那之有部"五门禅法"迥然不同，不应混淆。

佛教与小乘禅乃至大乘禅与小乘禅之关系才告明确"①。所以，此经的译出对于当时北方禅法的兴盛起到了很大的推动作用。该经译出之后，遂"成为指导禅观修行的经典，后秦僧侣修禅之风大盛于一时，麦积山石窟就是在5世纪初这样的气氛中创建的"②。不仅如此，此经于诸多北朝禅窟的修建以及日后天台止观的成立，甚至禅宗的诞生，皆具促发之功。故我国佛教界将其与罗什所译《禅法要解》、佛陀跋陀罗译《达摩多罗禅经》、昙摩蜜多译《五门禅经要用法》及佚名人译《禅要经》一起，誉为"五部禅经"。

23.《众经撰杂譬喻经》

《众经撰杂譬喻经》，又称《杂譬喻经》，二卷③，系鸠摩罗什于弘始七年（405年）十月译出④，现可见于《大正藏》第四卷本缘部中，题"比丘道略集、姚秦三藏法师鸠摩罗什译"⑤。《大正藏》中除罗什所译是经外，以"杂譬喻"为名者尚有四部，分别为：（1）后汉支娄迦谶译《杂譬喻经》一卷；（2）后汉失译之《杂譬喻经》二卷；（3）吴康僧会所译《旧杂譬喻经》二卷；（4）道略集《杂譬喻经》一卷⑥。

此经分为上、下两卷，共四十七喻⑦。

---

① 慈怡编著：《佛光大辞典》（第6册），北京图书馆出版社2004年版，第2840页上。
② ［日］东山健吾：《麦积山石窟的创建与佛像的源流》，官秀芳译，《敦煌研究》2003年第6期，第71页。
③ 《出三藏记集》卷二、《历代三宝纪》卷八及《开元释教录》卷四等皆载其为一卷，《大正藏》中此经分为上、下两卷。
④ 《历代三宝纪》卷八、《开元释教录》卷四皆言此经为"弘始七年（405年）十月出"。
⑤ 《大正藏》第四卷，第531页中。
⑥ 高丽本收此经，题"比丘道略集"，未详译者，凡三十九喻。然而，宋、元、明三本中却题斯经为"众经撰杂譬喻经"，分为上、下二卷，凡四十七喻（经中标为四十四喻，经本人考证，实为四十七喻）。其中，宋本上卷亦未详译者，下卷谓罗什译；元、明二本所收是经，皆谓罗什所译。若以宋、元、明本对照高丽本，就会发现，二者相存者仅有九喻，由此可知，二经乃为别本。故《大正藏》将此二经皆收本缘部中，是经依高丽本收入，《众经撰杂譬喻经》则系宋、元本对校明本所得。《大正藏》以二卷本《众经撰杂譬喻经》为罗什译本，但《出三藏记集》《历代三宝纪》及《开元释教录》皆载罗什译本应名为《杂譬喻经》且系道略所集一卷本，故笔者窃以为此经极有可能系经录中所载罗什所译，而《众经撰杂譬喻经》无论经名抑或卷数，皆与经录有异，唯题罗什所译，其中或有误会。今文中暂依《大正藏》所载，至于此经译者，姑且存疑，留待日后考证。
⑦ 《大正藏》所收此经中将每喻以序号标出，标为四十四喻，但经笔者考证，经中第四喻、第六喻及第十四喻皆含两喻，而冠一序号，故是经实为四十七喻。

（1）智者思惟财物不可久保。以失火之家智者保财续业，愚惑、悭吝之人失财丧命为喻，明布施积德既可自救又可荫及后人以及"万物无常"①之理。

　　（2）菩萨布施不惜身命。以尸毗王舍身贸鸽之事，明为求佛道，菩萨修行不惜以身命布施之理。

　　（3）二鬼易身而知无我。以二鬼相诤，实言为证而遭易身，后得度入道之事，明不应妄语、假身无我之理。

　　（4）持戒之人无事不得，破戒之人一切皆失。以穷人供养天、供养经而得德瓶，因之随心所欲，乐极生悲，破瓶失物之事，明"持戒之人种种妙乐，无愿不得"，"若破所受戒，永坠三涂受苦，乃无复出期"②之理。

　　（5）常当修习善心相续不绝。以国王购五百匹马，因劳烦饲养，掩眼令磨，终致临战落败之事，告诫众生欲求善果报，则常当修习善心。

　　（6）贫穷之人割辍身口，持用布施，其福无量。以国王设会供养佛得福少而贫妇以豆劝助却得福多为喻，明"修福种德惟在至心，达解法相何忧不果"③之理。

　　（7）布施勿待。以婆罗门挤牛奶供养沙门不得之事，明世事无常，应及早布施而勿"停积久后，须多乃作"④之理。

　　（8）财物危身犹如毒蛇。以波斯匿王国人贪财得祸，志念佛语获救之事，明"财物危身犹如毒蛇"⑤，应至心念持佛语之理。

　　（9）持戒之人宁失身命不违佛教。以下座道人持戒护教而得救众人于海难之事，明"戒德可恃怙，能济生死苦"⑥之理。

　　（10）一切众生贪著世乐，不虑无常，不以大患为苦。以越狱之人贪恋滴蜜而陷狂象、毒龙、毒蛇、啮鼠之境为喻，劝诫众生"当观无常，以离众苦"⑦。

---

①　《大正藏》第四卷，第531页中。
②　《大正藏》第四卷，第532页中。
③　《大正藏》第四卷，第532页下。
④　《大正藏》第四卷，第532页下。
⑤　《大正藏》第四卷，第532页下。
⑥　《大正藏》第四卷，第533页上。
⑦　《大正藏》第四卷，第533页中。

（11）悭吝长者入道辨魔喻。以悭吝长者得度及分辨魔佛之事，明"义不可不学，施不可不修"① 之理。

（12）行者求道，不得贪著好美色。以沙弥因贪恋龙宫美色而杀龙堕落之事，规劝世人勿因贪好香美色而丧善根堕恶道。

（13）天人转生向佛。以天人闻法得转生长者家，降生便依"三宝"，供佛求法，全家得度之事，劝勉世人慈心向佛。

（14）放牛人得道喻。以放牛人因欲供养佛而转生天人，复与诸天人采花供佛，听法得道之因缘故事，明佛法无边并因缘宿命之深义。

（15）死牛著草喻。以长者儿死生天，有感父母愁意，化身小儿，以死牛著草为喻，化解父母忧苦之事，明死生无常、我身假有及信佛得度之理。

（16）阿难因缘喻。述贤人以劝助沙弥之功德因缘，得生佛世，而为多闻第一阿难之事，明劝助学者志，发愿得福德之理。

（17）食金刚小鸟喻。以小鸟因食金刚，而怖动大树为喻，赞"博采众法，为世桥梁者"②。

（18）目连遭打。叙目连避祸飞行，因前世之净，堕地而遭前世之父、今世车辐老人痛打一事，以此明因果报应，累世不休之理，并劝诫世人莫作不孝。

（19）阿耆达王受蛇身喻。述阿耆达王命终因生嗔恚而受蛇身，复向和尚乞法，得生天上，散花报佛恩之事，告诫世人"临命之人，傍侧侍卫者不可不护病者心也"③。

（20）布施得道。以外国人获财惶恐，信解布施深义而终得道之事，明布施之无量功德。

（21）雀离寺师将沙门下喻。以法师将沙门入城，沙门三发三返菩萨心为喻，明"发菩萨心，其功德胜满三千世界成阿罗汉者"④ 之理。

（22）兄弟二人共为沙门喻。述兄弟二人前世修行，今世为阿罗汉及象之事，示"修福之家，戒、施兼行莫偏执"⑤ 之法理。

---

① 《大正藏》第四卷，第 533 页下。
② 《大正藏》第四卷，第 535 页上。
③ 《大正藏》第四卷，第 535 页中。
④ 《大正藏》第四卷，第 535 页下。
⑤ 《大正藏》第四卷，第 536 页上。

（23）比丘被摈喻。叙比丘与一鬼皆有所犯被摈，比丘借鬼飞行虚空，欺人而得供养，鬼遇天王，弃比丘而走，比丘遂坠地而亡，由此告诫世人"行者宜应自修，所向无疑"①，不应依托豪恃，投机取巧。

（24）目连与弟子下耆崛山喻。述沙弥因于行食时偏心其师而受饿鬼身，得无尽苦，目连见之，佛祖证之，以此喻劝诫众人应持平等心，信解佛法，得生智慧，不可违逆、诽谤，否则，恶报必至。

（25）居士占卜，得子归佛。以佛与六师占妊娠妇，六师杀妇害子，欺瞒居士而为子戏，佛慈心救子，度化父子之事，明佛法真实无妄，能够普度众生之理。

（26）咒龙喻。以咒龙师咒龙为喻，实言"菩萨示现劫烧，欲色同然。无常大火，恐怖众生。令除骄慢，谦卑下下，然后乃悉入涅槃也"②。

（27）捕鸟师喻。以捕鸟师逐覆鸟之网，因众鸟求栖不同，及暮乃得为喻，示求道应坚心精进，不可放逸，否则，当堕恶道，受无尽苦。

（28）五百贾客入海求宝喻。叙五百商贾入海求宝，遇摩羯鱼之难，口称佛号，即得解脱之事，以此劝诫世人"受持念佛三昧"，便可"令重罪得薄，薄者令灭"③。

（29）屠儿喻。述屠儿因先世福德而六生天上且能知宿命，遂自以为屠羊亦得生天，殊不知恶报时候未到，由此明善恶终有报，修德宜发愿之理。

（30）赤真珠喻。以某人入海求珠，遭遇磨难，得珠还家之事，喻佛修行不易，示"修诸万行，积功累劫，非但一事、一行、一身而可得也"④。

（31）入海求宝，醉归售杖。以众人随导师入海求宝，中有一人，食果而醉，空手返家，唯得树宝，能熏物成宝，出售得金之事，喻自修精进亦能成器。

（32）狮子二子往生得道。叙母狮以二子付二得道沙门，猎人设计杀两幼狮，得道沙门遂咒愿二狮转生长者家为二子，后二子依沙门得阿罗汉

---

① 《大正藏》第四卷，第536页中。
② 《大正藏》第四卷，第537页上。
③ 《大正藏》第四卷，第537页中。
④ 《大正藏》第四卷，第538页上。

道，以此赞沙门慈念之力，兼劝世人发善愿得解脱。

（33）屠儿供养道人喻。述屠儿供养道人，道人任其杀生而不呵斥，屠儿父死作河中鬼，欲报复乘船道人，后被船人劝止，得船人、道人为之作福，终获声闻初果一事，由此明"主客之宜，理有谏正。虽堕恶道，故有善缘"①之理。

（34）健儿某甲转生为蟒喻。叙健儿某甲生前欺凌国人，因无人呵教而转生蟒蛇，故欲报复国人之事，以此告诫世人应互相劝谏，从善相顺，切莫恃强凌弱，招致恶报。

（35）五百盲人因缘喻。述五百盲人雇人带路前往波罗奈国行乞，而遭欺骗，蒙佛救度，皈依得道，佛说五百盲人与带路者前世因缘，由此而证善恶终有报。

（36）二人相亲喻。以二人相亲，犯罪人不为亲人收纳，遇善知识，获赠财物，后于他国布施持戒得生天上之事为喻，劝诫世人勿贪假身，应速入道植福。

（37）优婆塞宁舍身命不违佛教。叙国王厨士中有一优婆塞，宁舍身命，不破杀戒，得佛神力，度化国王之事，以此赞佛弟子持戒度人之功。

（38）优婆夷求儿喻。述优婆夷虔诚供佛，欲求四儿，行商、农、官、沙门之事，借此获益，后得一儿，四事俱行，度化众人，由此明"作福发愿，但在心志，无往不得"②之法理。

（39）不死家火喻。叙老母独子得病早死，老母悲恸欲绝，佛告可求不死家火以使儿活，老母遍求不得，遂悟生死之理，乃入道得声闻初果，以此示生死无常，唯入佛道能得解脱。

（40）小妇报复大妇喻。述一人两妇，大妇无后，因嫉杀小妇一岁儿，小妇悲痛，欲报复而修八关斋，死后转生大妇为女，年少即便夭折，如此七次，使其备尝丧子之痛，后又转生毒蛇，欲害大妇性命，得沙门开解，各捐前嫌，入道得度，由此明怨心深重，警示众人切勿造恶。

（41）人蟒得道喻。叙舍卫国降血雨，人蟒遂生国中，吐毒杀七万二千人，亦助国人慑服狮子，以见舍利弗慈心七返相视因缘，老死之后得生天上，成辟支佛果，身偿前世杀生恶业，终入涅槃，以此明"遇善知识

---

① 《大正藏》第四卷，第538页下。
② 《大正藏》第四卷，第540页上。

者，山积之罪可得消灭，亦可得道"① 之理。

（42）听经鸟死后生天。以沙门树下诵经，鸟一心听经为猎师所杀，以听经因缘，得生天上，复报恩沙门之事，告诫诸学道者，临终而一心不乱，便可不堕恶道，且能知宿命。

（43）饮酒老公入菩萨道。述佛世时，去佛不远有一好饮酒老公，酒醉摔倒自悟，乃求入道，佛遂以五百车薪、一岁衣垢喻其饮酒之罪，与授五戒，老公亦听经得道，由此劝勉世人弃恶从善，早入佛道，尽得解脱。

（44）香身道人喻。叙阿育王见画师所画美人，索之为后，美人已嫁，其夫为优婆塞，以前世烧香供养菩萨故，得香身福报，以此开示世人宜应向佛，供养菩萨，终得福报。

（45）父子求金喻。以儿子水中求金不得喻不持五戒之人，难保人身；以父亲于山堕金喻持五戒、行十善之人，不仅人身不失，而且可得佛果。

（46）帝释、梵天化身度人。述释迦、迦叶前世为帝释、梵天时，分别化生为狮子与婆罗门来至阎浮提，恩威并施，劝诫世人为善，死后得生天上之事，由此可见佛祖悲天悯人之心，亦可见佛法度人之善。

（47）王女信佛遭陷害，梵志被摒得佛度。以迦叶佛世拘旬尼王爱女因信佛而遭梵志设计陷害，王女藉佛法使国人皆得见谛，由此拆穿梵志阴谋，梵志因被摒而入佛门，终得阿罗汉果之事，明佛法无边，普度众生之理。

譬喻，梵云"阿波陀那"，是佛教经典的一种体裁，系"十二部经"之一，即以浅显易懂的各种故事，诠释深奥微妙的佛教义理。这类佛经以事明理，是佛教传播、教化的重要手段。此经就撰集了包括佛传、本生、往生、寓言等在内的四十七个故事，旨在宣扬因果报应、三世轮回、万事无常、诸法皆空及法度众生等佛教思想。其间，特别强调布施、持戒、忍辱、精进、禅定、智慧这"六度"在佛教修行中的重要性。

斯经作为重要的汉译譬喻经，也与其他譬喻经一样，具有叙事文辞优美、雅俗共赏，说理有凭有据、令人信服的特点，是我国佛教文学的重要

---

① 《大正藏》第四卷，第541页中。

组成。现代文学家鲁迅先生就曾收藏并研读此经①。另外，斯经对我国早期的佛教艺术也产生过一定影响。经中的尸毗王割肉贸鸽等故事，即为早期佛教壁画的重要题材，新疆克孜尔石窟和敦煌莫高窟中都保留有这类壁画。不仅如此，经中故事所展示的佛教时代印度的社会生活风貌，也可以作为印度社会发展史和佛教发展史研究者们的重要资料。

24.《大智度论》

《大智度论》，亦称《摩诃般若波罗蜜经释论》《摩诃般若释论》《大慧度经集要》《大智度经论》，简称《智度论》《智论》《大论》《释论》②，一百卷，历代经录皆载，系古印度龙树菩萨所造③，是解释《摩诃般若波罗蜜经》的论著，由鸠摩罗什转梵为汉，现可见于《大正藏》第二十五卷释经论部中。据《〈大智论〉记》所载，后秦弘始"四年（402年）夏，（鸠摩罗什）于逍遥园中西门阁上，为姚天王出《释论》，七年（405年）十二月二十七日乃讫"④。

僧叡在《大智释论序》中曾言："论之略本有十万偈，偈有三十二字，并三百二十万言。胡夏既乖，又有烦简之异，三分除二，得此百卷，于《大智》二十万言，玄章婉旨，朗然可见。……胡文委曲，皆如初品。法师以秦人好简，故裁而略之。若备译其文，将近千有余卷。"⑤《〈大智论〉记》中亦云："论初品三十四卷，解释一品，是全论具本。二品已

---

① 参见姚锡佩《鲁迅对佛教的探求及遗存的佛典》，《鲁迅研究月刊》1996 年第 1 期，第 51 页。

② 《释论》于显教为《大智度论》之略名，是释《大品般若经》之书也。于密教则为《释摩诃衍论》之略称（丁福保编纂：《佛学大辞典》，文物出版社 1984 年版，第 1461 页二）。

③ 《大智论》的作者，向来传为龙树。然而，自 20 世纪以来，关于此论作者的一些新观点被提出，在佛教界和学术界引起了一定的反响。最先对此论作者提出质疑的是比利时学者 E. Lamotte，他认为此论并非龙树所作，而是某位曾在西北印度研读说一切有部，后转学大乘的佛教学者所著。德裔学者 Conze 据此推测，此人有可能就是鸠摩罗什本人。意大利学者 Tucci 提出，历史上应有两位龙树，分别撰写了《中论》和《大智度论》。日本学者干潟龍祥虽仍肯定此论为龙树所著，但认为在汉译过程中罗什依照自己的理解对其进行了增修。加藤纯章以为此论作者不是龙树，但很可能来过西域，并在此完成此论，罗什亦曾参与著述。尽管如此，印度学者 Ramanan 和绝大多数的中国学者仍然相信《大智度论》的作者是龙树（参见周伯戡《〈大智度论〉略译初探》，《中华佛学学报》2000 年第 13 期，第 155—165 页及印顺述、昭慧记《〈大智度论〉之作者及其翻译》，《东方宗教研究》1990 年第 2 期，第 11—24 页）。

④ （梁）释僧祐撰：《出三藏记集》，苏晋仁、萧錬子点校，中华书局 1995 年版，第 388 页。

⑤ （梁）释僧祐撰：《出三藏记集》，苏晋仁、萧錬子点校，中华书局 1995 年版，第 387 页。

下，法师略之，取其要足以开释文意而已，不复备其广释，得此百卷。若尽出之，将十倍于此。"① 由此可知，现《大正藏》中所收罗什译本，并非全译。只是将对经文序品的释论完全译出，其余则略取其要，以释经文大意。罗什之所以如此翻译，不仅仅是因为梵汉有别，其欲删繁化简，更重要的是，前三十四卷对经文序品的诠释，主要是围绕佛教大乘的事数名相展开的，而这些"恰是二百多年来中国佛学家一直搞不清楚的问题"，因此，"详译出来，原原本本地加以解释，就可适应学者研究的要求"；而搞清这些之后，"其余阐明义理的部分，简化一些也无妨，因此删节不少，三分除二"②。

《大正藏》中所收罗什译本凡一百卷。论前有僧叡所撰《摩诃般若波罗蜜经释论序》，序中于龙树作此论之缘由及是论之功用有云："马鸣起于正法之余，龙树生于像法之末。正余易弘，故直振其遗风，莹拂而已。像末多端，故乃寄迹凡夫，示悟物以渐，又假照龙宫，以朗搜玄之慧，讬闻幽秘，以穷微言之妙。尔乃宪章智典，作兹《释论》。其开夷路也，则令大乘之驾，方轨而直入；其辨实相也，则使妄见之惑，不远而自复，"③末尾附《〈大智论〉记》。

首卷前半卷为缘起论，略述佛说摩诃般若波罗蜜的因缘，后半卷至第三十四卷皆是对《摩诃般若波罗蜜经·序品》的阐释。第三十五卷至第一百卷则是对第二品《报应品》（《奉钵品》）乃至第九十品《嘱累品》的论说。

在对《摩诃般若波罗蜜经》进行系统解说、论证的过程中，虽然大小乘相互交涉之处颇多，如分别法相所资即取诸小乘；大小乘对举，境、行、果三法皆对；小乘也说大乘，慈以乐与众生故；大乘不离小乘；般若必以空为用；同一事而有二种意义；备举两端等④。但论主却能够包容异说，抉择深义，始终将"诸法实相""中道实相"作为论述的主旨，运用二谛相即来解释实相。从真谛（胜义谛）来看是空，从俗谛（世俗谛）来看是有，既看到空，也看到非空，同时又不着两边，于是便成为非有

---

① （梁）释僧祐撰：《出三藏记集》，苏晋仁、萧錬子点校，中华书局1995年版，第388页。
② 中国佛教协会编：《中国佛教》（第三辑），知识出版社1989年版，第245页。
③ （梁）释僧祐撰：《出三藏记集》，苏晋仁、萧錬子点校，中华书局1995年版，第386页。
④ 详见中国佛教协会编《中国佛教》（第三辑），知识出版社1989年版，第245—247页。

（空）非非有（非空）的中道，即般若波罗蜜。正如是论卷十八中所说："若人入此三门，则知佛法义不相违背，能知是事即是般若波罗蜜力，于一切法无所挂碍。若不得般若波罗蜜法，入阿毗昙门则堕有中，若入空门则堕无中，若入蜫勒门则堕有无中。"① 而且，本论对大乘菩萨思想、"檀波罗蜜""尸罗波罗蜜""羼提波罗蜜""毗梨耶波罗蜜""禅波罗蜜""般若波罗蜜""三十七品""三三昧""八背舍""八念""十想""四无畏""十八不共法""十八空""四缘"、西方净土信仰等一系列事数名相、修行方法、阶位等亦有所论述，甚至还提出了"三界所有，皆心所作"② 这样一种大乘有宗的思想。论述时所引用的佛教经典，既有小乘的基本经典《阿含经》、论著《阿毗昙》等，又有大乘初期的《法华经》《华严经》等，还包括诸多本生、佛传故事及戒律等。

本论的体裁，《龙树传》中说他著有《优婆提舍》（议论）十万颂，可能就是指的《大智度论》，这种体裁是解释经文并加以发挥的。《摩诃般若波罗蜜经释论·序》中复说："其为论也，初辞拟之，必标众异以尽美；卒成之终，则举无执以尽善。"③ 就是说，是论先举出对法相的各种不同解释，以此为尽美；最后归结为无相、实相，以此为尽善。"这种方法在论的初分尤为明显。"④

本论篇幅百卷，气势恢宏，旁征博引，论述精辟，对《摩诃般若波罗蜜经》中所涉及的学说、思想、用例、传说、历史、地理、实践、规定、僧伽等皆做了全面而详细的解说，故被佛教界尊为"论中之王"。另外，论中所引经籍，既包含了原始佛教、部派佛教和初期大乘佛教的诸多经典论著，又有《赞般若偈》《蜫勒论》等久佚难考却很有价值的佛典，还保存了大量流传于印度西北部的民间故事和传说，可以作为研究早期大乘佛教和古印度文化的重要资料。正因为如此，此论亦可称为当时的佛教百科全书。

翻译本论之际，中国佛教界正盛行《般若经》的研究，且众说纷纭，待本论一出，诸说顿息。正如欧阳渐所言："赖有智论，汪洋般若乃得津

---

① 《大正藏》第二十五卷，第194页上、中。
② 《大正藏》第二十五卷，第276页中。
③ （梁）释僧祐撰：《出三藏记集》，苏晋仁、萧鍊子点校，中华书局1995年版，第386页。
④ 中国佛教协会编：《中国佛教》（第三辑），知识出版社1989年版，第245页。

崖，赖有智论，渊深般若乃能汲绠。"① 该论译出之后，遂成为六朝以降中国佛学界理解大乘的必读之作。灵裕、洪遵、弁寂、智梵、法彦、志念、宝龚、彦惊、道宗、昙遂、道安、慧勇、法朗、明舜、智顗等，均是讲说该论的名家。② 乃至隋唐，研习本论的风气益盛，中日等国的三论宗、天台宗、华严宗、唯识宗、禅宗、净土宗、律宗、密宗皆从其中汲取营养。龙树也因此被誉为"八宗祖师"。直至今日，敦煌藏经洞和新疆吐鲁番发掘的古代写经中，依然可以看到大量此论的抄本。其中，仅敦煌所出该论的古代写本就多达249件，内容涉及论书当中的74卷，时代自十六国至隋唐，尤以南北朝时期的写本居多。③

此论的梵文本目前尚未发现，故罗什译本对研习该论者就显得十分重要。罗什译本一出，即有诸多学问僧对其进行注疏研究。例如，东晋慧远就曾鉴于《大智度论》内容广博，初学者入门不易，而将其中重要语句抄出，作《大智论抄》二十卷，以利后学。④ 还有昙影撰《大智度论疏》十五卷、僧侃述《大智度论疏》十四卷、行贺编《大智度论释》十卷以及慧影抄撰《大智度论疏》二十四卷等。⑤ 只可惜上述抄注多已佚失，仅存慧远《大智论抄序》及慧影抄撰《大智度论疏》之第一卷、第六卷、第十五卷、第十七卷和第二十四卷。20世纪以来，欧美、印度的学术界已经陆续有人将罗什译本译为法文、英文和德文，并视之为大乘佛教的渊薮，加以研究。其中，比利时神父 E. Lamotte 对此论的研究和法文翻译（前三十四卷及四十九卷、五十卷部分），尤为学术界所推重。1966年，南希真在其所著的《呈现在〈大智度论〉中的龙树哲学》一文中又将《大智度论》的重要章节译成英文，并做了解释。⑥ 直至今日，世界范围内的众多学者，特别是中国和日本的佛教研究者，仍然将此论视为佛学研

---

① 欧阳渐：《大般若波罗蜜经叙》，张曼涛主编：《现代佛教学术丛刊》第45册，台北：大乘文化出版社1979年版，第256页。

② 尹邦志：《实相之门——〈大智度论〉禅观研究》，博士学位论文，四川大学，2004年，第3页。

③ 参见刘显《〈大正藏〉本〈大智度论〉校勘札记（一）——以敦煌写本为对校本》，《宁夏大学学报》（人文社会科学版）2010年第3期，第39页。

④ （梁）释僧祐撰：《出三藏记集》，苏晋仁、萧鍊子点校，中华书局1995年版，第64页。

⑤ 参见慈怡编著《佛光大辞典》（第2册），北京图书馆出版社2004年版，第864页上。

⑥ 尹邦志：《实相之门——〈大智度论〉禅观研究》，博士学位论文，四川大学，2004年，第3页。

究无法回避的重要经典而详加考究。

25.《成实论》

《成实论》,十六卷,古印度诃梨跋摩造,姚秦鸠摩罗什译,历代经录皆载,现可见于《大正藏》第三十二卷论集部中。据《成实论记》和《略成实论记》载,此论乃弘始十三年(411年)九月八日,应尚书令姚显之请而译,翌年九月十五日译讫。罗什手执胡本,口自传译,昙晷笔受,昙影正写。[1]

据南朝宋玄畅所撰《诃梨跋摩传》所载,诃梨跋摩约在佛灭后九百年左右生于中天竺[2],依萨婆多部(说一切有部)出家,师事究摩罗陀。研习迦旃延所著《大阿毗昙》(当即《阿毗达磨发智论》)后,方知此书"浮繁妨情,支离害志,纷纭名相,竟无妙异"[3]。遂自穷三藏,以探佛法本源,并经常和同部诸师辩法,但总遭保守长老们的压制、排挤。后入巴连弗邑(华氏城),与遵奉大乘的僧祇部僧同住,"遂得研心方等,锐意九部,采访微言,搜简幽旨。于是博引百家众流之谈,以检经奥通塞之辩。澄汰五部,商略异端。考核迦旃延,斥其偏谬。除繁弃末,慕存归本,造述明论,厥号《成实》"[4]。此论作成,旬日之间,倾动摩揭陀国。其后,他又在王庭辩倒了胜论学者,被尊为国师。

此论名为"成实",依论首偈颂所言,即乃欲成立"三藏中实义"[5]。全论共十六卷,凡二百零二品。

在汉译时,译本的正写者昙影,以论中问答争论,回环往复,大段难明,于是综括论文,将其分为发、苦谛、集谛、灭谛、道谛"五聚","甚得译主罗什的赞许"[6],这就成了现行论本的结构。其"五聚"的主要内容,大略如下。

---

[1] 参见(梁)释僧祐撰《出三藏记集》,苏晋仁、萧鍊子点校,中华书局1995年版,第404—405页。

[2] 关于诃梨跋摩的出生时间,游侠在《成实论》中考为:"提婆著作《四百论》之后,罗什入凉之前,即约当于250—350年期间"(中国佛教协会编:《中国佛教(第三辑)》,知识出版社1989年版,第370页);而汤用彤先生则认为其"约当中国曹魏(220—265年)时生"(汤用彤:《汉魏两晋南北朝佛教史》,北京大学出版社1997年版,第515页),二者可互相印证。

[3] (梁)释僧祐撰:《出三藏记集》,苏晋仁、萧鍊子点校,中华书局1995年版,第407页。

[4] (梁)释僧祐撰:《出三藏记集》,苏晋仁、萧鍊子点校,中华书局1995年版,第408页。

[5] 《大正藏》第三十二卷,第239页中。

[6] 中国佛教协会编:《中国佛教》(第三辑),知识出版社1989年版,第371页。

（1）发聚，是全论的序说，包括自《具足品》至《有我无我品》的三十五品。其中，前十二品论说佛、法、僧"三宝"，第十三品讲述造论缘由，第十四品、十五品论述论门及学人种类，第十六品说"四法"，第十七品、十八品泛论"四谛"大要，最后十七品则是对教内"有相""无相"等十种重要异说的批判。

（2）苦谛聚，从第三十六品到第九十四品，包括"色论"二十四品，"识论"十七品，"想论"一品，"受论"六品，"行论"十一品，共五十九品，主要论说上述"五阴"之事。先说色阴，"色阴者，谓四大及四大所因成法，亦因四大所成法，总名为色。四大者，地、水、火、风。因色、香、味、触故成四大，因此四大成眼等五根，此等相触故有声"[①]。就是说，依四尘成四大，依四大成五根。次说识阴，指能缘心，此依色阴生。又说心和心数原是一体，想、受、行等都只是心的作用的差别名，并非别有心数。次说想阴，此依识所缘分别构画，由是起怨亲等相，但"取假法相，故名为想"[②]。次说受阴，此依分别取相假法，领纳违、顺、非违非顺，即"苦、乐、不苦不乐"[③] 三种受。最后说行阴，此依所领受的假法而起贪嗔等，因心行有无量差别，除了受、想，其余一切均为行阴所摄。

（3）集谛聚，从第九十五品到第一百四十品，包含"业论"二十六品，"烦恼论"二十品，共四十六品。本论认为业及烦恼是招致后身的因缘，是为集谛法。业是正集，烦恼生业是缘集。业对于有情后世能有损益作用，分为思业和思已业两种。思业即意业，思已业是从意所生业，有身、口之别。依此则可将业分为意、身、口三种，其皆有善、不善、无记之别。意业为受身的亲因，主导身、口，故为最重。烦恼主要是贪、恚、痴等十使，皆为垢心行之差别，能够在生死相续中常随逐众生，系缘相续。复说一切烦恼都从痴即无明生，无明随逐假名，妄计有人，生贪等烦恼，从烦恼生业，随业有身，身为苦本。故"无明是十二因缘根本，若无无明，则诸业不集不成"[④]。后以知四谛之真智，断惑除业因作结。

[①] 《大正藏》第三十二卷，第261页上。
[②] 《大正藏》第三十二卷，第281页上。
[③] 《大正藏》第三十二卷，第281页下。
[④] 《大正藏》第三十二卷，第313页下。

（4）灭谛聚，从第一百四十一品《立假名品》到第一百五十四品《灭尽品》，共十四品。主要解说在闻、思位中，以多闻因缘智、思惟因缘智观察阴、界、入等法，了知皆因缘和合而生，但是假名，实无我、无我所，以此灭假名心。次说在第一法四善根位中，以空智观察"色空无所有，乃至识空无所有"①，由此灭法心。后说在灭尽定或无缘涅槃中，以空空义，即"以空见五阴空，更以一空能空此空"②来灭空心。三心皆灭，即是具足无我，便能进入离言绝相的真空，所有业及烦恼都无依处，永不复起，即得涅槃。

（5）道谛聚，从第一百五十五品到最末第二百零二品，包括"定论"二十六品，"定具论"八品，"智论"十四品，共四十八品。本论以八正道为道谛法，以其能远离偏邪故称为正，能通达涅槃故称为道。从闻正法，引生智慧，信解五阴、无常、无我等称为正见。假如这种智慧是从自己正忆念而生，称为正思惟。依正思惟断除垢法，修集净法，勤发精进，称为正精进。从此依法受戒，获得正语、正业、正命这三正道。由此三正道，成就念处及禅定，从正忆念生智慧，观察身、受、心、法等称为正念，心住一处称为正定，是为得如实的空智之因。对于修习正定的定具，广举持戒、得善知识，乃至无障、不著等十一门，解说最为详备。由正念、正定获得如实智，即空智。如是一心勤修诸定，生正智慧，则灭三心，而入涅槃，故说"八圣道中，正智为上，是正智果，所谓泥洹"③。

如前所述，论主虽依有部出家，但不满于毗昙家言是显而易见的。综观本论可知，论主在网罗部派佛教教理、博取诸部之长的基础上，以弃末存本为宗，主要针对说一切有部的"我空法有"之说，阐发了将灭三心和二种二谛说作为理论依据的"人法二空"思想。所以说，本论"在理论上一方面接近了大乘般若假名真空的思想，另一方面又在心性理论上，继续走小乘的路数"④，实为"小乘空宗到大乘空宗的过渡产品"⑤。

此论在印度佛教史上，并未产生多大影响，梵文原本也早已失传，最近印人夏斯特里才从本论的汉译本还原为梵文。故罗什译本对世界研究此

---

① 《大正藏》第三十二卷，第333页上。
② 《大正藏》第三十二卷，第335页下。
③ 《大正藏》第三十二卷，第373页上。
④ 黄夏年：《〈成实论〉二题》，《世界宗教研究》1995年第2期，第41页。
⑤ 任继愈主编：《中国佛教史》（第二卷），中国社会科学出版社1985年版，第282页。

论者，更显重要。罗什晚年，始译斯论。平生致力，本在《般若》。然其所以应姚显之请而译此论者，其故或有二。一则此论名相分析，条理井然，可为初研佛学者之一助。二则什公向斥《毗昙》，此论常破毗昙，其持义复受《般若》影响，可与研《般若》者作一对比。① 本论自罗什译传以来，直到唐初的二百余年间，对中国佛教产生了相当大的影响，讲习是论的学者继出不绝。尤其是齐、梁时代，极盛行于江南，一般常以之和旧传的有部毗昙之学相对立，因而有和毗昙师并行的成实师这一学系。由于本论立义于有部毗昙"我空法有"的说法外，别"人法二空"。所以，当时的学问僧，特别是梁代的僧旻、法云、智藏三大法师，都将它作为大乘论来讲授。一些专治本论的学者，其时也被称为"成论大乘师"。后来，"《般若》三论渐兴，始执其为小乘，而加以排斥焉"② 吉藏亦判本论为小乘论。故吉藏所撰《三论玄义》有云："昔罗什法师翻《成实论》竟，命僧叡讲之。什师没后，叡公录其遗言，制《论序》云，《成实论》者，佛灭度后八百九十年，罽宾小乘学者之匠鸠摩罗陀上足弟子诃梨跋摩之所造也。其论云，色、香、味、触，实也；地、水、火、风，假也。精巧有余，明实不足。推而究之，小乘内之实耳。比于大乘，虽复龙烛之于萤耀，未足喻其悬矣。或有人言，此论明于灭谛，与大乘均致。罗什闻而叹曰，秦人之无深识，何乃至此乎！吾每疑其普信大乘者，当知悟不由中，而迷可识矣。"③

本论译出之后，曾经在中国佛教史上盛极一时，研习者至少先后为其撰述了二十四种注疏④。然而，由于种种原因，这些注疏皆已不传，弘扬斯论的成实学派亦已成为绝学。今天，对这部二十余万字的佛学论典进行研究，不仅能够使我们从中了解更多古印度部派佛教的基本主张和佛教以外的宗教哲学，而且能够帮助我们考察当时佛教从印度传入中国的实际状况，进而确立其在印度和中国佛教史上应有的地位。

26.《十住毗婆沙论》

《十住毗婆沙论》，简称《十住毗婆沙》《十住论》或《婆沙论》，十

---

① 汤用彤：《汉魏两晋南北朝佛教史》，北京大学出版社1997年版，第515页。
② 汤用彤：《汉魏两晋南北朝佛教史》，北京大学出版社1997年版，第516页。
③ 《大正藏》第四十五卷，第3页下。
④ 详见汤用彤《汉魏两晋南北朝佛教史》，北京大学出版社1997年版，第521—522页。

七卷①，历代经录皆载，现收于《大正藏》第二十六卷释经论、毗昙部中，题"圣者龙树造，后秦龟兹国三藏鸠摩罗什译"②。唐贤首法藏在《华严经探玄记》卷一中曾言："龙树既将下本出，因造《大不思议论》，亦十万颂，以释此经。今时《十住毗婆沙论》是彼一分，秦朝耶舍三藏颂出译之，十六卷文才至第二地，余皆不足。"③ 其在《华严经传记》卷一中又云："《十住毗婆沙论》，十六卷，龙树所造，释《十地品》义。后秦耶舍三藏口诵其文，共罗什法师译出。释《十地品》内至第二地，余文以耶舍不诵，遂阙解释。相传其论是《大不思议论》中一分也。"④ 由上述记载可知，此论实为后秦时佛陀耶舍共鸠摩罗什译出，耶舍口诵，罗什汉译，系对《华严经·十地品》的注释，由于耶舍未能诵出全文，所以罗什译本也并非注释其全品，只有初地（欢喜地）及第二地（离垢地）的内容。虽然记为龙树所造，但学界在将本书与《大智度论》的内容比较研究后，发现二者在思想背景、宗教实践等方面，特别是对戒律的理解，均有很大的不同。因此，对于本论是否为龙树所造，还有继续研究之必要。⑤

本论共十七卷，凡三十五品。

第一品《序品》是全书的总论，主要叙述"菩萨""十地"的意义及"三乘"的区别。

第二品至第二十七品是对初地（欢喜地）的注释，说明初地的内容及菩萨的行、愿、果等。

第二品《入初地品》先总说十地之名及其意义，复详解入初地之法，即先通过厚种善根、行诸善行、善集资用、善供养佛、善知识护、具足深心、悲心愍众、信解诸法这八法自度，再得佛十力，便可入必定聚，而度众生，因之生如来家，而无有过咎，能入初地。

第三品《地相品》先述初地菩萨所具堪忍、无净讼、喜、乐、清净、

---

① 《出三藏记集》卷二及《历代三宝纪》卷八皆载其为十卷，《开元释教录》卷四载其为十四卷，今文依《大正藏》。
② 《大正藏》第二十六卷，第20页上。
③ 《大正藏》第三十五卷，第122页中。
④ 《大正藏》第五十一卷，第156页中。
⑤ 参见蓝吉富主编《中华佛教百科全书（二）》，台南：中华佛教百科文献基金会1994年版，第359页。

大悲、不嗔七相，次说菩萨于初地心多欢喜的缘由，复说菩萨于欢喜地因空无我，故无不活畏、死畏、恶道畏、大众威德畏、恶名毁钉畏、系闭桎梏畏、拷略刑戮畏等诸畏。

第四品《净地品》论说信力增上、深行大悲、慈愍众生等修治初地的二十七法。

第五品《释愿品》详解菩萨十大愿及十究竟事，特别是第七愿净佛土、灭诸恶。

第六品《发菩提心品》先述发菩提心之七因缘，即佛教令发心、护法故发心、怜愍故发心、菩萨令发心、见菩萨所行发心、大布施发心和见佛相发心，复说前三种因缘必得成就，而后四种则不一定得成就。

第七品《调伏心品》承上所说，先讲"若菩萨发菩提心行，失菩提心法，是则不成。若行不失菩提心法，是则必成。"① 次列五四合为二十之失菩提心法，并说若能"转此法修习行"，则"世世不忘阿耨多罗三藐三菩提心"②。最后略说世世增长菩提愿之法。

第八品《阿惟越致相品》先论阿惟越致菩萨五法，次说惟越致菩萨中败坏者相，复解惟越致菩萨中渐渐精进后得阿惟越致者之五功德，后讲阿惟越致菩萨诸相。

第九品《易行品》先明"若人发愿欲求阿耨多罗三藐三菩提，未得阿惟越致，于其中间，应不惜身命，昼夜精进，如救头燃"③ 之理，复说能够疾至阿惟越致之易行法，即恭敬称名、忆念及礼拜诸佛大菩萨，遂列举十方佛、阿弥陀佛、过去七佛、弥勒佛及三世诸佛并大菩萨名号。

第十品《除业品》继续讲说疾至阿惟越致之易行法，详解"应于诸佛所忏悔、劝请、随喜、回向"④ 之事。

第十一品《分别功德品》先解说行忏悔、劝请、随喜、回向的方法和时间，后论说行忏悔、劝请、随喜、回向所得的福德果报，兼明"忏悔福德最大，除业障罪故"⑤。

第十二品《分别布施品》先说菩萨能布施一切，次说布施果报，复

---

① 《大正藏》第二十六卷，第36页中。
② 《大正藏》第二十六卷，第37页下。
③ 《大正藏》第二十六卷，第41页上。
④ 《大正藏》第二十六卷，第45页上。
⑤ 《大正藏》第二十六卷，第48页中。

说布施之净施与不净施，明四种布施中行二净施可得二种回向，又说布施损减四法及增益之四法三心，最后述菩萨行布施的原因。

第十三品《分别法施品》先解"智者不依异论而行清白法施"[1]，复说法施胜于财施，并说法者应行四法及处狮子座时应有之十六法。

第十四品《归命相品》具解如何归依佛、法、僧及如何念佛、念法、念僧。

第十五品《五戒品》先讲在家菩萨的三自归，次明在家菩萨五戒之法，复说在家菩萨应修三善业。

第十六品《知家过患品》主要论说在家菩萨应知家过患，并常行六度。

第十七品《入寺品》先讲在家菩萨"不应于诸事中生贪著心、我我所心"[2]，次说在家菩萨应于僧事随宜方便，复说斋日应受八戒，亲近净戒者，但于破戒者亦不应有轻恚心，而应生怜悯心。又述在家菩萨入寺行仪，并通过在家与出家之比较，明累世大施的福德"犹尚不如发心出家"[3]之理，进而叙在家菩萨应敬慕出家者。复说在家菩萨入塔寺礼佛时应生三心，诣诸比丘应恭听教诲，随行供养。最后又以在家菩萨与比丘作比较，解说在家菩萨布施之事，并言在家菩萨为护持佛法可至自舍身命。

第十八品《共行品》先详解在家出家菩萨共行之忍辱、法施、法忍等要法，复论说佛所具三十二大人相。

第十九品《四法品》先说"修如此三十二相业，以慧为本"[4]，进而明菩萨应修行、亲近之得慧四法、增善根四法、直心相四法、调和菩萨四法、四种菩萨道、四种初功德、四种善知识、四大藏法、四得无量福德法、两种四摄一切善根法，及应远离之失慧四法、食善根四法、谄曲相四法、败坏菩萨四法、四种菩萨谬、四种像菩萨、四种恶知识、二空系法、二缚法、二障法、二垢法、二疮法、二坑法、二烧法、二病法。复说疾得菩提之四谛相，三圣所叹之四法，以及能够净治初地之十法。

第二十品《念佛品》先说得般舟三昧能见诸佛，复明观念诸佛生身

---

[1] 《大正藏》第二十六卷，第53页下。
[2] 《大正藏》第二十六卷，第59页中。
[3] 《大正藏》第二十六卷，第61页下。
[4] 《大正藏》第二十六卷，第65页下。

相好可得此三昧，随后详解三十二相及八十种好。

第二十一品《四十不共法品》具说念佛功德法身之四十不共法。

第二十二品《四十不共法中难一切智人品》针对"佛非一切智人"①的种种质疑，论主一一答释。

第二十三品《四十不共法中善知不定品》详解"善知不定法者，诸法未生、未出、未成、未定、未分别，是中如来智慧得力"②之深义。

第二十四品《赞偈品》以偈赞佛四十不共法，成念佛三昧。

第二十五品《助念佛三昧品》先说新发意菩萨"应以实相念佛，而不贪著"，"应以十号妙相念佛"③。次明二种四法，能生般舟三昧。复讲在家菩萨修此三昧应具之二十法，出家菩萨修此三昧应具之六十法，以及能生般舟三昧之五十余助法。后述行般舟三昧之果报。

第二十六品《譬喻品》先说菩萨应闻初地相、初地得、初地果和初地分，次说助初地诸法。复以种种譬喻，喻菩萨善知道。

第二十七品《略行品》"略解菩萨所行诸法"④。先说菩萨应生、守护及增长能摄佛道之一法乃至十法，次说求佛道者应远离之一过乃至十过。其后，分别名字菩萨与真实菩萨，并具说真实菩萨所应成就三十二法。

第二十八品至第三十五品注释第二地（离垢地），力陈十方便心之重要性，并阐释大乘菩萨的十善业道。

第二十八品《分别二地业道品》先论说菩萨欲得第二地，当生直心、堪用心、柔软心、降伏心、寂灭心、真妙心、不杂心、不贪心、广快心、大心这十种心。复分别依身、口、意，详释十善道与十不善道。

第二十九品《分别声闻辟支佛品》详解十善道能令何种众生得至声闻、辟支佛二乘地。

第三十品《大乘品》具说十善道能令何种众生得至佛地，兼明菩萨"所修十善道，胜二种人者"⑤之深义。

第三十一品《护戒品》先分别解说十善道与十不善道的总相、别相

---

① 《大正藏》第二十六卷，第74页中。
② 《大正藏》第二十六卷，第79页上。
③ 《大正藏》第二十六卷，第86页上。
④ 《大正藏》第二十六卷，第92页上。
⑤ 《大正藏》第二十六卷，第102页上。

果报。次说菩萨依十善道行,便可慈悲转胜,观众生苦业,更生悲悯、度化众生之心。复说由此可得持戒力,深入离垢地。最后具解尸罗波罗蜜之六十五分。

第三十二品《解头陀品》先解说十二头陀法及其各具十功德利,对其中的空闲法论说尤详。复明"读诵经因缘,可舍阿练若"① 之理。

第三十三品《助尸罗果品》先讲能净尸罗之六种四法。次说行者慎莫为之的四种破尸罗。复说四种沙门,并教诲众生应学其中真实行沙门。最后说菩萨应持尸罗的缘由。

第三十四品《赞戒品》详解"菩萨如是净持尸罗,能摄种种功德诸利"②。

第三十五品《戒报品》具说菩萨住离垢地持戒所得"常作转轮王"③之果报。

通过对本论的研读,可以发现,论主在整个论释过程中,都是先用偈颂概述经文大意,然后再加以引申疏释,并不是对经文直接地逐句解释。而且,论中广引大乘经论,论说菩萨道思想。故有日本学者提出,与其说本论是以批注十地为目的的,倒不如说是为了论说大乘菩萨道而利用了《十地经》。④ 另外,不仅整部论书未能完全注释十地,而且就是对第二地的解说似乎也不尽完整。正因为如此,其在"十地"思想的研究史上才未受到应有的重视。然而,由于如今本论的梵文本及藏译本皆已不传,唯余罗什译本,其重要性便不言而喻了。敦煌文献中即有此论的抄本。⑤ 罗什译本中涉及阿弥陀信仰的《易行品》自古便备受瞩目。其中的难行与易行二道经昙鸾援引、阐发之后,更是影响广泛。不仅对唐道绰《安乐集》中的圣道、净土二门的论述有一定的影响,而且流传日本,被日僧研习注疏,甚至成为净土真宗的正依经论。其他如《念佛品》《助念佛三昧品》及关于四十不共法的诸品,亦可为净土思想研究提供重要的资料和依据。

---

① 《大正藏》第二十六卷,第 115 页中。
② 《大正藏》第二十六卷,第 120 页上。
③ 《大正藏》第二十六卷,第 121 页上。
④ 参见[日]八力广喜《〈十住毗婆沙論〉と〈十地經〉》,《印度学仏教学研究》1992 年第 40 卷第 2 号,第 553—559 页。
⑤ 参见方广錩《敦煌已入藏佛教文献简目》,《敦煌研究》2006 年第 3 期,第 96 页。

27.《中论》

《中论》，亦称《中观论》或《正观论》，四卷，历代经录皆载，现可见于《大正藏》第三十卷中观、瑜伽部中，系"龙树菩萨造，梵志青目释，姚秦三藏鸠摩罗什译"[①]。昙影撰《中论序》载，本论乃"罗什法师以秦弘始十一年（409年）于大寺出"[②]。又僧叡在其所撰《中论序》中云："《中论》有五百偈，龙树菩萨之所造也。……天竺诸国，敢豫学者之流，无不玩味斯论，以为喉衿，其染翰申释者甚亦不少。今所出者是天竺梵志，名宾罗伽，秦言青目，之所释也。其人虽信解深法，而辞不雅中。其中乖阙烦重者，法师皆裁而裨之，于经通之理尽矣。文或左右，未尽善也。"[③] 由此可知，本论由龙树造出之后，即在古印度佛学界引起了巨大反响。相传当时为龙树所造斯论注释者多达七十多家，现存七家。[④]至于罗什选译青目释本，盖因其初涉大乘时，须利耶苏摩于莎车所授即为是本，抑或此释本为当时流行之本，加之释义为罗什认同，故选此本。另，因青目所释有"乖阙烦重者"，故罗什法师在翻译过程中，对其作了删改。

《大正藏》中本论卷首所收僧叡《中论序》释论题曰："以中为名者，昭其实也，以论为称者，尽其言也。实非名不悟，故寄中以宣之；言非释不尽，故假论以明之。其实既宣，其言既明，于菩萨之行，道场之照，朗然悬解矣。"[⑤]昙影则云："不滞于无，则断灭见息；不存于有，则常等冰消。寂此诸边，故名曰中；问答析微，所以为论。是作者之大意也。亦云中观，直以观辩于心，论宣于口耳。"[⑥] 简而言之，本论以法立名，"讲实相中道，揭橥中观，故名《中论》"[⑦]。

本论共四卷，凡二十七品。首卷为《观因缘品（十六偈）》《观去来品（二十五偈）》《观六情品（八偈）》《观五阴品（九偈）》《观六种品

[①] 《大正藏》第三十卷，第1页中。
[②] （梁）释僧祐撰：《出三藏记集》，苏晋仁、萧鍊子点校，中华书局1995年版，第402页。
[③] （梁）释僧祐撰：《出三藏记集》，苏晋仁、萧鍊子点校，中华书局1995年版，第400—401页。
[④] 详见徐东明《论龙树〈中论〉的中观思想及其对藏传佛教的影响》，《西藏民族学院学报》（哲学社会科学版）2008年第2期，第58—59页。
[⑤] （梁）释僧祐撰：《出三藏记集》，苏晋仁、萧鍊子点校，中华书局1995年版，第400页。
[⑥] （梁）释僧祐撰：《出三藏记集》，苏晋仁、萧鍊子点校，中华书局1995年版，第402页。
[⑦] 中国佛教协会编：《中国佛教》（第三辑），知识出版社1989年版，第294页。

(八偈)》《观染染者品（十偈)》，第二卷有《观三相品（三十五偈)》《观作作者品（十二偈)》《观本住品（十二偈)》《观燃可燃品（十六偈)》《观本际品（八偈)》《观苦品（十偈)》《观行品（九偈)》《观合品（八偈)》，第三卷含《观有无品（十五偈)》《观缚解品（十偈)》《观业品（三十三偈)》《观法品（十二偈)》《观时品（六偈)》《观因果品（二十四偈)》《观成坏品（二十偈)》，末卷为《观如来品（十六偈)》《观颠倒品（二十四偈)》《观四谛品（四十偈)》《观涅槃品（二十四偈)》《观十二因缘品（九偈)》《观邪见品（三十一偈)》。

僧叡在《中论序》中说龙树所造此论有五百偈，今罗什译本实为四百四十六偈。其中，前二十五品破大乘之迷执，而申大乘之实理。后二品破小乘之迷执，而申小乘之实义。[①] 总体而言，就是依据并发挥般若学说，以"否定之否定"的论述方法，通过对佛教缘起学说的阐释，破空、破假，进而破执中之见，最终论证中道实相。这里所说的中道实相，即"八不缘起"和"实相涅槃"理论。"八不缘起"源自本论首卷的偈颂"不生亦不灭，不常亦不断，不一亦不异，不来亦不出。能说是因缘，善灭诸戏论，我稽首礼佛，诸说中第一"[②]，就是说缘起法不应执着于生灭、常断、一异、来出等不正确的"戏论"，只有依照偈中所言"八不"，取"中道"观之，才能超出、甚至消灭这些"戏论"。那么，何为"中道"呢？是论第二十四品《观四谛品》中有云："众因缘生法，我说即是无。亦为是假名，亦是中道义。"[③] 由此"三是偈"[④] 对中道的总结，便可明了，于缘起法既不偏执于无自性的空无，亦不贪著于有表象的假有，而是利用"二谛"将二者联系起来，方为"中道"。所谓"实相涅槃"，意即依"中道"而行所得之果。具体而言，实相就是指消灭佛法中不相干的上述"戏论"，显示一切法的本来面目；涅槃乃是来自对实相的认识和应用。世间是流转生死的，而涅槃是超出生死流转的，但是世间一切现象是毕竟空，以空为实相，这实相也就成为涅槃的内容，所以，世间与涅槃是一回事，以实相为媒，便可将两者统一起来，故论中说："涅槃与世间，

---

① 丁福保编纂：《佛学大辞典》，文物出版社1984年版，第177页一。
② 《大正藏》第三十卷，第1页下。
③ 《大正藏》第三十卷，第33页中。
④ "众因缘生法，我说即是无。亦为是假名，亦是中道义。"此偈颂中有三个"是"字，故名"三是偈"，又称"三谛偈"。

无有少分别。世间与涅槃，亦无少分别。"① 换言之，世间即涅槃，在趋向涅槃的过程中，不应离开世间去另求涅槃。世间是无尽的，趋向涅槃的实践过程也应该是无住的。"八不缘起"与"实相涅槃"昭示出大乘空宗的"境"及"行""果"，"从哲学角度看，八不缘起相当于对世界的解释，实相涅槃相当于变革，改变世界"②。它们不仅是本论的核心内容，也是龙树甚至整个中观学派的主要思想。

由上述可知，本论乃大乘佛教重要论典，是古印度中观学派破斥部派知见、显示本宗理论的根本论书。此论经罗什传译后，亦于中夏为佛学界所推崇。先有罗什高足僧肇弘传此论，并据此论义撰写了《不真空论》等论书，使之成为"古三论"之要典。其后，隋吉藏弘宣关河旧义，不仅撰有《中观论疏》，更以本论为正依经典创三论宗。任继愈先生在《中国佛教史》中则说此论"为'三论'中最重要的论书"。总之，罗什译本不仅对古印度中观思想在中国的弘传具有重要意义，而且对中国佛教的发展亦有深远影响。

28. 《十二门论》

《十二门论》，又称《十二门观》，一卷，据僧叡撰《十二门论序》所载，此论为古印度龙树菩萨造，系"罗什法师以秦弘始十一年（409年）于大寺出之"③。历代经录皆载，现收于《大正藏》第三十卷中观、瑜伽部中，题"龙树菩萨造，姚秦三藏鸠摩罗什译"④，是研究大乘佛法的重要论典。

本论全一卷，《大正藏》中先于卷首分列十二门，即"观因缘门""观有果无果门""观缘门""观相门""观有相无相门""观一异门""观有无门""观性门""观因果门""观作门""观三时门""观生门"⑤，以明本论结构，很像现在论文的目录。其后，为僧叡所撰《十二门论序》，《序》中不仅解此论题曰："十二者，总众枝之大数也；门者，开通无滞之称也；论之者，欲以穷其源尽其理也"⑥，而且具说龙树造论缘由及功

---

① 《大正藏》第三十卷，第36页上。
② 吕澂：《印度佛学源流略讲》，上海人民出版社2002年版，第126页。
③ （梁）释僧祐撰：《出三藏记集》，苏晋仁、萧鍊子点校，中华书局1995年版，第404页。
④ 《大正藏》第三十卷，第159页下。
⑤ 《大正藏》第三十卷，第159页上。
⑥ （梁）释僧祐撰：《出三藏记集》，苏晋仁、萧鍊子点校，中华书局1995年版，第403页。

德。此后方为经论，共由二十六偈颂和释文组成。

本论可分为三部分：从"今当略解摩诃衍义"至"当以十二门入于空义"①为序分，明"摩诃衍"义，引"十二门"出；从第一门之余至第十二门为正宗分；最末"是故当知，一切法无生，毕竟空寂故"②为流通分。

具体而言，第一门总说万法所因，似各有性，但推而究之，实无自性。若能通达是意，即见诸法实相。第二门论于因法中观果之有无，进而得出不论有无皆是无生的结论。第三门从缘观果，明缘中亦无果，证一切法空。第四门主要论说诸相本来无有。第五门明万法通相总归无相。第六门说通相为一，别相是异。推其究竟，一异俱无，故不一不异，即一即异。第七门推观万法，同处不有，异处亦无，以明毕竟无相。第八门说在表现而变异者为相，非表现而无变异者为性。第九门总观因果，审一切法性相空寂。第十门论若能深达实相，便知无始无终，作者亦空。第十一门讲观先因后果、因果同时、先果后因，性皆不可得，由此明无作。第十二门述由生观无生，慧解深进，了明诸法如幻。

依据文意，又可将上述正宗分分为三部分：前三门主要讲一切因缘法无有自性，其性为空；前三门虽明性空之理，但因缘假有之相宛在，从性空而言为空，从假有而言则为有，有空皆为相，故第四门至第九门俱论由相观空；最后三门述无作意，虽从观相之门可知所观之境了不可得，但能观之智应当存在，仍有功用、造作之意，故还应证智用俱空，而明无作意。

总而言之，斯论的中心论点就是"当以十二门入于空义"，"若能通达是义，即通达大乘，具足六波罗蜜无所障碍。"③

通过对本论内容的分析，可以看出，本论实为《中论》之纲要，只不过《中论》破大、小二乘邪迷，立二乘中道，而本论但破大乘迷执，唯申大乘空法。

此论与同为罗什所译的《中论》《百论》共为"三论"，是大乘空宗的重要论书，亦为三论宗所依之根本经典。僧叡言其为"实相之折中，

---

① 《大正藏》第三十卷，第 159 页下。
② 《大正藏》第三十卷，第 167 页下。
③ 《大正藏》第三十卷，第 159 页下。

道场之要轨也"①，还在《中论序》中以"精诣"评之，并说于"三论"合《大智度》之"四论"，"玩之味之，不能释手"②。事实上，本论经罗什译出后，确于中国佛教产生了重要影响。不仅于当时为僧叡等长安僧众弘传，后来还有隋吉藏、唐法藏等人为其注疏③。直至近世，依然有太虚大师这样的高僧大德对其研习。而且，罗什译本还被羽溪了谛译成日文，为日本佛学界所推重。目前，此论的梵文本及藏文本皆已不存，罗什译本便更显重要。

29.《百论》

《百论》，二卷。历代经录皆载。此论的梵文原本及藏译本皆已不传，唯汉译本现可见于《大正藏》第三十卷中观、瑜伽部中，题"提婆菩萨造，婆薮开士释，姚秦三藏鸠摩罗什译"④。

提婆是龙树的弟子，南天竺人，其名意译为圣天，与其师同为中观学派的奠基人。罗什曾为其作传，传中说他"博识渊揽，才辩绝伦"⑤，故常与外道辩论，但后为外道所杀。婆薮开士，汉译世亲或天亲，北天竺人，与其兄无著共为印度瑜伽行唯识学派的创始人。他从一切有部出家，先学小乘，后受其兄影响，改宗大乘，力弘唯识，著述颇丰。

《大正藏》于此论前所收僧肇作《百论序》中亦载："提婆，玄心独悟，俊气高朗，道映当时，神超世表。故能辟三藏之重关，坦十二之幽路，擅步迦夷，为法城堑。于时外道纷然，异端竞起，邪辩逼真，殆乱正道。乃仰慨圣教之凌迟，俯悼群迷之纵惑，将远拯沉沦，故作斯论，所以防正闲邪，大明于宗极者矣。是以正化以之而隆，邪道以之而替。非夫领括众妙，孰能若斯？论有百偈，故以百为名。理致渊玄，统群籍之要；文义婉约，穷制作之美。然至趣幽简，鲜得其门。有婆薮开士者，明慧内融，妙思奇拔，远契玄踪，为之训释。使沉隐之义，彰于徽翰，讽味宣流，被于来叶。文藻焕然，宗途易晓。其为论也，言而无党，破而无执。

---

① （梁）释僧祐撰：《出三藏记集》，苏晋仁、萧鍊子点校，中华书局1995年版，第403页。
② （梁）释僧祐撰：《出三藏记集》，苏晋仁、萧鍊子点校，中华书局1995年版，第401页。
③ 隋吉藏撰三卷本《十二门论义疏》及唐法藏撰二卷本《十二门论宗致义记》，现皆存于《大正藏》第四十二卷论疏部中（参见《大正藏》第四十二卷，第171页上—第212页中及第212页中—第231页上）。
④ 《大正藏》第三十卷，第168页上。
⑤ 《大正藏》第五十卷，第186页下。

傥然靡据，而事不失真；萧焉无寄，而理自玄会。返本之道，著乎兹矣。"① 由上述可知，当时外道诸说陈杂，扰乱众生心智，而提婆妙悟大乘，欲破邪显正，拯救沉迷，故作百偈，此亦为论题由来。百偈既出，正化日隆。然虽百偈简练流畅，但幽理难明，遂有婆薮，为之开释，彰其深义。婆薮所释，虽有破无执，但真理可显。这里，瑜伽行学派的世亲为中观学者提婆撰述作释，颇耐人寻味。笔者以为实可为两派无诤互鉴、圆融共教之一证。

《百论序》又云："鸠摩罗什，器量渊弘，俊神超邈，钻仰累年，转不可测，常味咏斯论，以为心要。先虽亲译，而方言未融，致令思寻者踌躇于谬文，标位者乖迕于归致。大秦司隶校尉安城侯姚嵩，风韵清舒，冲心简胜，博涉内外，理思兼通。少好大道，长而弥笃，虽复行羁时务，而法言不辍，每抚兹文，所慨良多。以弘始六年，岁次寿星，集理味沙门，与什考校正本，陶练覆疏，务存论旨。"② 也就是说，罗什初到长安，于弘始四年（402年）③，就曾译出此论。另据南朝宋陆澄撰《法论目录序》及隋吉藏撰《百论序疏》所载，僧叡还曾为之作序④。但由于当时罗什方言未娴，故文义欠正。后来，安城侯姚嵩有感于罗什初译之失，遂又于弘始六年（404年），召集义学沙门与罗什共相考校，重译斯论。是为僧肇撰序之今本。

本论共上、下两卷，由《舍罪福品》《破神品》《破一品》《破异品》《破情品》《破尘品》《破因中有果品》《破因中无果品》《破常品》及《破空品》构成，凡十品。主要是在继承龙树《中论》之义的基础上，通过问答论辩，唯破不立，以大乘空观，破斥数论派、胜论派等外道之执见。例如，在破斥数论派"实有神，如僧佉经中说，觉相是神"⑤的观点时，此论先说"觉若神相，神无常（修妒路）。若觉是神相者，觉无常

---

① （梁）释僧祐撰：《出三藏记集》，苏晋仁、萧鍊子点校，中华书局1995年版，第402—403页。
② （梁）释僧祐撰：《出三藏记集》，苏晋仁、萧鍊子点校，中华书局1995年版，第403页。
③ 隋吉藏撰《百论序疏》中明言："又叡师序是弘始四年翻"（《大正藏》第四十二卷，第232页上）。
④ 参见（梁）释僧祐撰《出三藏记集》，苏晋仁、萧鍊子点校，中华书局1995年版，第430页。
⑤ 《大正藏》第三十卷，第170页下。

故，神应无常。譬如热是火相，热无常故，火亦无常"①。意即如果觉为神相，那么有神即应有觉，反之亦然。因为觉无常，故神亦应无常。继而更深入地讲"若尔，觉非神相（修妒路）。觉是无常，汝说神常，神应与觉异。若神觉不异者，觉无常故，神亦应无常。复次，若觉是神相，无有是处。所以者何？觉行一处故（修妒路）。若觉是神相者，汝法中神遍一切处，觉亦应一时遍行五道。而觉行一处，不能周遍，是故觉非神相。复次，若尔，神与觉等（修妒路）。汝以觉为神相者，神应与觉等，神则不遍。譬如火无热不热相，神亦如是，不应有遍不遍相。复次，若以为遍，则有觉不觉相（修妒路）。汝欲令神遍，神则二相，觉不觉相。何以故？觉不遍故。神若堕觉处，是则觉。若堕不觉处，是则不觉"②。通过这段进一步强调，觉非神相，因为觉为无常，但神被认为有常。如果二者一样，那么就不能说觉是神的相。而且，从神是遍一切处的，不觉则不能周遍等方面来看，亦不能说觉是神相。因此，由觉来推论神的存在是不能成立的。论中所言"外曰"即为外道提出的观点、质疑，"内曰"则是论主对外道的批驳、回答。译本中注"修妒路"者为提婆所著短文，余者为世亲之注释。每品皆有五偈。另外，第一品起首含有七言二行的归敬偈。

另，僧肇在《百论序》中说，此"论凡二十品，品各有五偈，后十品其人以为无益此土，故阙而不传"③。由此可知，本论原有二十品，每品五偈，凡百偈。然而，当时罗什未全译是论，只译出了前十品，于此土无益之后十品则阙译，故今《大正藏》罗什译本仅存十品。是论的梵文原本和藏译本则皆已不存。

本论在印度和中国佛教发展史上，都具有重要地位。对于印度佛教而言，首先，提婆立论广破异家学说，维护了大乘佛教的地位。其次，据吉藏撰《百论疏序》所言，虽然当时在印度为之作注、阐发义理的有十余家，但以波数和世亲所注最为流行。④ 再次，论释间广引诸派学说，故能为研究当时印度哲学思想流派者提供不少资料。对于中国佛教而言，"质而不野，简而必诣"⑤ 的罗什译本问世之后，便被奉为"通圣心之津途，

---

① 《大正藏》第三十卷，第170页下。
② 《大正藏》第三十卷，第171页上。
③ （梁）释僧祐撰：《出三藏记集》，苏晋仁、萧鍊子点校，中华书局1995年版，第403页。
④ 参见《大正藏》第四十二卷，第234页中。
⑤ （梁）释僧祐撰：《出三藏记集》，苏晋仁、萧鍊子点校，中华书局1995年版，第403页。

开真谛之要论"① 而历代流传，注疏者颇多②。三论学者尊奉此论，不仅吸取论中破有破无，主"毕竟空"的思想，而且广泛运用其中推理论证的逻辑方法，批驳当时的成实、地论、摄论诸师。禅宗所主张的随机施化，无所执著，或亦与是论唯破不立的思想暗合。此外，同为提婆著的《四百论》之内容大纲，与罗什译本几乎相同，故有谓本论是《四百论》的纲要书，或谓《四百论》乃依本书增广而成。③

30.《十诵比丘波罗提木叉戒本》

《十诵比丘波罗提木叉戒本》，又称《十诵比丘波罗提木叉戒》《十诵波罗提木叉戒本》或《十诵比丘戒本》，一卷。历代经录皆载。现收于《大正藏》第二十三卷律部中，题"姚秦三藏鸠摩罗什译"④。

此戒本卷首先讲依十五日布萨说戒之仪例，包括问答、称颂等内容。随后，具说四波罗夷法⑤、十三僧伽婆尸沙法⑥、二不定法⑦、三十尼萨耆波夜提法⑧、九十波夜提法⑨、四波罗提提舍尼法⑩、一百一十三种众学法⑪及七灭净法⑫，凡二百六十三条比丘戒法，其间，随戒略说犯戒罪罚。卷末为过去七佛略戒及流通偈。

虽然此戒本与广律《十诵律》同为古印度萨婆多部（一切有部）所传，但其内容却比《十诵律》前三诵所载之比丘戒于众学法中多出六条，且此戒本戒条顺序亦与《十诵律》相异。这就说明，此戒本可能并非依

---

① （梁）释僧祐撰：《出三藏记集》，苏晋仁、萧錬子点校，中华书局1995年版，第402页。
② 《百论》罗什译本的注疏主要包括：吉藏《百论疏》三卷，道凭《百论疏》二卷，元康《百论疏》三卷，荆南《百论疏略记》二卷。现仅存吉藏本，余皆不传。
③ 蓝吉富主编：《中华佛教百科全书（四）》，台南：中华佛教百科文献基金会1994年版，第2141页。
④ 《大正藏》第二十三卷，第470页中。
⑤ 波罗夷，意为极恶、重禁、断头、根本罪等，是最重的罪，不得违犯。犯者将被剥夺僧侣资格，从僧团中被驱逐出去。
⑥ 僧伽婆尸，意译为僧残，相对于波罗夷较轻，通过忏悔等惩罚可以除罪。
⑦ 不定，意即难以确定，指须经调查而确定之罪。
⑧ 尼萨耆波夜提，意译舍堕，是指违犯衣、食、住、金钱、药品等规定之罪，可以通过舍弃不应所得而被原谅，不舍则堕地狱。
⑨ 波夜提，亦称单堕，性质与舍堕相同，但因对犯戒者没有舍的要求，故称单堕。
⑩ 波罗提提舍尼，意为向彼忏，属于轻罪，违犯者要向僧中一人忏悔。
⑪ 众学，即关于僧侣日常生活的规则、礼仪。故意犯者需在大德高僧前忏悔，无意犯者亦应自心忏悔。
⑫ 灭净，就是平息僧团中的纠纷。

《十诵律》抄集而成。又《高僧传》卷十一《僧业传》明载："昔什公在关，未出《十诵》，乃先译戒本。及流支入秦，方传大部。故戒心之与大本，今之传诵，二本并行。"① 由此可证，此戒本确非罗什依《十诵律》抄集而成，而是在《十诵律》译出之前就已经译讫。另根据《僧业传》的记载，我们还可以推出此戒本翻译的大致时间应为罗什入关之后至昙摩流支入秦之前，即弘始三年（401 年）十二月二十日至弘始七年（405 年）秋之间。② 再结合罗什译出经籍中最早有纪年者为弘始四年（402 年）的事实，就可以将此戒本译出的时间确定为弘始四年（402 年）至弘始七年（405 年）秋之间。此外，由《僧业传》所载还可以看出，此戒本译出之后，便即流行于当世，直至僧业生活之南朝宋世还颇具影响。敦煌出土佛经写本中亦见此戒本的抄本③，其流传之广由此更可见一斑。

31.《禅秘要法经》

《禅秘要法经》，又称《禅秘要经》《禅秘要法》，④ 三卷。《历代三宝纪》《开元释教录》等经录有载。现可见于《大正藏》第十五卷经集部中，题"后秦弘始年鸠摩罗什等于长安逍遥园译"⑤。

全经分上、中、下三卷。

上卷主要讲佛在王舍城迦兰陀竹园与一千二百五十比丘及五百声闻大德俱。其时，王舍城中一位名叫迦缔罗难陀的比丘，前来问法，五百声闻及佛先后为说四谛却不得开悟。阿难以此问佛缘由，佛遂为众讲说此乃迦缔罗难陀在过去燃灯佛世为阿纯难陀僧时，骄慢放逸、不修四念处所致。迦缔罗难陀乞佛救度，更为说法。佛便为其讲说"系念法"，即坐修禅定之法，以除放逸。继而，在"系念法"的基础上，具说"不净想最初境

---

① （梁）释慧皎撰：《高僧传》，汤用彤校注，汤一玄整理，中华书局 1992 年版，第 429 页。
② 参见（梁）释慧皎撰《高僧传》，汤用彤校注，汤一玄整理，中华书局 1992 年版，第 52、61—62 页。
③ 参见方广锠《敦煌已入藏佛教文献简目》，《敦煌研究》2006 年第 3 期，第 98 页。另外，还需要指出的是，有些论著将敦煌写本中编号 S.797 的西凉建初元年（405 年）《十诵比丘戒本》视为罗什译本，颇不足当。周丕显先生在《敦煌佛经略考》中早已考证："斯字第 797 号《十诵比丘戒本》，和传世姚秦鸠摩罗什的译文，颇不一致，可以肯定不是鸠译"（周丕显：《敦煌佛经略考》，《敦煌学辑刊》1987 年第 2 期，第 6 页）。笔者将罗什译本与之相较，周先生所言不虚。
④ 参见《大正藏》第五十五卷，第 615 页下。
⑤ 《大正藏》第十五卷，第 242 页下。

界"。迦絺罗难陀如法修行，终得解脱。佛嘱阿难受持、广说此"不净观"。之后，为其次第详述第二观"白骨观"、第三观"津腻惭愧观"、第四观"胮胀脓血及易想观"、第五观"薄皮观"、第六观"厚皮虫聚观"、第七观"极赤淤泥浊水洗皮杂想观"、第八观"新死想观"、第九观"具身想观"、第十观"节节解观"、第十一观"白骨流光观"、第十二观"地大观水大观火大观风大观（亦名九十八使境界）"、第十三观"结使根本观"、第十四观"外四大观（亦名渐解学观空）"、第十五观"四大观（亦名内四大观）"。①

中卷文义承前，佛继续为阿难讲说第十六观"补想观"、第十七观"身念处观"、第十八观"一门观"。② 至此，经文告一段落。后似另起一经，说佛在舍卫国祇树给孤独园，与千二百五十比丘俱。会中禅难提比丘问除罪法，佛因之为禅难提及阿难具说第十九观"观佛三昧（亦名灌顶法）"③。后又为阿难详解能够对治贪淫的第二十观"数息观"④。说罢，似又重起一经，叙佛在舍卫国多罗聚落，乞食讫与众俱。时有迦栴延尊者之弟子盘直迦虽出家修行，却不得通利。尊者遂以此事问佛，佛为说盘直迦在毗婆尸佛世为比丘时，骄慢贡高之过往因缘。其后，佛以"清净观白骨法"⑤告盘直迦，使其成就阿罗汉道。复为迦栴延及阿难讲说第二十一观"暖法观"。又进而向阿难讲述了第二十二观"观顶法"、第二十三观"观助顶法方便"、第二十四观"火大观"、第二十五观"火大无我观"。⑥

下卷佛继续为阿难阐说第二十六观"正观（亦名得须陀洹道）"、第二十七观"真无我观（亦名灭水大想、向斯陀含）"、第二十九观"水大观（亦名斯陀含、善往来往宿世善根业因缘故遇善知识清净法行）"及第三十观"风大观（亦名阿那含相应境界相）"。⑦ 三十禅观法说毕，经文似又另起，述佛在舍卫国祇树给孤独园与千二百五十比丘俱。其时，尊者

---

① 参见《大正藏》第十五卷，第244页中—第251页中。
② 参见《大正藏》第十五卷，第251页下—第255页上。
③ 《大正藏》第十五卷，第256页下。
④ 《大正藏》第十五卷，第258页中。
⑤ 《大正藏》第十五卷，第259页中。
⑥ 参见《大正藏》第十五卷，第259页中—第260页中。
⑦ 参见《大正藏》第十五卷，第261页上—第263页上。另，经中缺载第二十八观，笔者联系上下文推断，似应为"地大观"。

摩诃迦叶之徒阿祇达多头陀精进，已得阿那含果，却不能增进成阿罗汉。迦叶带其至佛所，请佛开示。佛先为众讲说过去大光明佛世阿祇达多为长者子时，因风大入心，狂乱害命，后得波罗奈王子刺血破髓施救之过往。复教阿祇达多修慈心治风大心疑，使其疾得罗汉果。其后，阿祇达多问佛由阿那含果修何法能至阿罗汉果。佛遂次第演说"观佛""观地狱""观十二因缘""观诸天宫""数息""观心莲华""观佛法身""四大清净观法"及"观空无相无作无愿三昧"等观法①。说罢，佛令阿难受持此法。复说"四众"修学此法当离之"四种恶"以及如法修行所得的功德利益、非法修行所得的种种恶报。最后，告诫阿难修行此法者"不得妄向他人宣说"②，并嘱累阿难于"末法"之世精进护持、宣说是经。

综观斯经，可以发现，其具有如下特点。第一，此经不但行文缺乏连贯性，而且内容多有重复，似乎是由诸经集出。第二，经文在"系念法"下统摄三十种（现存二十九种）禅观以及"观空无相无作无愿三昧"等观法，较为系统、全面地介绍了获得禅定四果的修习方法。其间，尤重"不净观"。第三，此经虽多言小乘禅法及"无常无我"之理，但亦含"诸法性空""弥勒下生"③等大乘思想，实为"一部含有某些大乘思想成份的后期小乘经"④。

汤用彤先生认为斯经即鸠摩罗什初至长安所集禅经之复校本。⑤然而，通过对经文的研读分析，笔者却认为此经虽属罗什译作⑥，但是否为复校本则有待商榷。因为从是经行文来看，确如僧叡在《关中出禅经序》中所言，乃"抄撰众家禅要"⑦所得；从经文的内容来看，亦如《关中出

---

① 参见《大正藏》第十五卷，第264页中—第267页下。
② 《大正藏》第十五卷，第268页下。
③ 参见《大正藏》第十五卷，第248页上、第268页下。
④ 陈士强：《大藏经总目提要·经藏（三）》，上海世纪出版股份有限公司、上海古籍出版社2007年版，第577页。
⑤ 参见汤用彤《汉魏两晋南北朝佛教史》，北京大学出版社1997年版，第216—217页。
⑥ 宣方认为，此经说小乘禅法、申小乘义理、重不净观、译文风格与罗什不符、缺乏大乘空义，故应为后人托伪之作（详见宣方《鸠摩罗什所译禅经考辨》，《中国哲学史》1998年第1期，第68—70页）。笔者不同意此说，因为禅法本出小乘，多言小乘在情理之中，且经中对大乘空义亦多有提及，译文风格亦与罗什其他译本相类，另此经为撰集所出，繁杂重复，故多说禅观中常见之不净观，亦可理解。
⑦ （梁）释僧祐撰：《出三藏记集》，苏晋仁、萧錬子点校，中华书局1995年版，第342页。

禅经序》中所说，"既正既备，无间然矣"①；从译文的风格来看，亦与罗什所译其他诸经无太大出入。但斯经未载《关中出禅经序》所言之"菩萨习禅法"②，行文亦多有繁复之处。另外，据僧祐《出三藏记集》卷二所载，弘始九年（407年）复校本应为三卷本《禅法要》，经名亦与此经相左。③ 有鉴于上述，此经是否为复校本，仍需进一步探究。

总而言之，罗什所译斯经叙述习禅方法详备，试图将大乘思想与小乘禅法融通，是指导禅修的重要经典。

32.《大树紧那罗王所问经》

《大树紧那罗王所问经》，亦称《说不可思议品》，简称《大树紧那罗王经》《大树紧那罗经》或《紧那罗王经》，四卷。《历代三宝纪》《开元释教录》等经录有载。鸠摩罗什翻译是经之前，已有东汉支娄迦谶所译三卷本《伅真陀罗所问经》传世，二经系同本异译，④ 现皆收于《大正藏》第十五卷经集部中。

全经四卷，首卷讲佛在王舍城耆阇崛山中，与六万二千比丘、七万二千菩萨、天龙八部及闻法四众俱，集会演法。会中有天冠菩萨说偈赞佛，复以"云何菩萨得成杂种庄严之辩？""云何菩萨得增胜智，善知分别甚深之法？"乃至"云何菩萨于一切法得灌顶位？"⑤ 等二十八问谘佛。佛则以三十二种"四法"具答之。诸天伎乐遂赞叹佛所说诸"四法"。经文继言听闻、受持、读诵、信解是经之功德。天冠菩萨又以佛涅槃后何以持经流通之事问佛，佛以菩萨成就"八法"作答。其时，大树紧那罗王自香山中率其眷属来诣佛所，弹琴奏乐于佛前，发微妙声，令山川林泽、天人大众乃至声闻众、罗汉迦叶等皆"如小儿舞戏，不能自持"⑥，唯除不退转菩萨。此后，经文又通过天冠菩萨与迦叶之间的问答对话，强调面对琴乐妙歌，声闻、缘觉皆不能自持，唯有大乘不退转者，安住不动。说罢，

---

① （梁）释僧祐撰：《出三藏记集》，苏晋仁、萧鍊子点校，中华书局1995年版，第343页。
② （梁）释僧祐撰：《出三藏记集》，苏晋仁、萧鍊子点校，中华书局1995年版，第342页。
③ 参见（梁）释僧祐撰《出三藏记集》，苏晋仁、萧鍊子点校，中华书局1995年版，第51页。
④ 参见《大正藏》第五十五卷，第592页上。
⑤ 《大正藏》第十五卷，第368页下。
⑥ 《大正藏》第十五卷，第371页上。

诸琴乐音，共演偈赞，由此明"我人众生性自空""悉皆不实得自在"①之理。天冠菩萨再次问佛，妙偈何出。佛命其谘问大树紧那罗王，遂有紧那罗王因之为众演说"诸法若说不说如虚空性"②等无住空义。

  第二卷讲大树紧那罗王演法毕，天冠菩萨感慨其辩才之余，问其何不成佛。紧那罗王答以"供养给事诸佛世尊无有满足""集诸善根无有满足"③等菩萨十二无满足法。后紧那罗王复以"宝住三昧"问佛。佛先说修集生起"不忘一切智宝之心"乃至"集助一切菩提法宝心"④等八十种宝，即可得此三昧。又讲得此三昧便可于世间宝、出世间宝，皆得自在。其间，特别强调出世间法中，"般若为诸众经中主"⑤。佛说法毕，天冠菩萨问紧那罗王是否已得"宝住三昧"，紧那罗王因之复讲诸法性空之义。天冠复问佛："大树紧那罗王云何以琴及妙歌声、诸伎乐音教化众生？"⑥佛以能出诸法妙声具答之，并赞大树为菩萨楷模，能够"既出世间，还来世间，教化众生"⑦。是时，紧那罗王不仅入庄严宝盖三昧供养佛，而且请佛及菩萨众入香山中受七日供养。乞请毕，即先入香山，庄严其土，恭敬迎请，佛及菩萨众遂往香山，于香山集会演法。佛分别为众讲说菩萨应具之净檀波罗蜜三十二法、净尸波罗蜜三十二法、净忍波罗蜜三十二法、净进波罗蜜三十二法、净禅波罗蜜三十二法、净般若波罗蜜三十二法及净方便波罗蜜三十二法。闻法大众皆得利益，并有紧那罗王八千子发心敬佛续请正法。

  第三卷叙佛承紧那罗八千王子之请，以神通力，令诸伎乐演出智偈，答其所问。智偈的内容主要是宣扬"六波罗蜜"及般若性空。其后，复有紧那罗王八万四千夫人婇女持珠贯礼佛，并以偈歌赞佛。赞毕，请佛开示转舍女身成男身、疾成无上正道之法。佛遂为其相继讲说"不忘一切善根庄严"⑧等十法及正观色、受、想、识、行等法。众女欢喜闻听。后

---

① 《大正藏》第十五卷，第371页下。
② 《大正藏》第十五卷，第372页上。
③ 《大正藏》第十五卷，第372页中。
④ 《大正藏》第十五卷，第372页下、第373页中。
⑤ 《大正藏》第十五卷，第373页中。
⑥ 《大正藏》第十五卷，第374页中。
⑦ 《大正藏》第十五卷，第374页下。
⑧ 《大正藏》第十五卷，第380页下。

佛现微笑光明相,阿难说偈赞佛。佛告阿难,紧那罗王诸夫人等当以善根功德,舍女身转男身,生兜率天,供养诸佛,直至紧那罗王得成佛时,当得受记。其时,会中菩萨皆问紧那罗王成佛之事。释迦先言其当于六十八百千亿劫后作功德王光明如来,国名无垢月。复说无垢月世界的庄严宝相,特别强调此中"无有余乘,纯一大乘"①。还说功德王光明如来寿十中劫,教化利益众生,涅槃时授记上精进菩萨。紧那罗王得闻受记,欢喜说偈,再次强调"菩提之性犹虚空"②。复有天冠菩萨问佛紧那罗王初种善根,发菩提心之事。佛为说过去宝聚如来世,紧那罗王前世尼泯陀罗王及千子供佛受法、出家事佛之因缘。其后,紧那罗王之子无垢眼请佛宣说舍离狂醉,修集菩提助道之法。佛复为其说六十四种护住菩提道法之声,令不放逸。

末卷述佛于香山演法讫,紧那罗王率其眷属牵挽宝车送佛往王舍城,伎乐咏唱偈颂赞佛功德。佛至耆阇崛山中,阿阇世王便与眷属及"四众"等前来供养问讯。佛叹紧那罗王牵车功德,阿阇世王希望分享,紧那罗王遂因之为众讲说菩萨功德回向众生,菩萨护念众生之理。复有天冠菩萨问佛:"菩萨成就几法能为法器?"③ 佛为其说"佛所护持是菩提心器"乃至"缘不退地是无畏器"④ 等菩萨三十二法器。此后,佛复为紧那罗王讲说菩萨知觉忧悒的四种"四法"及心无忧悒之四种"四法"。说罢,阿阇世王又以菩萨修菩提行之事问佛。佛以偈言答其所问,并遣紧那罗王还其所居。佛复赞紧那罗王真实供养,由此明"从于菩萨出生如来,从于如来出生一切声闻缘觉"⑤ 之深义。其时,会中有瞿夷天子因之问佛菩萨何行而得无生法忍。佛为其讲说菩萨成就无生法忍之四种"四法"。说法毕,佛嘱阿难受持是经。复因阿难之问,佛说受持、读诵、书写、流通是经功德。特别强调广为人说,即为法施,"诸施中最"。进而讲菩萨法施有"正忆念""于智慧""于进趣"⑥ 等三十二功德名。言罢,帝释天、大梵天王皆欲受持、流通此经法,四天王更说咒护持。佛复以此经法嘱累

---

① 《大正藏》第十五卷,第382页中。
② 《大正藏》第十五卷,第383页上。
③ 《大正藏》第十五卷,第385页中。
④ 《大正藏》第十五卷,第385页中、下。
⑤ 《大正藏》第十五卷,第387页上。
⑥ 《大正藏》第十五卷,第388页上。

弥勒、天冠等菩萨。魔王波旬亦至佛所，乞佛勿说此菩萨道法，使其心忧。会中大众则欢喜奉行是经法。

综观斯经内容，虽然着力对"六度"及"方便"法门进行陈说，但重点还是以般若空义宣示大乘菩萨行，在宣讲性空幻有的同时，注重阐发菩萨救度众生的思想。而且，在论说过程中，还反映出褒大贬小，即褒扬菩萨乘，贬斥声闻、缘觉乘的倾向。这些都与以般若为背景，肯定现实生活，对小乘教徒积极宣扬大乘菩萨道的《维摩诘经》意境颇为相似。本经虽然依空性说诸法及众生平等，但却含有转女成男的思想。这点则与《维摩诘经》的男女平等观略有不同。

此经是龙树造《大智度论》所引三十七部大乘经典之一，系公元3世纪初即已存在的初期大乘作品，[①] "在大乘经典中是很重要的一部"[②]。尽管前有支娄迦谶的译本，但罗什译本译出后，依然传播广泛。南京图书馆所藏9世纪初敦煌报恩寺此经抄本[③]即可为证，至少说明9世纪初此经尚在敦煌流传。另外，由于此经说法多围绕天龙八部中的音乐神紧那罗王展开，故近代研究者对经中佛教音乐的内容关注较多。事实上，经中论说的般若、方便、菩萨行、转女成男思想等皆颇具研究价值。

33.《佛说庄严菩提心经》

《佛说庄严菩提心经》，简称《庄严菩提心经》或《菩提心经》，一卷，《历代三宝纪》《开元释教录》等经录皆载。据《开元释教录》卷十一、卷十四所载，此经前后五译，分别为：（1）西晋竺法护译《菩萨十地经》，一卷；（2）西晋聂道真译《大方广菩萨十地经》，一卷；（3）东晋祇多蜜译《十地经》，一卷；（4）姚秦鸠摩罗什译《庄严菩提心经》，一卷；（5）元魏吉迦夜共昙曜译《大方广菩萨十地经》，一卷。当时即已二存三阙。[④] 如今，姚秦和元魏译本皆可见于《大正藏》第十卷华严部中，其中，后秦译本题"姚秦三藏鸠摩罗什译"[⑤]。

经文讲佛在王舍城耆阇崛山中与大比丘及诸菩萨俱，举行法会。会中

---

① 参见印顺《初期大乘佛教之起源与开展》，台北：正闻出版社1994年版，第24—29页。
② 印顺：《华雨集》（第一册），台北：正闻出版社1993年版，第3页。
③ 详见方广锠、徐忆农《南京图书馆所藏敦煌遗书目录》，《敦煌研究》1998年第4期，第140—141页。
④ 参见《大正藏》第五十五卷，第590页上、第628页上。
⑤ 《大正藏》第十卷，第961页中。

有思无量义菩萨问佛："云何菩萨修菩提心？何者是菩提心？"① 佛先以"非有非造，离于文字，菩提即是心，心即是众生"② 解"菩提心"意，复具答"菩萨修菩提心"及"得菩提心"之深义。又说菩萨发菩提心有"成就众善本""行檀波罗蜜"③ 等十法。复有"法宝三昧""坚固三昧"④ 等十三昧护持菩提心。随后，佛讲说初地至十地的不同瑞相，以及初地至十地各地所生诸陀罗尼。复说十地应行之十波罗蜜，即檀波罗蜜、尸波罗蜜、羼提波罗蜜、毗梨耶波罗蜜、禅波罗蜜、般若波罗蜜、方便波罗蜜、智波罗蜜、成就众生满足波罗蜜及诸愿满足波罗蜜。其后，具说成就檀波罗蜜之"信根""定根""大慈""大悲"⑤ 等十法，并逐一演说成就尸波罗蜜、羼提波罗蜜、毗梨耶波罗蜜、禅波罗蜜、般若波罗蜜及方便波罗蜜各皆有十法。复为众略说"波罗蜜义"。说罢，会中即有奋迅光天子赞佛功德。佛告天子，"四众"及诸天菩萨闻听是经，皆得不退转心，少德之人不得听闻，唯有宿殖德本者方得闻听。次说暂闻或诵读书写是经，皆可得"金刚不坏"⑥ 等陀罗尼。复说菩萨若得此法，则可化佛身为众演法。最后，会众欢喜奉行。

斯经虽论及十地，却非其主体，故不可将其作为《华严经·十地品》之异译，仅可视之为《华严经》的眷属。⑦ "菩提心"方为是经主体。后来，"《金光明经》的《陀罗尼最净地品》，就是依这部经而秘密化的"⑧。故梁真谛所译八卷本《合部金光明经》之《陀罗尼最净地品》及唐义净译十卷本《金光明最胜王经》之《最净地陀罗尼品》，内容均与此经相类。唐菩提流志所译一卷本《无尽慧菩萨会》（编入《大宝积经》第四十五会），亦是如此。由是观之，印顺法师对斯经之总结至为精辟，此经确为"以菩提心为体，三昧等功德所庄严的十地说"⑨。吕建福先生更将其

---

① 《大正藏》第十卷，第961页中。
② 《大正藏》第十卷，第961页中。
③ 《大正藏》第十卷，第961页下。
④ 《大正藏》第十卷，第961页下、第962页上。
⑤ 《大正藏》第十卷，第962页中。
⑥ 《大正藏》第十卷，第963页上。
⑦ 参见《大正藏》第五十五卷，第590页上、中。
⑧ 印顺：《华雨集》（第三册），台北：正闻出版社1993年版，第236页。
⑨ 印顺：《初期大乘佛教之起源与开展》，台北：正闻出版社1994年版，第1100页。

主体"菩提心"视为"密教哲学的基本论题"①，可见斯经对后世密教的发展亦产生过较大影响。

34.《大庄严论经》

《大庄严论经》，又作《大庄严经论》，亦称《大庄严论》或《大庄严经》，十五卷。《历代三宝纪》《开元释教录》等经录见载。现收于《大正藏》第四卷本缘部中，题"马鸣菩萨造，后秦三藏鸠摩罗什译"②。

马鸣是贵霜王朝迦腻色迦王时代著名的佛教思想家和文学家。此经为马鸣所造，本无异说。然近代在新疆库车发现了此经的梵文残本，卷末题鸠摩罗陀（意译童受）所作，学界遂对该经作者展开讨论。1926年，路德斯撰文主张著者当系童受。但列维则强调罗什汉译所传的可信性。另外，日本学者宫本正尊、友松圆谛、宇井伯寿、平等通昭、干泻龙祥、美浓晁顺等人也都各持己见，迄今尚无定论。③"不管是马鸣还是童受作的，但此书可以肯定是譬喻师的著作。"④

全经十五卷，在首卷归敬偈后，搜集了九十则⑤各类故事，对其论说阐释。

（1）乾陀罗国优婆塞以佛法功德与诸婆罗门辩，致其归敬。

（2）婆罗门憍尸迦得览十二因缘经，思惟分辨，解了十二因缘及四谛法，遂弃前所学婆罗门论，并以正法破邪，教化亲友婆罗门皈依佛道。

（3）檀越供僧，以长幼分别，沙弥得道者神足变化，为说平等敬僧、念僧之理，由此说明"夫取福田，应取其德，不应简择，少壮老弊"⑥。

（4）欲宣佛法赐人智慧，调伏心意之理，而说国王得宝珠，以珠庄严佛塔，有人盗珠，虽被擒而得赦，教令奉佛之事。

---

① 吕建福：《密教哲学的基本论题及其重要概念》，《世界宗教研究》2002年第1期，第85、90页。
② 《大正藏》第四卷，第257页上。
③ 参见印顺《说一切有部为主的论书与论师之研究》，台北：正闻出版社1992年版，第328—329页；蓝吉富主编：《中华佛教百科全书（二）》，台南：中华佛教百科文献基金会1994年版，第736—737页。另外，由印顺法师书中所述可知，他也倾向此经乃经部本师鸠摩罗陀所作。
④ 吕澂：《中国佛学源流略讲》，中华书局1979年版，第94页。
⑤ 《大正藏》本在每则故事前别以标号，但经中标号六十八的故事，实为两则，故经中总标号为八十九，实际上却有九十则故事。
⑥ 《大正藏》第四卷，第261页上。

（5）优婆塞将婆罗门欲求为王而修苦行与频婆娑罗王坐拥诸宝却乐善好施进行对比，为其信婆罗门法亲友解说"形虽作苦行，而心怀贪著，希求无厌足，不名为少欲。虽复具众物，心无所染著，修行乐圣道，是乃名少欲"①。

（6）沙门权变为羊，以舍乐念苦深义开悟婆罗门。

（7）由外道苦行之人以棘刺身及贪嗔造业之事，告诫众生"依邪道者，得众苦患，修正道者，增长信心"②，观辨正邪，方可舍邪入正。

（8）比丘尼于赊伽罗国以牛车喻对缕褐炙婆罗门宣说佛法四谛智慧，由此开示"夫身口业，不能自在，要由于意"③。

（9）修婆多国比丘得伏藏，告优婆塞取以自用，优婆塞因之说少欲知足法，沙门亦引经据典，以二比丘乞食不足事，叹少欲之法。

（10）身贫心富之优婆塞向讥呵其贫者讲说佛法信财，阐发"夫知足者，虽贫名富，不知足者，虽富是贫，若圣智满，乃名大富"④之深义。

（11）诸贼掠众比丘衣，怕其告发，以草为缚。众比丘轻命重戒，身处困厄，而不伤草。国王出游田猎，遇众比丘，了知原委，敬其持戒，归心佛法。

（12）诸比丘入海，遭遇海难，年少比丘随佛教诫，将木板让与上座比丘，海神护其身命，赞其舍身持戒。经文借由此事，劝诫众生宜修内心贤善。

（13）通过兄弟二人出家修道，兄得罗汉，弟诵三藏，兄嘱其坐禅，弟由多闻转修禅定，尚未见道迹，因病而终，转生为人，复因嗔恚，堕入地狱之事，宣示"若不见道迹，虽复多闻，不能得拔生死之苦，是故智者应求见谛"⑤。

（14）栴檀罽尼吒王路遇五百乞儿，同声乞丐，言施如我，由此得悟荣华无常，应行布施，不可悭吝，造业误身，辅相天法赞王所说。

（15）国王难陀以公主为饵，令人赍宝来求，以聚珍宝。贫困少年开塚得亡父口中所含金钱，以此为宝来求王女。国王得知此事原委，豁然开

---

① 《大正藏》第四卷，第264页上。
② 《大正藏》第四卷，第265页上。
③ 《大正藏》第四卷，第266页上。
④ 《大正藏》第四卷，第267页下。
⑤ 《大正藏》第四卷，第270页中。

悟，方知"若命终时，欲赍财宝，至于后世，无有是处，唯除布施，作诸功德"①，能得善果。

（16）阿育王恭敬三宝，大臣耶赊却以邪见谤王。王遂以人头污秽无市之事，教化耶赊，使其明身命不坚及众生于佛法中平等之理。

（17）老母生养三子，皆成罗汉，为世作福田，自身却采波罗树叶卖以自活，国王得知，免其赋税，尊敬供养。

（18）亿耳入海求宝，失伴饥渴，入饿鬼城乞水，饿鬼为说生前放逸贪悭，不能惠施，现得业报，备受煎熬之事，由此劝诫众生积德行善，出家修道。

（19）年少比丘嗤笑倮形婆罗门，婆罗门反以未断结使，不知惭愧相讥。借由此事，说明真实比丘应勤修四谛，远离邪趣。

（20）淫女因少年听法而不放逸，故以色相扰听法者心，法师遂以神通，令现白骨相，并借此向听法者开示"善观察者，见于好色，无有欲意，多生厌恶，见好色时，不起爱嗔"之深义，②摄伏听众及淫女心志，劝诸众生宜勤修善。

（21）通过叙述画师羯那将作画所得三十金全部施与比丘五年斋会，诸亲称过，将其告官，断事官赞其善行，赐予财物之事，证布施现世得报，劝行布施。

（22）贫女以仅有二钱布施供养，大德因其胜信而为咒愿，得现世果报，成为国王夫人，复以珍宝供养，大德却不为咒愿，借此开示布施重在胜信之心。

（23）比丘至婆罗门家乞食，其家中夜叉鬼畏惧比丘威力，逃遁而显异相，婆罗门请问缘由，比丘答以"亲近如来法教有此威力"③，复为其演说佛法教诫。

（24）婆迦利人为聚落主，信婆罗门法，欲投火坑以生天道，幸赖故友比丘破邪显正，方得保全身命。比丘复说禅定断结生天之道，为其指点迷津。借此宣示"遇善知识，能灭其罪，得生人天"④。

---

① 《大正藏》第四卷，第272页下。
② 《大正藏》第四卷，第276页下。
③ 《大正藏》第四卷，第280页中。
④ 《大正藏》第四卷，第280页下。

（25）欲彰"若积财宝，危难甚多，智人修施，是乃坚牢"① 之义，而说国王处罚商贾，霸其资财，唯有布施，不得侵占之事。

（26）经文由德叉尸罗国罪人被闭僧坊，夜听比丘讲法，明色缚义，解诸系缚，出家证果之事，劝人前往塔庙听闻正法。

（27）阿育王身患重病，心念布施，从臣索宝，不复能得，最终仅以半庵摩勒果奉僧。高僧赞其布施功德，并因之教诫众生应速作布施，切勿贪著，常修布施，莫使断绝，以三不坚，易坚固法。

（28）优婆塞与会，得花未戴，遭人轻毁，不生嗔恚，反为众说善坚法。

（29）幻师设食供养众僧讫，以尸陀罗木幻作女人，先与之行欲，复断欲而斫，遭诸僧呵责。幻师因之为说"诸法如幻"② 深义，令众僧解悟。

（30）阿育王请僧于宫中演法，但为女眷说施戒，有善根成熟之女干冒王法，乞求深法，闻四谛义，而得初果，王未责罚，反而赞叹，遂令男女长幼同修。

（31）由真栴迦腻吒王误礼外道之塔，致其破碎之事，证明佛塔佛法，有实功德，堪受供养，外道法无实功德，不堪受人供养，并借此劝诫众生礼佛塔庙。

（32）欲明"若人学问，虽复毁行，以学问力，寻能得道"③ 之理，而说比丘因为寡妇说法，心生染著，罢道还俗，迫于生计，以屠为业，幸遇大德救度，重返正道，得罗汉果之事。

（33）聪慧田夫携伴入城，见庄严威德之人，心自开悟，为伴说前身不造功德，得生贱身之果，并由此劝勉诸伴勤修善业，以得福报。

（34）以耕人不解佛语，得伏藏喜，后身陷牢狱，饱受煎熬之事，证明如来教化，所言不虚，告诫世人闻听善法，应当思惟，方得利益。

（35）辅相子因贫穷入王宫行劫窃，饮灰水而得悟，悔其恶行，国王赞赏，由此说明"有真善心者，不求自得利实"④，进而劝人发真善心。

---

① 《大正藏》第四卷，第282页上。
② 《大正藏》第四卷，第285页下。
③ 《大正藏》第四卷，第288页上。
④ 《大正藏》第四卷，第290页上。

（36）法师先以火烟喻向弟子讲说缘合而结生之理，复说宜受正法，勤修精进，方可永断结使。

（37）上座观察檀越为财利故而行布施，遂为说错倒法，经文欲由此说明"应为解脱而行布施"，"若为财物，不名为施"①。

（38）经文以盲龟甚难值浮木孔为喻，借小儿之口讲说盲龟值木难，离诸难难，得人身难，值佛世难，进而规劝世人信佛出家，精勤修行。

（39）萨多浮王游猎途中以五钱施塔，旃陀罗称善，并说昔日为盗，一人宁舍身命，不舍一钱事，两相对比，明财物难舍，小施亦不可轻慢之理。

（40）比丘智缚盗贼双手，因唱三归，以杖三击，遂放令去。贼几杖毙，感念佛智，幸设三归而无有四，由此粗事，诙谐解悟，而求出家。

（41）得供养多之比丘遭同出家者嫉谤，不生嗔恚，反慰喻与衣，弟子不解其故，比丘即以雹害禾苗为喻而说利养所害，由此说明遮断亦有恩。

（42）目连初以不净、数息之法俱授二弟子，二人均无所证，后经舍利弗提醒，随其先前所习，分别教授，即得罗汉果。经文由此欲彰因材施教之理。

（43）释迦城中乞食，万民观瞻，唯除粪秽人尼提，自惭形秽，恐己身污佛，遂避佛而行。释迦知其善根成熟，大悲不舍，逐而化之，令得罗汉。舍卫城中婆罗门等颇生嗔忿嫌恨，波斯匿王亦亲往佛所相询，见尼提神足，复闻世尊讲说"此佛法中，唯观宿世善恶因缘，不择种姓"②，得解四姓于佛法中平等之理。

（44）魔化比丘颠倒说法，却行神通，众僧迷惑，唯有多闻法师，以勤修学问故，能够决定分别，致魔现身，魔因之叹服佛法精妙。

（45）经文叙说竺叉尸罗国有尊者瞿沙以闻法者眼泪为药，治愈汉地王子眼疾，兼言此泪亦是法药，可禳灾除业之事，以此证"治身心病，唯有佛语"③。

（46）王命旃陀罗行刑杀罪人，旃陀罗奉佛，不肯破杀戒。王命其父

---

① 《大正藏》第四卷，第291页上。
② 《大正藏》第四卷，第297页上。
③ 《大正藏》第四卷，第297页下。

兄弟从之，悉皆不肯，七人尽遭王杀。旃陀罗虽死，口宣护戒事，王遂得开悟，供养其尸。此事可证"四大可破，四不坏净终不可坏"①。

（47）优波离为首陀罗，因为出家释种剃发而得解悟，亦求出家。由于佛法大悲，四姓平等，故得佛教度。其后，佛复命释种礼优波离足，以断其骄慢。

（48）首罗居士甚为悭吝，舍利弗、迦叶等尊者前往乞食，皆不承待。世尊亲往，为说五大施，首罗因之心生见谛，以二毡施佛。魔王欲破其善心，反为其破。由此说明"得见谛者，不为天魔诸外道等之所欺诳"②。

（49）以多翅那迦畏死恐怖，心不能定之事，明"不得禅定，于命终时，不得决定"③，进而劝诸众生勤修禅定，心摄五根。

（50）阿越提国国王因提拔摩于战斗中得佛护佑，因之令臣浮者延蜜多作般遮于瑟。会中上座每留食于钵，离会又返，浮者延蜜多疑之。王虽教诫浮者，不应轻蔑佛子，亦自往观，以探真实。后逐上座至首陀罗舍，其母为说佛法平等，不舍诸姓，"但当供养德，不应观生处"④ 等大义。王遂恭敬礼拜佛及上座母。

（51）拘睒弥比丘二部斗诤，佛为说嗔恚因缘，犹不能止。佛遂远离，独坐思惟。斗诤比丘不得见佛，又致人天嗔忿，方心生悔意，请佛回转。佛愍众僧，还至僧坊，为说六和敬法，劝断嗔恚。

（52）佛欲制一食法戒，比丘婆多离言不能持，离佛而去，后心生忏悔，乞佛开示。佛遂讲说婆多离虽生胜族却不能持戒，皆因不修而不得漏尽，进而证明"如来平等说法而无偏党"⑤。

（53）经文以光明王所乘公象，因贪欲求牸象，调象师不能调伏，险丧王命之事为喻，规劝世人以佛法调心，断诸贪欲。

（54）尊者优波鞠多林下坐禅，魔王波旬以花鬘轻弄戏之。尊者显神足，以三种死尸系其颈上。魔王自不得解，遍求诸天亦不能解。遂心生恭敬，归依尊者。尊者称佛功德，令魔王化身世尊，得观相好，而为却尸。

---

① 《大正藏》第四卷，第 299 页中。
② 《大正藏》第四卷，第 301 页上。
③ 《大正藏》第四卷，第 302 页上。
④ 《大正藏》第四卷，第 303 页下。
⑤ 《大正藏》第四卷，第 306 页下。

（55）欲彰赞佛功德果报，而说比丘以赞迦叶佛之因缘，死后生天，于阿输伽王世得罗汉果，口出妙香，值王恭敬之事。

（56）经文叙说帝释与其妇舍之化身贫困织师饭施迦叶尊者以求福业之事，借此劝诫世人速修布施，广积福田，不可懈慢。

（57）微善之人欲求出家，舍利弗等僧众智力有限，谓无善根，故不教度。世尊智慧无比，观其微善因缘，而为众说。微善之人蒙佛教化，得罗汉果。欲借此事告诫众生些微善业得大果报，况复造立形像塔庙。

（58）经文详述释迦苦行六年，思惟得道，为憍陈如等五人初转法轮，演说三学、四谛及舍离五欲之事，以此宣示"善根既熟，得解脱果"①，劝人修善。

（59）贫人祀天以求饶益，天神观之，前无善因，无有果报，但愍其虔诚，遂化其弟，以不种而获果实为喻，教化令知，欲得福吉，宜修善业。

（60）檀越笃信吉相，比丘条分缕析破吉相说，为说正法，开示吉缘善业，因果相报之理，进而劝诸世人勤听佛法，分别善恶，除却愚痴。

（61）因波斯匿王以牛乳供养佛僧，牧牛人得见世尊庄严法相，复以牧牛法问难，世尊具答牧牛十一法，牧牛人当即折服，心生信解，求佛出家。

（62）欲彰"不求供养及与恭敬，如是大人唯求持行"② 深义，而述如来于舍卫国给孤独园夏安居讫，欲游他方教化，王臣长者出家二众等皆求佛住，如来不允。须达多长者婢女福梨伽得知此事，以佛慈悲，及己精勤，请得佛住之事。

（63）比丘于穿珠师家乞食，珠师取食时，其鹅吞王摩尼珠，珠师取食还，寻珠不见，以为比丘所盗。比丘为活鹅命，又不欲妄语，遂遭珠师打，极苦著身。时鹅饮僧血，珠师嗔忿之际，打鹅即死。确认其鹅已死，比丘方说原委。珠师赞其宁舍身命，不得犯戒，同时，呵责自身愚痴，忏悔罪业。

（64）经文详述尸毗王割肉贸鸽之事，以此证明"如来往昔为菩萨

---

① 《大正藏》第四卷，第312页中。
② 《大正藏》第四卷，第317页下。

时，不惜身命以求于法"① 所言不虚。

（65）素毗罗王太子娑罗那舍弃王位，依止迦旃延出家修道。因其相貌端正，故随巴树提国国王出游宫人皆从其林中听法。国王心生嫉忿，敕人剥其衣，杖其身，几欲致死。娑罗那遂心生忿恨，欲罢道还俗，归国集兵，与之为战，以报此仇。虽有迦旃延演说色身无常、嗔恚自害，犹不能止。无奈之下，迦旃延以神足力，令其梦中如愿，却战败遭擒。娑罗那因之醒悟，灭嗔恚心，舍罢道意。借此开解"善知识者，梵行全体"，"近善知识者，结使炽盛，能得消灭"②之义。

（66）世尊因波斯匿王之问，为说过去迦叶佛涅槃，伽翅王取舍利起塔，香花供养，有长者子，淫欲心炽，盗花与女，身生恶疮，不得治愈，心生悔悟，礼拜佛塔，方得转好之事，明佛骨至香，进而告知世人"供养塔获大功德"③。

（67）树提伽为劝姐夫尸利鞠多舍弃外道，归心佛法，请其师富兰那至家供饭。富兰那自言天眼神通，能见千里外猕猴堕水，却不见饭下有羹，证其并无天眼神通。事后，尸利鞠多欲为师报仇，遂造火坑，饭中置毒，假心迎请世尊。佛愍其善根，虽知险恶，仍应邀至家，以智慧神足，祓除火坑饭毒，致其归心。此事能显世尊为一切智人，慈悲无量，能破诸外道，调伏世人心。

（68）欲彰佛法难得，"虽是女人诸重结使犹得解脱"④之义，具说释迦姨母波阇波提并五百比丘尼断结使得道，解脱入涅槃，佛赞其德，人天供养之事。

（69）世尊前世为六牙象王时，王后欲得象牙，猎师身著僧衣，以毒箭射杀象王，象王慈悲，不生嗔忿，反以身体护此猎师，不让众象伤害，复自拔象牙，施与猎师。此象王本生可证如来慈悲，虽舍身命，犹发善心。

（70）波罗奈城梵摩达王于雪山围猎鹿群，菩萨鹿王欲救众鹿，遂与提婆达多鹿王相约，日送一鹿，以供王食。后值妊身牸鹿当供，菩萨鹿王

---

① 《大正藏》第四卷，第 321 页上。
② 《大正藏》第四卷，第 326 页中、第 323 页下。
③ 《大正藏》第四卷，第 327 页下。
④ 《大正藏》第四卷，第 333 页上。

愍其一身两命，己身相替。梵摩达王叹菩萨鹿王，"为诸众生，不惜身命"①，自此不食鹿肉。

（71）世尊昔为国王乐行布施，因避两国斗诤而入林中，遇慕名前来索物之婆罗门，无以为施，便以身施。婆罗门执王诣彼王所，以求财物。彼王得知此王悲愍众生，惭愧自责，还其国土。以此本生事，明"善分别者，乃至国土广大，诸事备足，知其苦恼，舍离而去"②之深义。

（72）石室国王乌越羁见有容貌端正之妇，从窗窥佛，遣人与珠。左右误会王意，以为淫邪。王解说"我为宿功德，不为著色欲"③，并劝左右勤修福业。

（73）以侍者因业力故得新衣之事，明业力得报之理。

（74）聪慧婆罗门欲戏弄同修，伪托其名邀请比丘，比丘如约至其同修家，同修知其所为，便即供僧，僧得施饭，而为说法，因之催熟同修善根，令得初果。经文欲以此事证"虽与智者共为仇隙，犹能利益"④。

（75）罽宾国夫妇为求福田，以己身为质，向长者贷金，设施供僧，欲同日设施供僧之小国主，知其供僧原委后，赞叹夫妇"明了识因果，能用虚伪身，易于坚财命"⑤，予以财物，令无匮乏，现世得报。

（76）欲证"至心持戒，乃至没命，得现果报"⑥，而说兄弟持戒，弟患重病，饮酒食肉方可治愈，弟宁舍身命，持戒不饮，终得见谛除患之事。

（77）以释伽罗国卢头陀摩王于会中以酒过失问难法师，外道附和，法师以佛法智慧酬对之事，告诫世人外道诸论如癫狂所说，故应勤学佛法语论。

（78）经文述食沙门残食事，申"善分别敬功德不期于门族"⑦之深义。

（79）阿梨车毗伽国国王听婆罗门谗言，欲除城门佛塔，天神民众尽

---

① 《大正藏》第四卷，第338页上。
② 《大正藏》第四卷，第339页中。
③ 《大正藏》第四卷，第340页中。
④ 《大正藏》第四卷，第341页上。
⑤ 《大正藏》第四卷，第342页中、下。
⑥ 《大正藏》第四卷，第342页下。
⑦ 《大正藏》第四卷，第344页上。

皆啼泣。破塔人至，塔已自移。国王闻之，恭敬信解。此自移塔事，可证佛神变。

（80）以竺叉尸罗国比丘斫恶龙所护首伽树，为塔作栍，并因之使婆罗门得度之事，明"佛塔有大威神，是故宜应供养佛塔"① 之理。

（81）以老母用好酥贸臭水，喻愚痴凡夫用未来世功德贸易臭秽四颠倒。

（82）由婢女因见水中端正倒影而生迷惘之事，喻凡夫愚惑，心生倒见。

（83）以人为猫儿覆肉酥乳，喻"如来说对治法破除颠倒"②。

（84）以石柱者从缕绳得下，喻修行戒定慧，方可脱生死。

（85）由王敷卧具人言各有所典，喻"智者应当修习种种净业得种种报"③。

（86）以战马散养不复为战，喻"智慧宜调心，勿令著五欲"，"心意恋著五欲之乐，不能直进得解脱果"④。

（87）以医治王病，初未见报，心生恨意，及见家中王报，大喜过望之事，宣示施必有报，善业获福之理。

（88）两女食果，一女留籽，且种籽得果，以此喻识善根人，修善得报；一女不留，由此喻不识善业之人，无所获得。

（89）以须弥罗比丘为取地故，虽乏不止，喻佛祖世尊"为欲救济一切众生"⑤，从得道至涅槃，教化不息，遗法世间。

（90）以称伽拔吒宗眷为得财物设供来迎，明天人供佛功德，非供佛身。

通过对经文的研读，可以发现以下几点。首先，该经所收故事类型多样，九十则故事既含本生、佛传，又有因缘、譬喻、寓言等。其次，故事题材丰富多彩，国王臣子、普通百姓、天人世尊、出家在家、自然地理、民俗风情、两国交战、日常生活等皆有所涉。再次，本经在性质上与同为罗什所译的《众撰杂譬喻经》一样，均为譬喻类经典，以事明理。又次，

---

① 《大正藏》第四卷，第345页上。
② 《大正藏》第四卷，第346页中。
③ 《大正藏》第四卷，第346页下。
④ 《大正藏》第四卷，第347页上。
⑤ 《大正藏》第四卷，第347页下。

经义所示，不仅包括三学、四谛、十二因缘等小乘义理，也有闻法修道、布施持戒、忍辱精进、少欲知足等行持；既有针对外道邪说的驳斥，又有针对世人的规劝和佛教四众的教诫。最后，斯经体裁，独具特色。前八十则故事皆先说欲彰之理，再以"我昔曾闻"之语引出故事，借此开示佛法深义，有的还在最后说明叙述此事的意趣。后十则故事的体裁稍有不同，即首先揭举譬喻，再以法义配合。这种体裁对我国及日本的佛教文学都颇有影响，为《冥报记》《灵异记》《今昔物语》等灵异文学的先驱。[1]

总而言之，斯经内容丰富，文辞流畅，表意深邃，是重要的小乘譬喻师著作。罗什译本不但对中国佛教发展及文学有所影响，而且能为早期佛教义理、古印度民俗、地理等方面的研究提供大量有用素材。

35.《不思议光菩萨所说经》

《不思议光菩萨所说经》，亦称《不思议光菩萨所问经》或《无思议光孩童菩萨经》，一卷。《历代三宝纪》《开元释教录》等经录有载。据《开元释教录》卷十四载，西晋竺法护所译一卷本《无思议光孩童菩萨经》乃此经之同本异译，当时即已为阙本。[2] 斯经现可见于《大正藏》第十四卷经集部中，题"后秦龟兹国三藏鸠摩罗什译"[3]。

经文主要讲述舍卫城中空处有一弃儿，众人皆往观之。佛与众比丘、菩萨等于舍卫城中次第乞食，至弃儿处。佛起悲愍心，且知其善根成熟，遂当众与婴儿以偈言作种种问答，明世尊济世度人、佛法真如不虚等深义。随后，佛令此婴显大神力。婴儿便升虚空，身放光明，诸天蒙光来集，因名为不思议光菩萨，形如八岁童子。帝释天为遮其裸形施与天衣，不思议光菩萨趁机向众言说菩萨"当被法服以为严饰"，并讲述菩萨应具"菩提之心""有惭有愧""坚誓庄严"乃至"敷演说法""如说修行"[4] 等二十四种法服。说罢，不思议光菩萨承佛亲授天衣，并随佛于城中乞食。至生身父母所，先谢母孕育之恩，勿令生耻，复引导双亲归心向佛。佛将众乞食讫，遂返祇陀林给孤穷精舍，为众演法。波斯匿王听闻不思议光菩萨之事，前往佛所。得见菩萨庄严妙相，复问佛不思议光以何业障而

---

[1] 参见蓝吉富主编《中华佛教百科全书（二）》，台南：中华佛教百科文献基金会1994年版，第736页。

[2]《大正藏》第五十五卷，第632页上、中。

[3]《大正藏》第十四卷，第668页下。

[4]《大正藏》第十四卷，第670页下—671页上。

生淫女腹。佛遂为其讲说不思议光在过去毗婆尸佛世为饶财菩萨时,因为善知识贤天菩萨劝诫而生嗔恚心,诽谤咒骂贤天菩萨,故遭九十一劫累世生淫女胎、常被捐弃之恶报,幸赖贤天菩萨所护,未堕地狱,恶报尽则以善业力而成此不思议光菩萨之事,以此明"宁舍身命,不造恶业""菩萨亲近于善知识,具满一切功德善法"①之理。其后,佛又因不思议光菩萨所问,为众讲说疾得阿耨多罗三藐三菩提之六种"菩萨成就四法"②。说讫,佛微笑放光,告阿难此不思议光菩萨当于未来无咎劫中在净洁国为佛,相当于为不思议光授记。最后,佛嘱阿难持诵演说此《除业障经》或称《神力所持不思议光菩萨所说经》,并说供养如来、受持读诵是经皆功德福多。

此经中除了宣扬佛法真如、因果报应、菩萨行业等内容外,还较多地反映了"三世"思想,不仅在不思议光菩萨与佛的问答中,佛作偈言:"过去及未来,及与现在世,佛知觉了了,为众生说法"③,而且在不思议光菩萨所问"菩萨成就四法"中,佛亦曾演说"过去寂灭,未来无来知,现在不住,三世平等"④。这里所说的"三世平等"与姚兴《通三世论》中所说"三世一统"⑤如出一辙!虽然从后世的记载来看,斯经产生的影响不若《法华经》《维摩经》之大,但其"三世"思想或许在当时便已为姚兴所关注。

第二节　竺佛念及其译经

一　竺佛念

竺佛念⑥,凉州(今甘肃武威)人,生卒年代不详。年少即出家为僧,慧皎誉其"志业清坚,外和内朗,有通敏之鉴"⑦。出家后,不但讽

---

① 《大正藏》第十四卷,第672页上、中。
② 《大正藏》第十四卷,第672页中。
③ 《大正藏》第十四卷,第670页上。
④ 《大正藏》第十四卷,第672页中。
⑤ 《大正藏》第五十二卷,第228页中。
⑥ 梁僧祐撰《出三藏记集》卷十五和梁慧皎撰《高僧传》卷一皆有传,内容大同小异。另,《出三藏记集》卷十三《昙摩难提传》亦附竺佛念小传,内容简短,主要述其宣译两部《阿含》之功。
⑦ (梁)释慧皎撰:《高僧传》,汤用彤校注,汤一玄整理,中华书局1992年版,第40页。

诵学习佛教众经，而且研读备览教外经籍，尤精训诂之学①。年纪稍大，便于四方游学，遍观各地风俗。其家世居西河（今甘肃河西地区）②，而河西地区历来是多民族聚居之地，张骞通西域后，更成为丝路要道，华戎所交，各地方言、华戎之语皆能于此听闻，竺佛念自小耳濡目染，再加上游历间的学习，故能"洞晓方语，华戎音义，莫不兼解"③。正因为兼习内外、游学四方、语通华戎等诸端，所以，其"义学之誉虽阙，而洽闻之声甚著"④。

前秦苻坚崇佛。建元年间（365—385 年），有外国僧人僧伽跋澄⑤、昙摩难提⑥等人来到长安，赵正⑦请出《婆须蜜经》胡本⑧。但"当时明

---

① 《出三藏记集》卷十五和《高僧传》卷一皆载："其苍、雅诂训，尤所明达（达）"。这里所说的"苍"，又作仓，亦称《三仓》。汉初，有人将当时流传的字书《仓颉篇》《博学篇》及《爰历篇》合为一书，统称《仓颉篇》，亦称《三仓》。魏晋时，又以《仓颉篇》与汉扬雄《训纂篇》贾访《滂喜篇》三篇字书，分上、中、下三卷，合为一部，也称《三仓》。而其中所说之"雅"，即指《尔雅》。此皆为训诂文字。

② 《出三藏记集》《高僧传》中的《竺佛念传》皆载其"家世西河"。这里所说的"西河"，可以指曹魏置金废之西河郡，晋曰西河国，即今山西兹氏县（臧励龢等编：《中国古今地名大辞典》，香港：商务印书馆1931年版，第350页）。也可以理解为今河西地区。因为《资治通鉴》卷三十四曾载："若西河，则汉武威、张掖、敦煌、酒泉地是也"。说明汉时河西地区便有"西河"之谓。另，卷一百零四亦载，前秦苻坚于东晋太元元年（376 年）派兵讨伐前凉张天锡，兵临西河。《资治通鉴》释"西河"曰："河水过敦煌、酒泉、张掖郡南、武威郡东北，为西河"。可见东晋十六国时期的西河，又作河流名，主要流域依然在汉称"西河"之地，即今河西地区。综上可知，至少从汉到晋"西河"亦指今河西地区。[上述参见（宋）司马光编著，《资治通鉴》，（元）胡三省音注，"标点资治通鉴小组"校点，中华书局1956年版，第1103 页、第3273—3274 页。]虽然古人言及家世多说郡望，但结合竺佛念生活的时代背景，以及《竺佛念传》的前后文义，笔者以为其传中所谓竺佛念"家世西河"，应理解为其家世居河西地区。

③ （梁）释慧皎撰：《高僧传》，汤用彤校注，汤一玄整理，中华书局 1992 年版，第 40 页。

④ （梁）释僧祐撰：《出三藏记集》，苏晋仁、萧錬子点校，中华书局1995 年版，第 572 页。

⑤ 僧伽跋澄，十六国时高僧，罽宾（今克什米尔一带）人。梁僧祐撰《出三藏记集》卷十三和梁慧皎撰《高僧传》卷一皆有传。

⑥ 昙摩难提，十六国时高僧，兜佉勒（又作吐火罗，在葱岭西、乌浒河南一带）人。梁僧祐撰《出三藏记集》卷十三和梁慧皎撰《高僧传》卷一皆有传。

⑦ 赵正，《出三藏记集》中作"赵政"，字文业，洛阳清水人，或云济阴人。《高僧传》卷一《昙摩难提传》中附传。其十八岁即为前秦著作郎，后迁至黄门侍郎、武威太守。崇佛信教，苻坚死后，出家为僧，更名道整。终于襄阳，春秋六十余岁。

⑧ 《出三藏记集》卷十五本传载"赵政请（僧伽）跋澄出《婆须蜜经》胡本"[（梁）释僧祐撰：《出三藏记集》，苏晋仁、萧錬子点校，中华书局1995 年版，第 572 页]。

德，莫能传译"①，于是大家便共同推荐洽闻声著、通晓梵汉的竺佛念。翻译时，"澄执梵文，念译汉语，质断疑义，音字方明"②。后昙摩难提又出《王子法益坏目因缘经》③，"念为宣译，并作经序"④。至建元二十年（384年）五月，赵正复共道安请昙摩难提出《增一阿含经》及《中阿含经》。遂于长安城内集义学沙门，由"竺佛念传译，慧嵩笔受"⑤，共相"敷析研核"⑥，历经两年乃讫。慧皎因之赞曰："二《含》之显，念宣译之功也。"⑦

姚苌攻破长安后，姚秦代苻秦而治，其亦奉佛敬法。"至姚兴弘始（399—416年）之初，经学甚盛。"⑧ 竺佛念于长安续出《菩萨璎珞经》《十住断结经》《出曜经》《菩萨处胎经》《中阴经》等佛学经典。后因病卒于长安，"远近白黑，莫不叹惜"⑨。

综观竺佛念生平可知，其实以译业显名，故《高僧传》将其归入《译经篇》中。慧皎在评价其影响时，亦谓"自世高、支谦以后，莫逾于念，在苻、姚二代为译人之宗，故关中僧众，咸共嘉焉"⑩。

二 竺佛念的译经

从竺佛念的生平可以看出，这位译经高僧生活的时代跨越了前秦与后秦，且其在二秦均有经译出。故在讨论其于后秦的译经时，应注意将前秦所译剔出。

关于竺佛念在二秦的译经情况，梁僧祐《出三藏记集》卷二说他译

---

① （梁）释慧皎撰：《高僧传》，汤用彤校注，汤一玄整理，中华书局1992年版，第40页。
② （梁）释僧祐撰：《出三藏记集》，苏晋仁、萧鍊子点校，中华书局1995年版，第572页。
③ 现《大正藏》第五十卷中保有此经，题"苻秦天竺三藏昙摩难提译"（《大正藏》第五十卷，第172页中）。另，《历代三宝纪》卷八载其为尚书令姚旻所译。但《出三藏记集》卷十五载："昙摩难提又出《王子法益坏目因缘经》，念为宣译"，而且现存《大正藏》第五十卷竺佛念撰《阿育王太子法益坏目因缘经序》亦载："姚旻者，南安郡人……故请天竺沙门昙摩难提，出斯缘本"，由上述可知，将此经归于姚旻实不可信。
④ （梁）释僧祐撰：《出三藏记集》，苏晋仁、萧鍊子点校，中华书局1995年版，第573页。
⑤ （梁）释僧祐撰：《出三藏记集》，苏晋仁、萧鍊子点校，中华书局1995年版，第523页。
⑥ （梁）释僧祐撰：《出三藏记集》，苏晋仁、萧鍊子点校，中华书局1995年版，第573页。
⑦ （梁）释慧皎撰：《高僧传》，汤用彤校注，汤一玄整理，中华书局1992年版，第40页。
⑧ （梁）释僧祐撰：《出三藏记集》，苏晋仁、萧鍊子点校，中华书局1995年版，第573页。
⑨ （梁）释僧祐撰：《出三藏记集》，苏晋仁、萧鍊子点校，中华书局1995年版，第573页。
⑩ （梁）释慧皎撰：《高僧传》，汤用彤校注，汤一玄整理，中华书局1992年版，第40页。

经"六部,五十卷","以苻坚时于关中译出"①。隋费长房《历代三宝纪》卷八则将其置于后秦译经僧中,说他译经"十三部,合八十六卷"②。唐智昇《开元释教录》卷四亦将其划入后秦译经僧,说他译经"十二部,七十四卷"(其中,七部,六十一卷见在;五部,一十三卷阙本)③。吕澂作《新编汉文大藏经目录》中亦收其译经七部,六十卷。另,《历代三宝纪》卷八、《新编汉文大藏经目录》中皆言十九卷本《出曜经》出于前秦建元十年(374年);《历代三宝纪》卷八、《开元释教录》卷四及《新编汉文大藏经目录》中皆载十二卷本《菩萨璎珞经》出于苻秦建元十二年(376年);《开元释教录》卷四及《新编汉文大藏经目录》中并说十卷本《鼻奈耶经》出于建元十四年(378年)。根据上述记载,则可将《出曜》《菩萨璎珞》《鼻奈耶》三经从竺佛念后秦译经中剔出。

另外,还需要指出的是,现《大正藏》第十二卷宝积、涅槃部中所收《大云无想经卷九》也被编入吕澂《新编汉文大藏经目录》中,并注:"今勘是苻秦竺佛念译"④。经过研读,发现《大正藏》所录此经与罗振玉1917年编《鸣沙石室佚书续编》所收"《姚秦写本大云无想经》卷九"完全相同⑤。经末皆题:"清信女张宜爱所供养经,岁在水卯正月十一日写"⑥。"水卯"即公元403年或463年。⑦罗振玉断为"姚秦写本",必认为此经抄于公元403年。但这也只能说明此经在公元403年之前已经译出,罗氏并未言及经文的翻译情况。然《历代三宝纪》卷八及《开元释教录》卷四皆将此经列入竺佛念译经之中,并称其与昙无谶译《大方等无想经》为同本异译。盖吕澂即据此勘其为竺佛念译经。但是,小野玄

---

① (梁)释僧祐撰:《出三藏记集》,苏晋仁、萧鍊子点校,中华书局1995年版,第48页。
② 《大正藏》第四十九卷,第77页上。
③ 《大正藏》第五十五卷,第511页下—512页上。
④ 吕澂编:《新编汉文大藏经目录》,齐鲁书社1980年版,第36页。
⑤ 此经写本原为罗振玉收藏,1912年,日本人松本文三郎曾借录于日本续藏经,后辗转流落日本。
⑥ 罗振玉编纂:《敦煌石室佚书正续编》(影印本),北京图书馆出版社2004年版,第483页。另,《大正藏》第十二卷第1110页下本题记作"清信女张宣爱",概因释读而异。
⑦ 参见[日]池田温编《中国古代写本识语集录》,东京:东京大学东洋文化研究所1990年版,第79页。

妙对于《大云无想经》是否为竺佛念所译，则说"不敢肯定"①。综上可知，首先，关于此经是否为竺佛念所译尚有疑问。其次，即便如吕澂所考，将其视为竺佛念译经，亦不能确定其为后秦所译。最后，假若视之为后秦译经，今唯存敦煌所出残本写经，并无传世译本，其内容是否与当时译经无异，也未可知。有鉴于上述，本文对此残经暂不讨论。

综上所述，便可以暂将竺佛念在后秦所译佛经定为三部，合十九卷。

1. 《中阴经》

《中阴经》，二卷。历代经录皆载。现可见于《大正藏》第十二卷宝积、涅槃部中，题"后秦凉州沙门竺佛念译"②。

佛教主张一切有情生死轮回，而生死只是五阴相续，前身死后，后身未生，两身之间所受阴形即为"中阴"。斯经即以长行与重颂相结合的方式，叙述了释迦牟尼在拘尸那迦双林示灭后，入于中阴，转名妙觉如来，以大乘佛法教导一切中阴众生之事，故以"中阴"为名。

全经分上、下两卷，上卷五品，下卷七品，凡十二品。

第一品《如来五弘誓入中阴教化品》中，先说世尊"入火炎三昧，离碎身舍利，去地七仞，坐宝莲华"③，令大众见，以偈颂明"中阴"义。后又以照明三昧，令四众皆睹中阴形。复因弥勒菩萨"中阴众生，形质极细，寿命长短，饮食好丑，为何等类"④之问，解说中阴事法。经中云："中阴众生，饮吸于风。……中阴众生，寿命七日。……中阴众生，面状如化自在天。"⑤次说世尊舍释迦牟尼之名，转名妙觉如来，现舌相光明，令十方诸佛皆遣菩萨来至忍界，为其讲说难有之法。

第二品《妙觉如来将诸菩萨入中阴教化品》述妙觉如来以神足力，将大迦叶、四众、天龙八部等入于中阴，为说四非常偈，明"无生无起灭，观身内外空"⑥、善恶有报、修行解脱等佛法义理。

第三品《妙觉如来入中阴分身品》通过佛与定化王菩萨的问答对话，

---

① [日]小野玄妙：《佛教经典总论》，杨白衣译，台北：新文丰出版公司1983年版，第66页。
② 《大正藏》第十二卷，第1058页下。
③ 《大正藏》第十二卷，第1058页下。
④ 《大正藏》第十二卷，第1059页中。
⑤ 《大正藏》第十二卷，第1059页中。
⑥ 《大正藏》第十二卷，第1060页下。

具解可见法不可见法、有为无为、有对无对法以及包括中阴形、五色识形和非想非不想识在内的三微妙法。

第四品《贤护菩萨问事品》讲世尊以偈颂为贤护菩萨分别欲、色、无色及有漏量、无漏量、有为量、无为量、有色无色量、有欲无欲量、有记无记量等众生识量。

第五品《道树品》中佛以经偈结合的形式，先为道树菩萨略说有漏与无漏的分别，后广说无漏清净之法。

第六品《神足品》叙妙觉如来以神足化此三千大千世界，并因之讲说诸三昧名。

第七品《破爱网品》述妙觉如来入不动三昧，说偈颂令四众知"欲爱、色爱、无色爱"[1]。复因炎光菩萨之问，以"诸法正有一，无二亦无三。爱识非爱识，永离于胞胎。破一缚著爱，使众生爱尽。如来神德力，自识宿命本"[2] 答之，而明爱尽得度脱之理。

第八品《三世平等品》先说不厌患劫菩萨以三世问佛，佛说偈颂分别三世。次说佛接中阴众生至非想非非想识天，并于此教化迦兰陀。

第九品《无生灭品》讲佛为三聚众生分别泥洹之法，为说无相法观。

第十品《空无形教化品》叙妙觉如来舍中阴身，入虚空藏三昧，以唯声无形之无形相法，教化三聚众生。

第十一品《有色无色品》中，佛再次以法性分别三世之义，后有大势至菩萨及观世音菩萨说偈赞叹。

第十二品《欢喜品》说妙觉如来将游他方，顾见所度，欢喜说偈，三聚众生欢喜奉行。

《高僧传》卷十三《竺佛念传》云："后续出《菩萨璎珞》《十住断结》及《出曜》《胎经》《中阴经》等，始就治定，意多未尽，遂尔遘疾，卒于长安。"[3] 由此可知，是经译出之后，未及审定，竺佛念便染疾去世。若对《大正藏》中竺佛念译本详加研读，便可发现，是经偈颂尚可，长行之语却屡有逻辑混乱之处，显系初译未定之本，实可证慧皎所言不虚。

---

[1] 《大正藏》第十二卷，第 1065 页上。
[2] 《大正藏》第十二卷，第 1065 页下。
[3] （梁）释慧皎撰：《高僧传》，汤用彤校注，汤一玄整理，中华书局 1992 年版，第 40 页。

2.《十住断结经》

《十住断结经》，亦称《最胜问菩萨十住除垢断结经》《十千日光三昧定》或《十地断结经》①，十卷。历代经录皆载。东汉竺法兰于白马寺所译八卷本《十地断结经》系其同本异译，惜唐时已阙。② 本经现收于《大正藏》第十卷华严部中，题"姚秦凉州沙门竺佛念译"③。

全经十卷，凡三十三品。

本经虽无《序品》，但开篇至首卷"此贤劫中一切大圣，诸正士等皆悉云集"④，即可视为此经序分，叙说佛与诸比丘、菩萨、天龙、魔王等俱，于毗舍离城奈氏树园集会演法。

首卷第一品《道引品》之余至末卷第三十二品《梵天请品》是全经的正宗分。依其所述，又可分为两大部分：前十品为第一部分，述菩萨十住行法。后二十二品为第二部分，讲大乘菩萨道之菩萨行业。具体而言，各品大意如下。

《道引品》之余叙世尊以舌相光明，引致十方，特别详述了东方执志菩萨承其土殊胜如来教五十五事，而与五万菩萨来集。尔时，会中有最胜菩萨先以光明事问佛，佛略答之。复以菩萨十地断结除垢之法门问佛，佛先总说"菩萨常当以十法了十地事"⑤，然后具解第一初发意菩萨于初住地行法。

《留化品》述第二净地菩萨于二住地行法。

《空观品》讲第三进学菩萨于三住地行法。

《色入品》说第四生贵菩萨于四住地行法。

《了空品》写第五修成菩萨于五住地行法。

《根门品》示第六上位菩萨于六住地行法。

《广受品》叙第七阿毗婆帝（不退转）菩萨于七住地行法。

《童真品》述第八童真菩萨于八住地行法。

《定意品》讲第九常净菩萨于九住地行法。

《成道品》说第十补处菩萨于十住地行法。

---

① 参见《大正藏》第五十五卷，第 511 页下。
② 参见《大正藏》第五十五卷，第 632 页中。
③ 《大正藏》第十卷，第 966 页上。
④ 《大正藏》第十卷，第 966 页上。
⑤ 《大正藏》第十卷，第 967 页中。

《灭心品》写因最胜菩萨之问，佛先说观达本无法门，明心与法皆无生灭之理。次说速疾三昧与无碍通慧三昧的功德神力。复说六度十善等菩萨行法。

《神足品》叙佛说"菩萨业"义及诸法因缘，重点讲说觉意三昧及其威德。

《恭敬品》述菩萨行十法所获功德、令菩萨不堕损之三十六事及无著定三昧。

《勇猛品》讲佛为会众分别种种三昧，并说菩萨应行之十四种"四法"和六种"五法"。

《碎身品》着重讲说第八菩萨应修之"一切众生碎身三昧"[①]及其所获功德。

《身入品》先写菩萨入法界定意自在三昧可获"菩萨十千亿总持"[②]等无量功德，次说菩萨应修之"十趣海门""十第一无生""十力"等事。

《辩才品》以阿耨达四泉、阿耨达龙宫及阿耨达龙王为喻，宣说菩萨入法界定意自在三昧，能得智慧，辩才无碍，进而演说正法，教化众生。

《权智品》先叙菩萨应思惟、修行"第十权智定慧三昧"[③]，次说住此三昧所获功德，复说菩萨三弘誓及虚空神识、泥洹神识等。

《化众生品》述菩萨以权化方便入种种三昧分别教化众生，并阐释菩萨应修之"不二道""十牢要法"[④] 等。

《三道灭度品》先讲识统身、念、想，复解身行清净、口言清净、意念清净之法，由此明三净具足方为菩萨。

《乘无相品》主要从"六度"出发，弘宣"道自无相，亦不见相"[⑤]之理。

《等慈品》先讲等慈三昧，次说菩萨应以十善之行教授众生、以十法训化众生、应念修总持法门、修行十住及诸三昧法等。

《法界品》佛先赞弥勒菩萨殊行，令现佛身，然后具说菩萨持行之

---

① 《大正藏》第十卷，第1008页上。
② 《大正藏》第十卷，第1009页中。
③ 《大正藏》第十卷，第1013页上。
④ 《大正藏》第十卷，第1017页上、第1018页下。
⑤ 《大正藏》第十卷，第1021页下。

"千八百微妙法门"①。复为舍利弗说诸佛及法"无形无像,不可睹见。亦无取舍,亦无聚散。不可携持,而不可得。虚空境界,虚寂无二"②。又说菩萨应具足七无著法及菩萨无尽藏等事。最后,神足第一的大目犍连更显神足助佛教化。

《道智品》中佛先解说"道智"的含义,复说菩萨欲界十五道智、色界远离十五尘劳、有想无想及中阴远离四十四尘劳之行,又说菩萨神识中阴及虚空观三昧、虚空藏三昧等。最后,世尊授会中九万众生,十一那术天人中阴成佛记。

《身口意品》先写欢乐菩萨等广说、具解"菩萨慧"义。其后,通过最胜菩萨与濡首童真菩萨的问答对话,演说无形法。最后,无畏魔王、梵天、释提桓因、四天王分别说咒护持讽诵受持此经典者。

《梦中成道品》先以上方妙识如来睡梦中与众生神识说法、北方梵慧如来入胎教化等事,明"诸佛权化,其慧无方"③之理。此后,佛为会众讲说空性法及泥洹界。复说菩萨解空性法得至泥洹之十事、行六神通至空法界之十事及十慧等。

《菩萨证品》叙佛为众演说其验证菩萨依法修行得道之事及无色定法。

《解慧品》讲最胜菩萨以菩萨执意坚固、真诚,住佛法不退转,留化教授不断佛种等事问佛,世尊以十九种"四法"答之。

《三毒品》述佛因濡首菩萨之问,而说菩萨"无生之论"④,解空性法。

《问泥洹品》说佛为众解"泥洹无为,行合空性"⑤之深义,并说菩萨行业。

《四梵堂品》写佛为濡首童真菩萨讲说种种"菩萨通慧之本"⑥。

---

① 《大正藏》第十卷,第1027页下。
② 《大正藏》第十卷,第1028页中。
③ 《大正藏》第十卷,第1040页上。
④ 《大正藏》第十卷,第1044页下。
⑤ 《大正藏》第十卷,第1046页上。
⑥ 《大正藏》第十卷,第1046页下。

《梵天请品》由最胜菩萨继续讲说"菩萨通慧之本"①。

末卷最后一品《梵天嘱累品》是为本经之流通分，述佛嘱累梵天，流通斯经，并说持诵功德，梵天誓愿护持，诸菩萨亦欢喜奉行。

通过上述对经义的分析，可以看出，斯经主要是通过佛与最胜菩萨的问答，阐发菩萨十住及菩萨行业，由此开示诸法性空幻有、菩萨一乘三乘为尊等法理。因此，虽名为《十住断结》，且内容有所牵涉，但不应望文生义，简单地将其视为《华严经》中《十住品》或《十地品》的单本②，其内在联系仍需进一步研究。

竺佛念所译斯经文辞古拙质朴，讲般若性空多用"虚无""空寂""虚寂""自然"等词汇，使当时般若与玄学相附、佛学与老庄杂糅之势显露无遗。同时，译文中"四梵堂"等古译词汇的出现，则可证明此经翻译可能更多地受到了前秦译经的影响。综观是经行文，虽读之畅然，但文义繁杂往复，实难理解。

尽管如此，作为弘宣菩萨行的大乘佛教经典，其译出之后，还是产生了一定的影响。房山云居寺石经中即保有辽大安七年（1091年）所刻斯经③。另外，本经《空观品》中所述释迦舍身饲虎的本生故事，亦能为佛教壁画提供重要素材；《神足品》中所言无量寿佛之事及《法界品》对弥勒转菩萨身成佛的描述，则或有益于阿弥陀和弥勒信仰的形成与传播。

3.《菩萨处胎经》

《菩萨处胎经》，又称《菩萨从兜术天降神母胎说广普经》，简称《处胎经》或《胎经》，七卷，系重要的大乘佛典。历代经录皆载。现可见于《大正藏》第十二卷宝积、涅槃部中，题"姚秦凉州沙门竺佛念译"④。

全经七卷，凡三十八品。

第一卷含《天宫品》《游步品》及《圣谛品》。

《天宫品》叙二月八日夜半，佛在伽毗罗婆兜释翅授城北双树间，身卧金棺，欲入涅槃，诸天四众、八大国王等俱在。佛以神足力，示处母胎

---

① 此品经义与前品相续，且内容与品名并不相符，故笔者认为此品可以归入之前的《四梵堂品》。

② 唐代高僧法藏在其所撰《华严经传记》卷一中亦曾明言，此经"非十住品亦非十地品"（《大正藏》第五十一卷，第155页中）。

③ 参见中国佛教协会编《房山云居寺石经》，文物出版社1978年版，第112页。

④ 《大正藏》第十二卷，第1015页上。

宫中，集十方菩萨。因文殊之问，佛先以偈颂为胎宫诸菩萨说不思议法，复说菩萨所具种种三昧。

《游步品》先通过佛与弥勒菩萨的问答，以"二谛"释毕竟空义；复以佛与分别身观菩萨的对话，深化对"我法皆空"的理解，并说菩萨对治众生淫、杀、妄、疑及不行"六度"的方法，还说菩萨应行之慈、悲、喜、舍三昧法。

《圣谛品》述佛为胎中会众讲说"菩萨摩诃萨贤圣谛"①，即十住四禅。

第二卷包括《佛树品》和《三世等品》。

《佛树品》讲佛化身七宝树，为众阐说菩萨摩诃萨不犯淫报相、口净舌相、音响相、心清净门、成就总持法门等果报，以及菩萨摩诃萨成就天眼通、天耳通、鼻通、口通、身通、意识通之法，特别强调"意识菩萨于诸通中最上最胜，非辟支佛阿罗汉所能思议"②。

《三世等品》通过佛与喜见菩萨、弥勒菩萨的问答对话，明"众生生生不灭""缘缘尽缘缘不尽，无有涅槃者"③乃至三世平等，亦有亦无之深义。

第三卷由《想无想品》《住不住品》《八种身品》《全身舍利品》以及《常无常品》组成。

《想无想品》写佛先为弥勒菩萨讲说"识、想、受"的分别相，复因迦叶之问，以树喻、特异王四子喻、五百盲人摸象喻，为其阐释"识想受法各各不同，观诸法性无异无别"④之理。

《住不住品》叙会中有无住法行菩萨说偈赞佛，赞毕，以"住不住"问佛，佛自五阴至内外法清净具答之。说罢，佛又为迦叶讲"八清净甘露法味池"及"菩萨摩诃萨净修清净行"⑤等。

《八种身品》主要讲述东方阿閦佛土、北方光影佛土、西方懈慢界及阿弥陀佛土、南方踊跃佛土、东北花英佛土、西北慧成就佛土、西南一住佛土及东南信解佛土之事。

---

① 《大正藏》第十二卷，第1020页中。
② 《大正藏》第十二卷，第1023页上。
③ 《大正藏》第十二卷，第1023页中、第1024页上。
④ 《大正藏》第十二卷，第1026页下。
⑤ 《大正藏》第十二卷，第1027页中、下。

《全身舍利品》述佛为会众讲说下方不住如来、遍光如来、观助如来、善见如来所在佛土之事，并说其土皆有碎身或全身舍利，舍利周旋往复，教化众生。说罢，诵偈念咒。复有四大天王亦说偈咒，表示拥护行法善人及法师。

　　《常无常品》说因观见无常菩萨之请，佛为会众开示"常无常义"①。

　　第四卷含《随喜品》《五道寻识品》《诸佛行齐无差别品》及《行定不定品》。

　　《随喜品》写佛因顶王菩萨之问，与之尸弃佛七宝塔，并以偈言说过去诸佛神德所化。其后，又通过佛与顶王菩萨的对话，说明供养胎教菩萨、八正道菩萨、四意止菩萨皆得最胜福德。

　　《五道寻识品》讲佛命弥勒观钩锁骸骨，以令众生知识所趣。弥勒敲骨听声，辨识所趣。至佛全身舍利，不能寻究其识。佛告会众"唯佛知佛神识所念"②。

　　《诸佛行齐无差别品》叙佛现神通，变一切菩萨尽作佛身，同音说法，度化众生。复因无尽意菩萨之问，为说梵天王、害恶天王、天帝释、火焰世界无量众生不舍身受身现身成佛之事，明无论是非高下，众生皆可成佛之理。

　　《行定不定品》述常笑菩萨以众生差别问佛，佛先以偈答之，复详说"菩萨摩诃萨最第一义"③及菩萨入水界三昧、火界三昧、五分法身定意、不动师子奋迅三昧、散身定意、忍顶三昧、独步三昧、乐法三昧、无碍定、金刚三昧，以此明佛法分别教化之理。

　　第五卷分为《入六道众生品》《转法轮品》《五神通品》《识住处品》以及《善权品》。

　　《入六道众生品》讲佛承自在菩萨之请，为众讲说六趣众生行业果报，尤重宣说天道转轮圣王至大梵天王之功德福报。

　　《转法轮品》说佛以神力，身放光明，感召上方宝如来佛土、东方深义如来佛土诸菩萨及魔王波旬来集，为众阐释菩萨有尽、无尽之深义。

　　《五神通品》写妙胜菩萨以神通道问佛，佛为说不修而得之五神通与

---

① 《大正藏》第十二卷，第1031页中。
② 《大正藏》第十二卷，第1034页上。
③ 《大正藏》第十二卷，第1036页中。

修作而得之六神通,由此令诸众生"舍俗五通,得六通慧"[1]。

《识住处品》叙会中普光菩萨问佛"今此识法,住无所住?"[2] 以及身与识的先后关系,佛先以"若俗义问,识法若干,无有定相;第一义问,则无身无识"[3]解答首问,复具说即便依据俗义,亦是身识共俱,非有先后。

《善权品》述佛因举手菩萨之问,为众宣说"菩萨摩诃萨权变适化,不可测量"[4] 之事理。

第六卷由《无明品》《苦行品》《四道和合品》《意品》《定意品》以及《光影品》组成。

《无明品》讲会中有智清净菩萨问佛众生分别果报,佛以偈答,示"黑业受黑报,白业受白报"[5] 之理。复说智清净菩萨权化方便,异相三生,现真法性,度化父母宗族之事。

《苦行品》写佛为众讲说往昔在天为日月王及二十八星宿,在人间为转轮王及长者居士乃至入山作种种苦行,皆不得真道,后经七日思惟,方悟正道。

《四道和合品》叙佛因遍光菩萨之问,为众讲说菩萨"不二入"之深义。

《意品》中根莲花菩萨以"意"问佛,佛答以偈,明"我空彼亦无,意寂无心识""意在去来今,去来今无意"[6] 之理。

《定意品》述佛因持空菩萨之问,为众宣说菩萨真实四不思议法。

《光影品》说佛先以光影神德,令会众同为金色,复承贤光菩萨之请,为说佛光神德,明佛光与佛力度人无二。

第七卷包括《破邪见品》《文殊身变化品》《八贤圣斋品》《五乐品》《紧陀罗品》《香音神品》《地神品》《人品》《行品》《法住品》《复本形品》《起塔品》及《出经品》。

《破邪见品》先讲佛为众宣说其往昔在学时,欲下山乞索以报师恩,

---

[1] 《大正藏》第十二卷,第 1041 页上。
[2] 《大正藏》第十二卷,第 1041 页上。
[3] 《大正藏》第十二卷,第 1041 页中。
[4] 《大正藏》第十二卷,第 1042 页中。
[5] 《大正藏》第十二卷,第 1043 页上。
[6] 《大正藏》第十二卷,第 1045 页下、第 1046 页上。

师三授秘要,方允下山。下山后,以所学破五千梵志祠天之具,并与五百耆年梵志布施,又布发覆地,献花迎佛,得大光明如来授记之事。复讲世尊以偈颂度邪见之人。

《文殊身变化品》以长行与偈颂相合,讲说佛以神力现文殊菩萨于过去花光世界在胎说法全身舍利,文殊亦以神德将释迦佛世与其过去为大智佛之花光世界置于一处,共说佛法。

《八贤圣斋品》叙智积菩萨以"六趣善恶之行,威仪禁戒"① 问佛,佛为说昔为金翅鸟王捉龙欲食,反为持八关斋法之龙所化,受持八关斋法之事,以明"持戒奉佛语"② 的重要性。

《五乐品》述佛为众演说往昔天帝释为求阿修罗女,先以乐音劝导,继而与之交战,获胜掳其眷属,被俘阿修罗众以八关斋法规劝帝释,二者终归于好之事,由此开示"八关斋者,诸佛父母"③。

《紧陀罗品》主要讲说会中信解脱菩萨过去世嗔恚乞食比丘、以刹柱布施、得人身学仙诣佛等因缘故事。

《香音神品》写佛述过去世为香音王时,蒙地神开悟,信佛求法之事。

《地神品》通过善业菩萨与地、水、火、风、空、识六大神及佛的往来问答,明六大以识为王之深义。

《人品》讲佛因法印菩萨之问,为众具说"解知诸法,空无所有,无彼无此,不见彼此"④ 等"人种"含义。

《行品》说造行菩萨问佛现身行业果报,佛为其讲说六年苦行、遭五百摩纳子谤、提婆达兜以石砸脚、受尸利掘长者请而食马麦、旃遮摩那耆女系木盆作腹谤佛、酸陀难提杀身谤佛、左胁患风、马枪刺脚、患头痛等业报,明示如来亦不能免于行报,由此劝诫众生普集诸善。

《法住品》叙佛嘱弥勒菩萨传布经法,并说讽诵、供养、受持是经之功德。说罢,结束胎化法会,还入金棺。

《复本形品》述迦叶来至佛所,佛于金棺现双足。迦叶说偈哀叹,众

---

① 《大正藏》第十二卷,第 1050 页下。
② 《大正藏》第十二卷,第 1051 页上。
③ 《大正藏》第十二卷,第 1052 页上。
④ 《大正藏》第十二卷,第 1055 页上。

弟子举金棺将佛火化。

《起塔品》讲八王、诸天、龙王及优波吉分得佛舍利,起七宝塔供养,剩余灰土及火化处亦起七宝塔供养。

《出经品》说大迦叶于佛灭后与五百罗汉、优波离、阿难等集八亿四千众,同结法藏,出经八藏,即"胎化藏为第一,中阴藏第二,摩诃衍方等藏第三,戒律藏第四,十住菩萨藏第五,杂藏第六,金刚藏第七,佛藏第八"①。

整体而言,此经运用长行与偈颂相结合的方式,描绘了释迦胎宫说法、入般涅槃、八王天龙分舍利起塔、迦叶集结经藏等场景,以大乘空义贯穿始终,结构紧凑,气势恢宏,文辞流畅,意境深远。特别需要注意的是,该经选择释迦母胎作为说法场所,经名即由此而来,却以释迦涅槃作为终结,笔者以为这种安排颇有凸显生死轮回、色身空无之意趣。

斯经译出之后,对中国佛教发展颇有影响。现存敦煌写经中的西魏抄本②,即为其在北朝民间流传之明证。不仅如此,经中所言二十八星宿、孝顺父母之事,亦乃佛教与中国传统文化融合适应的表现,有益于佛教中国化;释迦受九罪报、迁化涅槃、迦叶捧足、抬举金棺以及儒童本生等,均成为佛教石窟壁画和造像的常见题材;全身舍利与碎身舍利之说,则为佛教舍利的研究提供了理论依据;结集出经的八藏分类,更可视为早期的大藏经分类法。另外,经中多次反映出将佛教秘密化的思想,应该引起重视,这种思想很可能对密教的产生起到了一定的启蒙作用。北京大学图书馆藏满文密教经咒书《大威德哈达喇呢经》中部分内容系从斯经辑出的事实③,便能证明此经确对密教的发展有所影响,而且还能为该经在清代满语地区的流传提供有利证据。

综上可知,竺佛念译《菩萨处胎经》确实内涵丰富,流布久远,堪称"诸法宝藏,诸佛封印"④。

---

① 《大正藏》第十二卷,第 1058 页中。
② 详见[日]池田温编《中国古代写本识语集录》,东京:东京大学东洋文化研究所 1990 年版,第 126 页。
③ 参见李雄飞《〈北京大学图书馆馆藏满文古籍孤本提要〉补叙》,《满语研究》2007 年第 1 期,第 143 页。
④ 《大正藏》第十二卷,第 1057 页中。

第三节　弗若多罗及其译经

　　在介绍后秦译经僧弗若多罗及其译经之前，有必要先就《十诵律》的译者作一简单讨论。现存《大正藏》第二十三卷律部中的《十诵律》，其作者古来即有争议。梁僧祐《出三藏记集》卷二中直接将《十诵律》归于鸠摩罗什所译之中，并未提及弗若多罗。而隋费长房《历代三宝纪》卷八和唐智昇《开元释教录》卷四则都将其归入弗若多罗名下。诸多经录，皆与此同。直到近代，吕澂才在《新编汉文大藏经目录》中复将《十诵律》划入鸠摩罗什所译。日本学者小野玄妙也持此观点，所以，在其所著《佛教经典总论》中有言："《出三藏记集》将此律列于罗什所译经目中，为更适当之记载"，因为"诵出此律者，前部为弗若多罗，后部为昙摩流支，连贯前后，一气译出者为罗什"[①]。我国学者郭朋不但也同意将此律置于鸠摩罗什名下，而且还说："智昇连《十诵律》也不承认为什所译，不悉何据！"[②] 事实上，我也同意以上诸位先贤将《十诵律》置于罗什名下的说法。因为对于《十诵律》的译出，罗什确实是居功至伟。但智昇将其置于弗若多罗名下，也并非事出无因。虽然智昇解释为"非什正翻"[③]，但笔者认为此说过于牵强。真正的原因则很可能在于罗什曾破僧之重戒。对于破戒之事，尽管罗什自己颇感懊悔，但其弟子仍多有不服，否则便不会有吞针之典故。作为出家之人的智昇对此事或亦心存芥蒂，且《十诵律》为一切有部的根本广律，又是汉地所译第一部完备的戒律，若将其归于自身已破波罗夷戒之罗什名下，恐怕也会大大影响其权威性。可能正是这些原因，导致智昇宁可舍弃罗什于此律译出之功，而将其归入"以戒节见称"[④]且诵出大部的弗若多罗名下。

　　总而言之，笔者虽同意罗什于《十诵律》翻译的重要性，但考虑到上述原因，还是暂依《开元释教录》及《大正藏》所载，将其置于弗若多罗名下。

---

① ［日］小野玄妙：《佛教经典总论》，杨白衣译，台北：新文丰出版公司1983年版，第73页。
② 郭朋：《中国佛教思想史（上卷）》，福建人民出版社1994年版，第266页。
③ 《大正藏》第五十五卷，第515页下。
④ （梁）释慧皎撰：《高僧传》，汤用彤校注，汤一玄整理，中华书局1992年版，第60页。

一　弗若多罗及昙摩流支

虽然《开元释教录》等史料皆载《十诵律》为弗若多罗译出，但据《高僧传》卷二《昙摩流支传》所载，后秦来华高僧昙摩流支亦曾参与《十诵律》的翻译，并且有一定的贡献[①]。所以，今将其履历附于弗若多罗之后。

弗若多罗[②]，又作不若多罗，意译为功德华，北印度罽宾国（今克什米尔一带）人，生卒年不详。少即出家，以持戒著称。"备通三藏，而专精《十诵律》部，为外国师宗，"[③] 时人咸谓已证圣果。姚秦弘始年间（399—416年），来至关中。后秦主姚兴"待以上宾之礼"[④]。鸠摩罗什对这位精通戒律且以持戒著称的高僧，亦深表崇敬。由于此前律藏于我国鲜有阐扬，所以后秦僧俗闻其精通戒律，"咸共思慕"[⑤]。遂于弘始六年（404年）十月十七日，"集义学沙门六百余人"[⑥]，于长安中寺，延请多罗诵出《十诵律》梵本，由罗什译为汉文。遗憾的是，多罗诵出约三分之二时，即于长安因病示寂。其入寂后，"众以大业未就，而匠人殂往，悲恨之深，有逾常痛"[⑦]。弗若多罗虽未诵出完整的《十诵律》梵本，但将是律传至中土，诵出大部，斯人之功不可没。又，多罗一生奉持此律，身体力行，能为僧俗典范。故后世将其尊为《十诵律》师资传习之五十一祖。[⑧]

昙摩流支[⑨]，意译为法乐或法希，西域人，生卒年代不详。早年"弃

[①] 参见（梁）释慧皎撰《高僧传》，汤用彤校注，汤一玄整理，中华书局1992年版，第62页。
[②] 梁慧皎撰《高僧传》卷二有传。另，唐智昇撰《开元释教录》卷四亦附其传，内容与《高僧传》所记大同小异。
[③] （梁）释慧皎撰：《高僧传》，汤用彤校注，汤一玄整理，中华书局1992年版，第60页。
[④] （梁）释慧皎撰：《高僧传》，汤用彤校注，汤一玄整理，中华书局1992年版，第60页。
[⑤] （梁）释慧皎撰：《高僧传》，汤用彤校注，汤一玄整理，中华书局1992年版，第61页。
[⑥] 《大正藏》第五十五卷，第516页上。
[⑦] （梁）释慧皎撰：《高僧传》，汤用彤校注，汤一玄整理，中华书局1992年版，第61页。
[⑧] 参见（梁）释僧祐撰《出三藏记集》，苏晋仁、萧鍊子点校，中华书局1995年版，第470页。
[⑨] 梁慧皎撰《高僧传》卷二有传。另，唐智昇撰《开元释教录》卷四亦附其传，内容与《高僧传》所记几近相同。又，据《历代三宝纪》卷九、《大唐内典录》卷四和《开元释教录》卷六所载，元魏亦有一名为昙摩流支的译经僧，系南天竺人。

家入道，偏以律藏驰名"①。后秦弘始七年（405年），抵达长安。之前，有罽宾沙门弗若多罗诵出梵本《十诵律》，未竟而亡。流支至后，先有庐山慧远闻其赍此经自随，致书通好②，请续出其余。复有姚兴敦请，昙摩流支"乃与什共译《十诵》都毕"③。虽然翻译时，"研详考核，条制审定"④，但译出之后罗什"犹恨文烦未善"⑤。不久，罗什圆寂，他们共出是律亦不获删治。当时，流支住在长安大寺，慧观⑥欲请其前往刘宋京师，流支答曰："彼土有人有法，足以利世，吾当更行无律教处。"⑦ 于是，游化诸方，不知所终。

二 弗若多罗的译经

据《历代三宝纪》卷八、《开元释教录》卷四等载，后秦译经僧弗若多罗的译经仅《十诵律》一部，凡六十一卷。虽然这六十一卷并非全由弗若多罗译出，但鉴于此六十一卷本已被视为《十诵律》完本，故暂依六十一卷计入后秦译经。

《十诵律》

《十诵律》，简称《十诵》，六十一卷。历代经录皆载，现收于《大正藏》第二十三卷律部中，首卷题"后秦北印度三藏弗若多罗共罗什译"⑧，第二卷至第五十九卷仅题"后秦北印度三藏弗若多罗译"⑨，最后两卷则题"东晋罽宾三藏卑摩罗叉续译"⑩。

这种情况的出现，与本律曲折的传译经过密切相关。由前文可知，专精《十诵律》的罽宾高僧弗若多罗于后秦弘始年间（399—416年）来到

---

① （梁）释慧皎撰：《高僧传》，汤用彤校注，汤一玄整理，中华书局1992年版，第61页。
② 此书内容详见（梁）释慧皎撰《高僧传》，汤用彤校注，汤一玄整理，中华书局1992年版，第62页。
③ （梁）释慧皎撰：《高僧传》，汤用彤校注，汤一玄整理，中华书局1992年版，第62页。
④ 《大正藏》第五十五卷，第516页中。
⑤ （梁）释慧皎撰：《高僧传》，汤用彤校注，汤一玄整理，中华书局1992年版，第62页。
⑥ 慧观，南朝刘宋高僧，清河（今山东清平）人。曾在长安从罗什受学，后作《法华总要序》，颇受罗什赞扬。后从佛驮跋陀罗往刘宋。梁慧皎撰《高僧传》卷七有传。
⑦ （梁）释慧皎撰：《高僧传》，汤用彤校注，汤一玄整理，中华书局1992年版，第62页。
⑧ 《大正藏》第二十三卷，第1页上。
⑨ 参见《大正藏》第二十三卷，第7页中—第438页中。
⑩ 参见《大正藏》第二十三卷，第445页下—第453页中。

长安。弘始六年（404年）十月十七日姚秦义学沙门六百余人集于中寺，请其诵出《十诵律》梵本，由早年便曾跟从青眼律师卑摩罗叉学习此律的鸠摩罗什译为汉文。但仅诵出全律的三分之二，多罗即染疾而终。这时，适有亦精通律藏的西域沙门昙摩流支携《十诵律》梵本于弘始七年（405年）秋来至长安。得知此事后，庐山慧远乃致书请其续出全律，后秦主姚兴亦敦请出全，流支遂与罗什共译此律为五十八卷①。尚未及删订，罗什入寂。其实，罗什初学《十诵》之师卑摩罗叉早在弘始八年（406年），就因"闻什在长安大弘经藏，欲使《毗尼》胜品复洽东国"②而来到长安。罗什灭后，罗叉携新出译本"出游关左，逗于寿春，止石涧寺，律众云聚"③。讲学间其又补译出《毗尼诵》三卷，④合前罗什所译共成六十一卷，方为完本。由上述可知，《十诵律》实为弗若多罗、鸠摩罗什、昙摩流支与卑摩罗叉所共译，主体部分大约译于弘始六年（404年）十月十七日至弘始七年（405年）秋之间。

据《高僧传》卷二《鸠摩罗什传》所载，罗什临终前曾言："凡所出经论三百余卷，唯《十诵》一部，未及删烦"，但"存其本旨，必无差失"。⑤ 上述记载，可以说明两个问题：其一，《高僧传》的作者慧皎已将《十诵律》归入罗什译作之中⑥；其二，慧皎亦认为此律译本虽烦，但却不失本旨，能够契合原文。

---

① 参见《大正藏》第五十五卷，第516页上。
② （梁）释慧皎撰：《高僧传》，汤用彤校注，汤一玄整理，中华书局1992年版，第63页。
③ （梁）释慧皎撰：《高僧传》，汤用彤校注，汤一玄整理，中华书局1992年版，第63页。
④ 参见（梁）释慧皎撰《高僧传》，汤用彤校注，汤一玄整理，中华书局1992年版，第63—64页。
⑤ （梁）释慧皎撰：《高僧传》，汤用彤校注，汤一玄整理，中华书局1992年版，第54页。
⑥ 小野玄妙在其所著《佛教经典总论》中，亦言："《出三藏记集》将此律列于罗什所译经目中，为更适当之记载"，因为"诵出此律者，前部为弗若多罗，后部为昙摩流支，连贯前后，一气译出者为罗什。"（参见［日］小野玄妙《佛教经典总论》，杨白衣译，台北：新文丰出版公司1983年版，第77页）对于此说笔者表示赞同。但笔者认为，虽然罗什于《十诵》的翻译居功至伟，但是《开元释教录》将其置于弗若多罗名下，也并非事出无因。究其原因，很可能就是罗什曾破僧之重戒。对于罗什的破戒，其弟子已有不服，若再将此约束比丘的重要律书归于罗什所译，恐怕就会大大影响其权威性。因此，笔者虽同意罗什对于《十诵》的译出至为重要，但考虑到上述原因，还是暂依《开元释教录》及《大正藏》所载，将其置于弗若多罗名下。

此律是古萨婆多部（一切有部）的广律①。据僧祐撰《新集律来汉地四部记录》所载，斯律"本有八十诵"，自大迦叶始，传承至第五师优波掘时，其"以后世钝根，不能具受，故删为十诵。以诵为名，谓法应诵、持也"。②另据同为僧祐所撰《萨婆多部师资记目录序》的记述可知，本律的传承可分为两系，一系是大迦叶以下至达磨多罗五十三人次第相承，另一系则是阿难以下至佛大跋陀罗的六十人次第相承。上文所说诵出梵本的弗若多罗，即大迦叶系中的第五十一祖。③由此可知，是律应为大迦叶一系传承之作。

现存《大正藏》中此律虽亦为六十一卷，但并非如史籍所载，前五十八卷为十诵内容，后三卷为毗尼诵，而是十诵内容凡五十九卷，最后两卷作毗尼诵。笔者以为概与历代流传过程中，开合传抄有关。另，观最后两卷经题作《善诵毗尼序卷上》与《善诵毗尼序卷中》，又似所收译本未全，抑或今本经题有谬，也未可知。全律共六十一卷，分为十诵。

初诵六卷（卷一至六），其中，一、二卷明示淫、盗、杀、妄四波罗夷戒法，三、四卷叙述"故出精"④"触女身"⑤"在女人前作不净恶语"⑥等所谓僧残十三戒法及屏处、露处二不定戒法，五、六卷讲说三十尼萨耆戒法中的长衣过限戒乃至过急索衣戒等十法。

二诵七卷（卷七至卷十三），七、八卷承接前文，继续讲说三十尼萨耆戒法中剩余的乞蚕绵作敷具、"以纯黑糯羊毛作新敷具"⑦、纯白羊毛作敷具等戒法。九至十三卷阐释九十波逸提戒法中自"妄语"⑧至自索美食之四十波逸提戒法。

三诵七卷（卷十四至卷二十），十四至十八卷承接上文，继续阐释自

---

① 广律，佛成道后，弘法期间，弟子中犯过者渐多，佛因之广说所应受持之戒律。其后，一一记述其事缘，且详说戒律之律藏，即被称为广律，亦称广教。
② 参见（梁）释僧祐撰《出三藏记集》，苏晋仁、萧鍊子点校，中华书局1995年版，第116页。
③ 参见（梁）释僧祐撰《出三藏记集》，苏晋仁、萧鍊子点校，中华书局1995年版，第466—474页。
④ 《大正藏》第二十三卷，第14页上。
⑤ 《大正藏》第二十三卷，第15页上。
⑥ 《大正藏》第二十三卷，第16页上。
⑦ 《大正藏》第二十三卷，第48页上。
⑧ 《大正藏》第二十三卷，第63页下。

用有虫水至"同佛衣量作衣"① 等剩余五十波逸提法。十九卷先叙从非亲尼受食等四波罗提舍尼戒法，复述一百零七众学戒法中自齐整著泥洹僧（内衣）至不问主人不应弃洗钵水于堂内等八十四戒。二十卷先承上文，叙说一百零七众学戒法中剩余之"人无病乘乘不应为说法""人不病在前行不随后为说法"② 等二十三戒，复明"自言灭诤法"③、"现前灭诤法"④ 等七灭诤法。

四诵八卷（卷二十一至卷二十八），具说七法。其中，前六卷分别详述受具足戒法、布萨法、自恣法、安居法、皮革法和医药法，后两卷共述衣法。

五诵七卷（卷二十九至卷三十五），明八法。其中，二十九卷叙迦缔那衣法。三十卷述俱舍弥法与瞻波法。三十一卷示般茶卢伽法。三十二卷讲僧残悔法。三十三卷先承上续讲僧残悔法，复说遮法。三十四卷阐卧具法。三十五卷写诤事法。

六诵六卷（卷三十六至卷四十一），讲杂法。前两卷叙调达事。后四卷分别述初二十法、中二十法、比丘尼法及后二十法。

七诵六卷（卷四十二至卷四十七），为比丘尼律。卷四十二先讲除比丘须持四波罗夷法之外，比丘尼更应诵持之摩触等四波罗夷法，共为八波罗夷法，复说十七僧残中不共戒有十之劝受有漏心男子衣食等四僧残戒。卷四十三先承上续说十七僧残中不共戒有十之"知贼女决断堕死度作弟子"⑤ 等剩余六僧残戒，复讲三十舍堕中不共戒有十二之"多畜钵破坏不用"⑥ "非时衣作时衣"⑦ 等九舍堕法。卷四十四先承上续讲三十舍堕中不共戒有十二之"异乞异用"⑧ 等剩余三舍堕法，复述一百七十八单波夜提中不共戒有一百零七之"啖蒜如白衣女"等二十五单波夜提戒。卷四十五承上续说一百七十八单波夜提中不共戒有一百零七之"国内疑处畏

---

① 《大正藏》第二十三卷，第 130 页下。
② 《大正藏》第二十三卷，第 139 页中。
③ 《大正藏》第二十三卷，第 141 页下。
④ 《大正藏》第二十三卷，第 142 页上。
⑤ 《大正藏》第二十三卷，第 310 页中。
⑥ 《大正藏》第二十三卷，第 313 页中。
⑦ 《大正藏》第二十三卷，第 313 页下。
⑧ 《大正藏》第二十三卷，第 316 页中。

处游行"① 等二十六单波夜提戒。卷四十六继续讲说自索钵药度人出家至"无病不往受教诫"② 等三十单波夜提戒。卷四十七先承上说完一百七十八单波夜提中不共戒有一百零七之"有比丘住处外门不问便入"③ 等剩余二十六单波夜提戒，次讲八波罗提提舍尼法，复述比丘尼八敬法。

八诵四卷（卷四十八至卷五十一），叙说增一法，包括一法至十一法。

九诵四卷（卷五十二至卷五十五），为优波离问部，其实就是以问答形式，概括总结前文，明其要义。其中，卷五十二先叙优波离问淫、问盗、问杀、问妄语四事，次说问十三事。卷五十三述优波离问二不定法、三十舍堕法、波夜提法及七灭净法。卷五十四讲优波离问四诵中受具足戒等七法及五诵中的前四法。卷五十五叙优波离问五诵中剩余四法及诸杂事。

十诵四卷（卷五十六至卷五十九），概说比丘诵、二种毗尼及杂诵、四波罗夷及僧伽婆尸沙法。最后附善诵毗尼序二卷（卷六十及卷六十一），含《五百比丘结集三藏法品》《七百比丘集灭恶法品》《杂品》《因缘品》四品。其中，前两品叙述结集的始末，后两品集录有关羯磨、说戒、安居、衣食、医药、房舍等的开遮。

综观全律，可将其分为七大部分。前三诵为第一部分，由重至轻具说二百五十七条比丘戒。每一戒皆先述立戒缘由，次说戒律内容，再说破戒罪罚。四至六诵为第二部分，悉述从衣、食、住、行等方面，对比丘所作的繁杂规定，亦被统称为十七法或十七事。七诵为第三部分，亦依戒律的严重程度，从重到轻地详解比丘尼之不共比丘戒一百四十八条。加上与比丘共相诵持的二百零七条戒律，则为全部三百五十五条比丘尼戒。八诵为第四部分，对所说未详之处进行补充说明。九诵为第五部分，以问答的形式，简单扼要地回顾、总结前六诵的内容。十诵为第六部分，系对前文中重点部分的继续阐发。末两卷为第七部分，可以看作倒置的是律缘起、摘要和关键词。

斯律为古来四广律中最早译出者。弗若多罗等人传译之后，当世高僧僧业、慧询等即从罗什受学，而慧猷、慧观等则宗卑摩罗叉为师，故十六

---

① 《大正藏》第二十三卷，第323页上。
② 《大正藏》第二十三卷，第339页下—第340页上。
③ 《大正藏》第二十三卷，第340页中。

国晚期,是律已流布于南北各地。南朝齐、梁之际,僧业之弟子慧光、僧璩以及慧曜、昙斌、僧隐、成具、超度、法颖、法琳、智称、僧祐、道禅、昙瑗、僧辩、法超、智文、道成等更是精研此律。注疏者颇多,如僧璩撰《十诵羯磨比丘要用》一卷(现存)、智称作《十诵义记》八卷(已佚)、僧祐著《十诵义记》十卷(已佚)及昙瑗撰《十诵义疏》十卷(已佚)等。① 梁慧皎在《高僧传》卷十一《论律》中总结其流传情况时,曾言:"虽复诸部皆传,而《十诵》一本,最盛东国。"② 汤用彤更总结说:"南方在宋代除《十诵》以外,已几无律学。齐梁更然。"③ 至隋末唐初,《四分律》为世人所称,研习本律者渐少,斯律遂不复流行。即便如此,其依然被律宗所奉,尊为"四律五论"④ 之一。

此律梵本,至今尚未发现,唯早在新疆库车出现有梵本《别解脱经》与《十诵律》中比丘戒本极为相似(1913年有刊布)。此外,在西域地区发现的梵本中还有与《十诵》相同之尼戒本及关于迦絺那衣法等十七法的断片。⑤ 因此,弗若多罗共罗什译本及敦煌所出抄本即成为近世研究《十诵》之重要资料。郭元兴先生就曾据其译本考证出,斯律不仅为罽宾之说一切有部所传,而且属于较为原始的戒律。⑥ 另外,此译本中的戒律故事及语言,亦皆颇具研究价值。

第四节　佛陀耶舍及其译经

一　佛陀耶舍

佛陀耶舍⑦,或称佛驮耶舍,意译为觉明(觉名)或觉称,罽宾(今

---

① 参见中国佛教协会编《中国佛教》(第三辑),知识出版社1989年版,第232—233页。
② (梁)释慧皎撰:《高僧传》,汤用彤校注,汤一玄整理,中华书局1992年版,第443页。
③ 汤用彤:《汉魏两晋南北朝佛教史》,北京大学出版社1997年版,第595页。
④ 四律五论,律宗据典,《十诵律》《四分律》《摩诃僧祇律》《五分律》为四律,《毗尼母论》《摩得勒伽论》《善见论》《萨婆多论》《明了论》为五论。
⑤ 参见中国佛教协会编《中国佛教》(第三辑),知识出版社1989年版,第229—230页;邵瑞祺、鲍菊隐《新出〈十诵律〉中〈迦絺那衣法〉梵文写本残页考释》,黄盛璋译,《新疆社会科学》1987年第2期,第95—99页。
⑥ 详见中国佛教协会编《中国佛教(第三辑)》,知识出版社1989年版,第230—232页。
⑦ 梁僧祐撰《出三藏记集》卷十四、梁慧皎撰《高僧传》卷二及明成祖制《神僧传》卷二皆有传。另,隋费长房撰《历代三宝纪》卷八及唐道宣撰《开元释教录》卷四亦详附传。以上诸传内容皆大同小异。

克什米尔一带）人，婆罗门种姓，生卒年代不详。由于"（其家）世事外道"①，故一沙门到他家行乞，其父大怒，令人殴打，遂手脚挛躄。以此问于巫师，得知"坐犯贤人，鬼神使然也"②。便请此沙门，竭诚忏悔，终得痊愈。以是因缘，复令十三岁的耶舍从此沙门出家。出家后，耶舍随师远行，在旷野间遇到老虎，"师欲走避"，而他却说："此虎已饱，必不侵人"③。俄而虎去，师徒继续前行，果然看到老虎吃剩的肉。其师暗自惊异。十五岁时，耶舍便已"诵经日得二三万言"④。然而，他所住之寺院，"常于外分卫（意为乞食）"，而"废于诵习"⑤。但寺中有一罗汉，知其聪敏，乞食供之。幸赖此僧，耶舍方得凝心三藏。至十九岁，已"诵大小乘经数百万言"⑥。此时的耶舍性情简傲，自恃才高，以为鲜有人堪为其师，故不被诸僧所重。不过他仪态优雅，善于谈笑，诸僧对其亦无深恨。然而，真正到了受戒的年龄，却无人为之临坛。所以，直到二十七岁，方受具戒。在此期间，身为沙弥的耶舍"从其舅学五明诸论，世间法术"，且对其"多所通习"⑦。受具足戒后，遂恒以读诵佛典为务，手不释卷。"每端坐思义，不觉虚中而过"⑧，其读诵之精专由此可见。

后来，耶舍前往沙勒国（即疏勒，今新疆西北的喀什一带）。在参加为国王禳病祈福的三千僧法会⑨时，太子达摩弗多，意译为法子，见其容服端雅，问所从来。耶舍"酬对清辩"⑩，太子大喜，遂留宫中供养，待遇隆厚。鸠摩罗什受戒后，亦来至沙勒，并跟从耶舍受学，两人甚相尊敬。罗什东归龟兹前，耶舍还曾竭力挽留。不久，沙勒王薨，太子即位。其时，苻坚正派吕光攻打龟兹，龟兹王遂向沙勒求救。沙勒王亲自带兵出征，出征前嘱咐耶舍辅佐太子，大有托孤之意。沙勒援军未到，龟兹即已告破。沙勒王归，将罗什为吕光所掳之事尽告耶舍，耶舍叹曰："我与罗

---

① （梁）释僧祐撰：《出三藏记集》，苏晋仁、萧錬子点校，中华书局1995年版，第536页。
② （梁）释慧皎撰：《高僧传》，汤用彤校注，汤一玄整理，中华书局1992年版，第65页。
③ （梁）释僧祐撰：《出三藏记集》，苏晋仁、萧錬子点校，中华书局1995年版，第536页。
④ （梁）释慧皎撰：《高僧传》，汤用彤校注，汤一玄整理，中华书局1992年版，第65页。
⑤ （梁）释僧祐撰：《出三藏记集》，苏晋仁、萧錬子点校，中华书局1995年版，第536页。
⑥ （梁）释慧皎撰：《高僧传》，汤用彤校注，汤一玄整理，中华书局1992年版，第65页。
⑦ （梁）释僧祐撰：《出三藏记集》，苏晋仁、萧錬子点校，中华书局1995年版，第536页。
⑧ （梁）释僧祐撰：《出三藏记集》，苏晋仁、萧錬子点校，中华书局1995年版，第536页。
⑨ 此事见《历代三宝纪》卷八、《高僧传》卷二及《神僧传》卷本传，余则不载。
⑩ （梁）释慧皎撰：《高僧传》，汤用彤校注，汤一玄整理，中华书局1992年版，第66页。

什相遇虽久，未尽怀抱，其忽羁旅，相见何期。"① 后耶舍于沙勒宣教十余年。达摩弗多死后，其便振锡东去，前往龟兹。

耶舍在龟兹时，"法化甚盛"②。罗什自姑臧（今甘肃武威市）写信相邀。耶舍得信，遂"裹粮欲去"③，但龟兹国人坚请挽留，只得暂住。一年多后，他又语弟子："吾欲寻罗什，可密装夜发，勿使人知。"弟子曰："恐明旦追至，不免复还耳。"④ 耶舍遂取一钵清水，投药其中，念咒千言。复与弟子以此洗足，趁夜出发。到了第二天早晨，已行数百里。耶舍问弟子："何所觉耶？"答曰："唯闻疾风之响，眼中泪出耳。"⑤ 此时，龟兹国人发现并追赶，已然相隔百里。耶舍与弟子即以此法，昼伏夜行，直至姑臧。由是观之，耶舍与罗什之情谊甚深，耶舍先前所学之咒术甚灵。

待耶舍抵达姑臧后，才发现罗什已被姚兴迎入长安。继而，听说罗什为姚兴所迫破戒之事，复叹曰："罗什如好绵，何可使入棘中乎！"⑥

罗什在长安听说耶舍已达姑臧，遂劝姚兴迎请。起初，姚兴并未同意。但后来，姚兴命罗什译出经藏，罗什却说："夫弘宣法教，宜令文意圆通，贫道虽诵其文，未善其理，唯佛陀耶舍深达幽致，今在姑臧，愿下诏征之，一言三详，然后著笔，使微言不坠，取信千载也。"⑦ 正是在罗什的力荐下，姚兴才遣使招迎。耶舍面对厚礼，悉皆不受，笑而答曰："明旨既降，便应载驰。檀越待士既厚，脱如罗什见处，则未敢闻命！"⑧ 使者将此事禀告姚兴后，姚兴"叹其机慎"，且"重信敦喻"，⑨ 耶舍方至长安。此时，对于佛陀耶舍的到来，姚兴不仅"自出候问"⑩，而且还在逍遥园中为其别立新馆，四事供养。然而，耶舍并未接受这些，仍然是

---

① （梁）释僧祐撰：《出三藏记集》，苏晋仁、萧鍊子点校，中华书局1995年版，第537页。
② （梁）释慧皎撰：《高僧传》，汤用彤校注，汤一玄整理，中华书局1992年版，第66页。
③ （梁）释僧祐撰：《出三藏记集》，苏晋仁、萧鍊子点校，中华书局1995年版，第537页。
④ （梁）释僧祐撰：《出三藏记集》，苏晋仁、萧鍊子点校，中华书局1995年版，第537页。
⑤ （梁）释僧祐撰：《出三藏记集》，苏晋仁、萧鍊子点校，中华书局1995年版，第537页。
⑥ （梁）释僧祐撰：《出三藏记集》，苏晋仁、萧鍊子点校，中华书局1995年版，第537页。
⑦ （梁）释慧皎撰：《高僧传》，汤用彤校注，汤一玄整理，中华书局1992年版，第66—67页。
⑧ （梁）释僧祐撰：《出三藏记集》，苏晋仁、萧鍊子点校，中华书局1995年版，第537页。
⑨ （梁）释僧祐撰：《出三藏记集》，苏晋仁、萧鍊子点校，中华书局1995年版，第537页。
⑩ （梁）释慧皎撰：《高僧传》，汤用彤校注，汤一玄整理，中华书局1992年版，第67页。

"至时分卫,一食而已"①。当时,罗什正在翻译《十住经》,对于其中疑难,已犹豫一个多月,难以下笔。耶舍乃与罗什"共相征决,辞理方定。道俗三千余人,皆叹其赏要"②。

因耶舍面有赤髭,又善解《毗婆沙》,故时人称其为"赤髭毗婆沙"。再加上他曾为罗什之师,所以,亦被称为"大毗婆沙"。其于后秦所得供养,衣钵卧具,满三间屋。然耶舍于此并不关心,姚兴则代为变卖,于城南为其造寺。

后秦司隶校尉姚爽请令佛陀耶舍翻译其以前诵出的《昙无德律》,姚兴却担心仅凭记忆诵出会有遗漏、错谬之处。于是,先以相当于五万言经书内容的民籍、药方等试之。不料,第二天,耶舍即"执文覆之,不误一字"③。众皆服其强识之功。《高僧传》卷二所记,佛陀耶舍经过考验后,"即以弘始十二年(410年)译出《四分律》,凡四十四卷④,并《长阿含》等。凉州沙门竺佛念译为秦言,道含笔受。至十五年(413年)解座,兴嚫耶舍布绢万匹,悉不受,道含、佛念布绢各千匹,名德沙门五百人,皆重嚫施"⑤。由上述记载可以看出,《四分律》及《长阿含经》等的译出似乎应在弘始十二年(410年)至弘始十五年(413年)间。译经时,耶舍很可能组织了一个翻译、校订的团体,约五百人,其中,竺佛念负责转梵为汉,道含则担任笔受。诸经译毕,姚兴以布施的方式,对其论功行赏,给耶舍布绢万匹,给道含、佛念布绢各千匹。名德沙门五百人,亦得甚厚布施。唯耶舍不受,可见其志业清坚。

耶舍后来离开姚秦,还至外国。在罽宾(今克什米尔一带)得《虚空藏经》一卷,交给商贾,嘱其传与凉州诸僧。最后,不知所终。

二 佛陀耶舍的译经

对于佛陀耶舍的译经数量,古之《出三藏记集》《历代三宝纪》《开元释教录》以及今之《新编汉文大藏经目录》等的记载都比较一致,皆

---

① (梁)释僧祐撰:《出三藏记集》,苏晋仁、萧鍊子点校,中华书局1995年版,第537页。
② (梁)释僧祐撰:《出三藏记集》,苏晋仁、萧鍊子点校,中华书局1995年版,第537页。
③ 参见(梁)释慧皎撰《高僧传》,汤用彤校注,汤一玄整理,中华书局1992年版,第67页。
④ 此据《高僧传》卷二所载,《出三藏记集》卷十四作"四十五卷"。
⑤ (梁)释慧皎撰:《高僧传》,汤用彤校注,汤一玄整理,中华书局1992年版,第67页。

载其译经四部，唯卷数因开合有异。今依《大正藏》所收译本考订，其译经现存四部，合八十四卷。

1.《四分律》

《四分律》，亦称《昙无德律》或《四分律藏》，六十卷。历代经录皆载，现可见于《大正藏》第二十二卷律部中，题"姚秦罽宾三藏佛陀耶舍共竺佛念等译"①。据对《出三藏记集》卷十四、《高僧传》卷二、《历代三宝纪》卷八、《开元释教录》卷四及《神僧传》卷二及僧肇作《长阿含经序》中关于《四分律》传译记载的综合分析可知，此律乃佛陀耶舍应姚兴之命、姚爽之请而译，译出的时间应为弘始十二年至弘始十四年（410—412年），地点在长安的中寺。或许同《长阿含经》的翻译一样，由竺佛念转梵为汉，道含笔受。②

《四分律》之所以亦称《昙无德律》，就是因为它是古昙无德部（法藏部）的广律。昙无德，意译为法镜、法藏等，系优波掘多五大弟子之一。昙无德律即系由他所集之律藏，故冠以其名。及至中土，则因传其为四度集结而出，又或以梵本分为四策，故名《四分》。

《大正藏》所收此律凡六十卷，律前附《四分律序》。

第一卷卷首即以四十六颂半的五言偈颂说明诵持戒律的重要性，其后叙述舍利弗请佛结戒的因缘，然后开始讲说比丘四波罗夷法中的淫、盗二法。

第二卷先讲四波罗夷法中剩下的杀、妄二法，复说十三僧残戒法中"故弄阴失精"及"与女人身相触"③两戒法。

---

① 《大正藏》第二十二卷，第567页中。另，《宋高僧传》卷十四《昙一传》中亦说此律为佛陀耶舍共鸠摩罗什所译［详见（宋）释赞宁撰《宋高僧传（上）》，范祥雍点校，中华书局1987年版，第353页］，不知所据。

② 《大正藏》所收《四分律》前附有《四分律序》，此序中亦有关于本律翻译的记载："有晋国沙门支法领……西越流沙，远期天竺。路经于阗，会遇昙无德部本大乘三藏沙门佛陀耶舍……即于其国，广集诸经于精舍。还。以岁在戊申，始达秦国，秦主姚，欣然……即以其年，重请出律藏。时集持律沙门三百余人，于长安中寺出。即以领弟子慧辩，为译校定。陶炼反覆，务存无朴。本末精悉，若睹初制。"（《大正藏》第二十二卷，第567页上中）若依此序文，则本律应为支法领据从于阗所赍经书（或据佛陀耶舍所诵抄本），应姚兴之请，于弘始十年（408年）在长安中寺译出。然将其与文中所述其他史籍比较，就可以发现，序文中关于《四分》译出的时间、译主、校定之人、参译人数皆与其他史料不同。由此，笔者认为此序关于本律翻译的记载不堪为信。

③ 《大正藏》第二十二卷，第579页中及第580页中。

第三卷至第五卷先讲"淫欲意与女人粗恶淫欲语"①"于异分事中取片"②不听劝谏等剩余十三僧残戒法,并于末卷复说屏处与露处之二不定法。

第六卷至第十卷叙"畜长衣"③、作纯白羊毛卧具、"种种贩卖"④"畜长钵"⑤等三十舍堕法。

第十一卷至第十九卷述"知而妄语"⑥"僧不差教诫比丘尼"⑦"半月应洗浴"⑧"非时入聚落"等九十单提法毕,复于末卷讲过学家受食等四提舍尼法及一百式叉迦罗尼法之前八法。

第二十、二十一卷说"不得跳行入白衣舍坐"⑨"平钵受羹"⑩"不得向佛塔涕唾"⑪等剩余之九十二式叉迦罗尼法。

第二十二卷先叙比丘尼应诵持之淫、盗、杀、妄、摸、八事、覆尼重罪、随顺被举比丘违尼谏戒这八波罗夷法,复述十七僧残法中与人为媒等前七法。

第二十三卷先承前讲完以小事嗔恚舍三宝等剩余十僧残法,复说三十舍堕法之前十八法。

第二十四卷续说"檀越所施物异回作余用"⑫等剩余之十二舍堕法,后又明"非时食"⑬等一百七十八单提法中的前四十三种。

第二十五卷至第三十卷继续讲说"剃三处毛"⑭"不审谛受语便向人说"⑮为不满二十女受戒等剩余之一百七十八单提法,并于末卷说八波罗

---

① 《大正藏》第二十二卷,第581页下。
② 《大正藏》第二十二卷,第589页下。
③ 《大正藏》第二十二卷,第601页下。
④ 《大正藏》第二十二卷,第621页上。
⑤ 《大正藏》第二十二卷,第621页下。
⑥ 《大正藏》第二十二卷,第634页上。
⑦ 《大正藏》第二十二卷,第648页下。
⑧ 《大正藏》第二十二卷,第674页下。
⑨ 《大正藏》第二十二卷,第700页上。
⑩ 《大正藏》第二十二卷,第703页中。
⑪ 《大正藏》第二十二卷,第712页上。
⑫ 《大正藏》第二十二卷,第730页下。
⑬ 《大正藏》第二十二卷,第735页上。
⑭ 《大正藏》第二十二卷,第737页下。
⑮ 《大正藏》第二十二卷,第743页中。

提提舍尼法，即无病比丘尼不能乞求酥、油、蜜等八种食物。

第三十一卷至第三十五卷为受戒揵度，主要叙述释迦牟尼出家、度人出家受戒、立受戒法的经过，以及所立受戒之法。

第三十五、三十六卷为说戒揵度，讲说建立说戒法的原因及说戒法。

第三十七卷为安居揵度，明示安居的缘起和安居法。

第三十七、三十八卷为自恣揵度，讲述自恣的缘由与自恣法。

第三十八、三十九卷为皮革揵度，叙说使用皮革的原因和各种开遮。

第三十九卷至第四十一卷为衣揵度，阐释粪扫衣和受戒衣等的开遮。

第四十二、四十三卷为药揵度，叙述关于饮食的各种开遮。

第四十三卷药揵度之后，为迦絺那衣揵度和拘睒弥揵度。其中，迦絺那衣揵度主要讲说迦絺那衣的制法、受法和舍法。拘睒弥揵度则讲述拘睒弥之比丘破和的经过以及羯磨法。

第四十四卷为瞻波揵度，开示作羯磨如法与非法的分别。

第四十四卷至第四十五卷为呵责揵度，叙述呵责等七种羯磨的内容，及其如法、非法的区别。

第四十五卷还包括人揵度，讲说犯僧残法的治罪。

第四十六卷包含讲述行覆藏法的覆藏揵度、明示遮说戒法的遮揵度以及叙说调达破僧、舍利弗等令僧复合之事并破僧的内容与果报。

第四十七、四十八卷为灭诤揵度，讲可以七种毗尼灭四诤法。

第四十八、四十九卷为比丘尼揵度，主要介绍比丘尼与比丘不共之受戒法，以及比丘是否应该为比丘尼作羯磨等事。

第四十九卷比丘尼揵度之后为法揵度，叙述客比丘与旧比丘之共住、乞食等杂行法。

第五十、五十一卷为房舍揵度，说明关于各种房舍的开遮。

第五十一卷至第五十三卷为杂揵度，广说各种杂事的开遮。

第五十四卷先说迦叶集五百阿罗汉结毗尼法之经过，复述七百罗汉结集审论跋阇子比丘所行十事非法之经过。

第五十五卷至第五十七卷主要讲说优波离请佛开示诸戒是犯、非犯的分别。

第五十八卷至第六十卷总说律学的法数，从一乃至十三、十七、二十二。

综观本律，其内容可依对三藏佛经的划分，分为序分、正宗分和流通分三大部分。卷首的偈颂为劝信序，而长行"如来自知时"① 以上则为发起序，二者共为序分。正宗分是全律的主体，包括比丘、比丘尼二部戒以及二十揵度。其中，第一卷至第二十一卷为比丘戒，共二百五十条。每条戒律皆具说缘起（为何事结戒）、起缘起人（因谁结戒）、立戒（佛结戒的经过和所结戒的条文）、分别所立戒（条文的解释）、判决是非（是犯、非犯和所犯轻重的判断）诸条。且每结一戒必说十句义（结戒的意义）。第二十二卷至第三十卷为比丘尼戒，共三百四十八条。其中，律本略去了与比丘相共的百众学法及七灭诤法。同时，由于前四波罗夷、前三僧残法、前十八舍堕法、前六十九单提法，与比丘共，其缘起等已见于比丘戒中，故律本中仅为结戒条文。其余与比丘不共之处，每戒下也都详缘起等条。第三十一卷至第五十三卷具说二十揵度。揵度，意译为蕴、聚，就是我们常说的类。本律就依照受戒、说戒等二十种类别，对如何举行受戒、说戒、安居、自恣以及犯戒僧尼的忏悔仪式，如何制止僧团的纠纷，如何注意日常生活的礼仪等做了详细的规定。最后七卷为流通分，主要是对比丘戒和揵度部分的简要说明和补充。

《四分律》经佛陀耶舍传译中土之初，由于耶舍译讫不久遂返罽宾，所以未得弘传。六十多年后，经北朝慧光律师的研习传诵，才逐渐盛行。故唐道宣在《续高僧传》卷二十二《论律》中说："昙无德部《四分》一律，虽翻在姚秦，而创敷元魏。"② 约在慧光后百年，唐中宗令南方禁用《十诵》。于是北方《四分》戒律乃行于天下。③《续高僧传》卷二十二《论律》所载："今则混一唐统，普行四分之宗。"④ 或即指此而言。从唐时推行《四分律》，并发展为律宗，直至现在，汉地佛教僧尼一直奉行《四分律》不改。⑤

虽然是律于北朝之前不甚流行，但自慧光律师注疏⑥以来，后代对其

---

① 《大正藏》第二十二卷，第569页下。
② 《大正藏》第五十卷，第620页中。
③ 汤用彤：《汉魏两晋南北朝佛教史》，北京大学出版社1997年版，第598页。
④ 《大正藏》第五十卷，第620页下。
⑤ 中国佛教协会编：《中国佛教》（第三辑），知识出版社1989年版，第221页。
⑥ 《大正藏》第五十卷，第608页上。

注疏者甚多①，使之流布益广。敦煌所出抄经写本中，即保有此律译本②，而且还有不少注疏是律的残卷③。

综上可知，《四分律》实为古来四部广律中影响最大者。

2. 《长阿含经》

《长阿含经》，亦名《佛说长阿含经》，简称《长阿含》，二十二卷，系我国北传佛教"四阿含经"之一。历代经录皆载，现收于《大正藏》第一卷阿含部中，题"后秦弘始年佛陀耶舍共竺佛念译"④。

关于此经的翻译，僧肇作《长阿含经序》云："大秦天王涤除玄览，高韵独迈，恬智交养，道世俱济。每惧微言翳于殊俗。以右将军、使者、司隶校尉晋公姚爽，质直轻柔，玄心超诣，尊尚大法，妙悟自然，上特留怀，每任以法事。……十五年（413年）岁在昭阳奋若，出此《长阿含》讫。凉州沙门佛念为译，秦国道士道含笔受。时集京夏名胜沙门于第校订。恭承法言，敬受无差，蠲华崇朴，务存圣旨。余以嘉遇，猥参听次……"⑤又《开元释教录》卷四载：此经"弘始十四年（412年）出至十五年（413年）讫"⑥。综合上述记载可知，此经乃后秦司隶校尉姚爽承姚兴之命，请佛陀耶舍所出，译出的时间为弘始十四年至弘始十五年（412—413年）。翻译时，竺佛念相与为译，后秦僧道含笔受。而且，还召集了当时长安的名僧对其进行校订。此《序》的作者僧肇就曾亲自参与校订之事。

阿含，系梵文音译，意译为法归、无比法、教传等，意为传承的教说，或结集教说的经典，亦被视为小乘经的总名。《长阿含经》在古印度的出现始于大迦叶召集的第一次佛教结集，当时的佛教僧侣共同审定了由阿难忆诵的包括是经在内的诸多经法。公元前四世纪至公元前三世纪时，佛教学者们又依照佛经的篇幅和内容，将其编入"四部阿含"中，但依

---

① 详见丁福保编纂《佛学大辞典》，文物出版社1984年版，第378页四—第379页一。
② 参见方广錩《敦煌已入藏佛教文献简目》，《敦煌研究》2006年第3期，第98页。
③ 详见中国佛教协会编《中国佛教》（第三辑），知识出版社1989年版，第222页。
④ 《大正藏》第一卷，第1页中。
⑤ （梁）释僧祐撰：《出三藏记集》，苏晋仁、萧鍊子点校，中华书局1995年版，第336—337页。
⑥ 《大正藏》第五十五卷，第516页中。

然以口头传诵的形式流传。公元前一世纪以后，它才逐渐发展为成文经典。①

僧肇在《长阿含经序》中释其名曰："阿含，秦言法归。法归者，盖是万善之渊府，总持之林苑。其为典也，渊博弘富，韫而弥广，明宣祸福贤愚之迹，剖判真伪异齐之原，历记古今成败之数，墟域二仪品物之伦。道无不由，法无不在。譬彼巨海，百川所归，故以法归为名。开析修途，所记长远，故以长为目。"② 僧肇所述，据笔者理解，即经中所记包罗万象，能够破邪显正，且其记事既长，影响又远，故称《长阿含经》。

《大正藏》中此经前附僧肇所作之《长阿含经序》。全经正文凡二十二卷，"四分四诵，合三十经以为一部"③。

第一分（卷一至卷五）含《大本经》《游行经》《典尊经》《阇尼沙经》四经，主要叙述诸佛的本始及其事迹。其中，《大本经》（卷一）分别讲说毗婆尸如来等七世佛的种族、生处、出家成道、所化弟子等本生因缘，尤其详叙了毗婆尸佛初成道时，多修"安隐及出离"二观及"为王子提舍、大臣子骞茶开甘露法门"④ 等事。《游行经》（卷二至卷四）先叙摩羯王阿阇世欲伐跋祇，命大臣离舍前往佛所问法，佛因之为比丘说七种"七不退法"和两种"六不退法"。复述佛游行教化期间，应机教说四深法、难得五宝、四谛、地动八因缘、"世有八众""四种人应得起塔"⑤ 乃至入涅槃分舍利等事。《典尊经》（卷五）讲般遮翼以梦中所见梵童为忉利天说过去大典尊教化七王、七居士、七百梵志及入道出家等事问佛，佛由此宣明"为弟子说法"乃"究竟梵行"⑥ 之理。《阇尼沙经》（卷五）写摩羯国王因一心念佛，命终得生四天王天，为毗沙门天王子，"于七生名中，常名阇尼沙（意译胜结使）"⑦，向佛转述梵童为诸天所说四念处、七定具、四神足等法，佛即以之酬阿难请。

---

① 参见任继愈主编《中国佛教史》（第二卷），中国社会科学出版社1985年版，第294—296页。
② （梁）释僧祐撰：《出三藏记集》，苏晋仁、萧鍊子点校，中华书局1995年版，第336页。
③ （梁）释僧祐撰：《出三藏记集》，苏晋仁、萧鍊子点校，中华书局1995年版，第336页。
④ 《大正藏》第一卷，第8页中及下。
⑤ 《大正藏》第一卷，第16页中及20页中。
⑥ 《大正藏》第一卷，第34页上。
⑦ 《大正藏》第一卷，第35页上。

第二分（卷六至卷十二）收《小缘经》《转轮圣王修行经》《弊宿经》《散陀那经》《众集经》《十上经》《增一经》《三聚经》《大缘方便经》《释提桓因问经》《阿㝹夷经》《善生经》《清净经》《自欢喜经》《大会经》十五经，主要叙述佛所说法要及修行等事。其中，《小缘经》（卷六）讲佛为二婆罗门先说四种姓之人，皆行善超升，作恶堕落，出家修道，同为释种，故四种姓平等。又说四种姓生起因缘，示"成就罗汉，于五种中为最第一"①之义。《转轮圣王修行经》（卷六）说过去坚固念等六转轮王以正法治世，至第七王自用恶法，致成减劫恶世。后王修善，又渐成增劫。由此教诫比丘等"当修善法"②，成就四神足等。《弊宿经》（卷七）说童女迦叶在拘萨罗国为弊宿婆罗门说种种法，破其"实无他世，亦无更生，无善恶报"③等断见，令其皈依佛法，设令施众，命终生天等事。《散陀那经》（卷八）讲因尼俱陀梵志向散陀那居士谤佛，故佛往梵志女林为其讲说苦行无垢、苦行离垢、清净离垢等法，化令皈依。《众集经》（卷八）述佛命舍利弗为众说法，舍利弗则因尼乾子弟子纷争之事而建议共集佛说，借此从"一切众生皆仰食存""皆由行往"④之一法起，逐次增一，说至第十之十无学法。《十上经》（卷九）讲舍利弗承佛命为诸比丘说十上法，从成法、修法、觉法等十种一法，逐次增一，至十种十法，共五百五十法。《增一经》（卷九）叙佛为比丘说"一成法、一修法、一觉法、一灭法、一证法"⑤，后逐次增一至十，谓之一增法。《三聚经》（卷十）写佛为诸比丘说趣恶趣、趣善趣、趣涅槃这三法聚，复各自增一至十。《大缘方便经》（卷十）佛为阿难广说十二因缘甚深义。《释提桓因问经》（卷十）叙帝释天诣佛所，佛先为其说天人怨敌起于戏论，"若无调戏则无想，无想则无欲，无欲则无爱憎，无爱憎则无贪嫉，若无贪嫉则一切众生不相伤害。"⑥复说舍离诸受等法。《阿㝹夷经》（卷十一）述佛为房伽婆梵志说善宿比丘往因，及破外道苦行、邪见等事。

---

① 《大正藏》第一卷，第39页上。
② 《大正藏》第一卷，第42页上。
③ 《大正藏》第一卷，第42页下。
④ 《大正藏》第一卷，第49页下。
⑤ 《大正藏》第一卷，第57页下。
⑥ 《大正藏》第一卷，第64页中。

《善生经》（卷十一）讲佛为长者子善生具说"离四恶行，礼敬六方"[①]之法。《清净经》（卷十二）写因周那沙弥述外道徒众分诤之事，佛为说梵行清净等无诤正法。《自欢喜经》（卷十二）叙舍利弗向佛狮子吼，称说如来难及之三十七菩提法等正法。《大会经》（卷十二）述诸天、鬼神、婆罗门于佛所集会，佛分别为之结咒。

第三分（卷十三至卷十七）含《阿摩昼经》《梵动经》《种德经》《究罗檀头经》《坚固经》《倮形梵志经》《三明经》《沙门果经》《布吒婆楼经》《露遮经》十经，主要叙述佛对异学的论难。其中，《阿摩昼经》（卷十三）述佛为婆罗门阿摩昼解说释种种姓因缘，并为说法使见佛相好，其遂引师友前来皈依悟道。《梵动经》（卷十四）讲佛因善念、梵摩达梵志毁、赞三宝之事，示诸比丘"凡夫寡闻，不达深义，直以所见，如实赞叹"[②]乃小因缘，圣贤弟子则能赞佛甚深微妙大光明法。又谓佛善知沙门、婆罗门"本劫本见、末劫末见""尽入六十二见中"[③]，继而具解六十二见。《种德经》（卷十五）说因佛之问，婆罗门种德讲"婆罗门七世以来父母真正，不为他人之所轻毁"[④]等五法，并说舍其三而成持戒、智慧二法亦可。佛赞许之，并因之宣说比丘的戒、慧二法，致其皈依。《究罗檀头经》（卷十五）叙佛为婆罗门究罗檀头说"三种祭祀、十六祀具"[⑤]，以及归、戒、慈心、修道等功德，使其自悟皈依。《坚固经》（卷十六）述坚固长者子三请佛敕弟子现神足，佛以现神足能生谤故，"但教弟子于空闲处静默思道"[⑥]，覆藏功德，发露过失，终不教弟子现神足。《倮形梵志经》（卷十六）讲佛为倮形梵志迦叶说苦行亦有善恶二趣，但均非出离之道，唯如来大师子吼，能令人修道得证，此梵志即出家证果。《三明经》（卷十六）写佛为二梵志弟子破三明婆罗门所说"自在欲道、自作道、梵天道"[⑦]之虚妄，另说四无量为梵道。《沙门果经》（卷十七）叙佛为阿阇世王说沙门现得果报，并受其忏悔。《布吒婆楼经》

[①] 《大正藏》第一卷，第70页中。
[②] 《大正藏》第一卷，第88页下。
[③] 《大正藏》第一卷，第89页下。
[④] 《大正藏》第一卷，第94页上。
[⑤] 《大正藏》第一卷，第97页中。
[⑥] 《大正藏》第一卷，第101页中。
[⑦] 《大正藏》第一卷，第105页中。

（卷十七）述佛破斥不吒婆楼梵志异论，为说"有因缘而想生，有因缘而想灭"①之深义。《露遮经》（卷十七）讲露遮婆罗门请佛而生恶见，谓不应为他人说法，佛受供时以三师自诫等法破之。

第四分（卷十八至卷二十二）仅收《世记经》一经，斯经也是本部中最长的一篇。此经共五卷，凡十二品，即《阎浮提州品》《郁单曰品》《转轮圣王品》《地狱品》《龙鸟品》《阿须伦品》《四天王品》《忉利天品》《三灾品》《战斗品》《三中劫品》及《世本缘品》，具说六道众生所居世界的成败劫数等相。

由上述可知，虽然本经采取了佛或弟子直抒、通过本生或佛传故事、利用对外道邪见的辩难等方式对佛法进行宣讲，但其主旨还是解释和弘扬佛教教义，劝人入道。是故僧肇在《长阿含经序》中评价此译本说："玩兹典者，长迷顿晓，邪正难辨，显如昼夜；报应冥昧，照若影响；劫数虽辽，近犹朝夕；六合虽旷，现若目前。斯可谓朗大明于幽室，惠五目于众瞽，不窥户牖，而智无不周矣。"②正因为如此，此经译出后便有所流传，其写本于敦煌藏经洞的发现即可为证③。

如今，此经的梵文原本已佚。藏文大藏经中也未发现整部的翻译，只有相当于《大会经》和《梵动经》的两零本。虽然有人在佛陀耶舍译出整部经的前后，从事零本的翻译，但真正完整的《长阿含》汉译本则除佛陀耶舍译本外更无其他。学者们就是根据现存佛陀耶舍译本，才考证出此经属于古印度昙无德部（法藏部）所传④，而且还发现其内容与我国南传上座部佛教《尼柯耶》（相当于北传佛教的阿含类经典）中保留的《长部》极为相似，仅《增一》《三聚》《世记》三经为南传本所未见⑤。

总而言之，佛陀耶舍译本不仅反映了小乘佛教的基本教义，而且保留了大量印度古代社会和宗教文化的宝贵资料。同时，译本的语言极富文学性，对后世佛教文学的发展亦有重要影响⑥。

---

① 《大正藏》第一卷，第110页上。
② （梁）释僧祐撰：《出三藏记集》，苏晋仁、萧鍊子点校，中华书局1995年版，第336页。
③ 参见方广锠《敦煌已入藏佛教文献简目》，《敦煌研究》2006年第3期，第96页。
④ 参见中国佛教协会编《中国佛教》（第三辑），知识出版社1989年版，第160、184页；任继愈主编《中国佛教史（第二卷）》，中国社会科学出版社1985年版，第299—300页。
⑤ 参见中国佛教协会编《中国佛教》（第三辑），知识出版社1989年版，第184页。
⑥ 详见王德恒《论〈长阿含经〉的文学性》，硕士学位论文，兰州大学，2010年。

3.《四分僧戒本》

《四分僧戒本》，又称《四分律戒本》《四分戒本》，亦称《昙无德戒本》或《无德戒本》，一卷。历代经录皆载。现可见于《大正藏》第二十二卷律部中，题"后秦世罽宾三藏佛陀耶舍译"[①]。

此戒本全一卷，与《四分律》一样，皆属昙无德部（法藏部）所传[②]，主要列举《四分律》初分之比丘具足戒。具体而言，卷首为十二归敬颂[③]，次随布萨讲说戒之仪例，复具列四波罗夷法、十三僧伽婆尸沙法、二不定法、三十尼萨耆波逸提法、九十波逸提法、四波罗提提舍尼法、一百众多学法及七灭诤法，凡二百五十条戒法，卷末为过去七佛略戒及流通偈。

此戒本与《四分律》之初分虽然内容相当，但体例、行文俱皆不同。从体例来说，此戒本更像经藏，首尾有偈颂，可以说戒时诵出，具体的戒条则很像经之长行，故印顺法师称其为"戒经"；从行文上说，此戒本语言简练，表意清晰，说戒时直言戒条而无其他。因此，印顺法师推断此戒本"应为在译出广律以前，佛陀耶舍先为译出的"[④]。

此戒本译出后，虽然古来研习注疏者颇多[⑤]，但多为唐代以后的高僧。由此可推，此戒本受到重视，广为弘宣，可能也与《四分律》一样，是唐以后的事了。另外，1871年，英国学者比尔（S. Beal）还将佛陀耶舍本翻译成了英文，发表在自己的著作中。[⑥] 这也证明，已经有西方学者开始关注此戒本的研究了。

4.《虚空藏菩萨经》

《虚空藏菩萨经》，亦名《虚空藏神咒经》，简称《虚空藏经》，根据经中所记，还可称为《忏悔尽一切罪陀罗尼经》《不可思议方便智救济一

---

① 《大正藏》第二十二卷，第1023页上。另，《大正藏》第二十二卷还收有《四分律比丘戒本》一卷，亦题"后秦三藏佛陀耶舍译"，但据此戒本前所附《四分比丘戒本序》可知，此本乃唐代怀素依佛陀耶舍所译《四分律》集出，并非耶舍所译。
② 《大正藏》此经名后注"昙无德出"（《大正藏》第二十二卷，1023页上）。
③ 据唐定宾撰《四分比丘戒本疏》卷上载，此偈颂应为佛陀耶舍所加（《大正藏》第四十卷，第464页下）。
④ 印顺：《原始佛教圣典之集成》，台北：正闻出版社1994年版，第79页。
⑤ 详见丁福保编纂《佛学大辞典》，文物出版社1984年版，第379页二。
⑥ 参见蓝吉富主编《中华佛教百科全书（四）》，台南：中华佛教百科文献基金会1994年版，第1651页。

切众生经》《能满一切众生所愿如如意宝珠经》,一卷。历代经录皆载。现收于《大正藏》第十三卷大集部中,题"姚秦罽宾三藏佛陀耶舍译"①。《大正藏》第十三卷现存之南朝刘宋昙摩蜜多所译一卷本《虚空藏菩萨神咒经》、隋阇那崛多等译二卷本《虚空孕菩萨经》以及失译之一卷本《佛说虚空藏神咒经》皆为此经的同本异译②。另,据《高僧传》所载,此经本乃佛陀耶舍于罽宾(今克什米尔一带)所得,后嘱商贾带至凉州(今甘肃武威)。

经文主要讲述佛在佉罗底翅山欲说"四辩才三明梵行住破恶业障陀罗尼经"③时,身放大光明,召集十方菩萨赴会。西方胜华敷藏佛处有虚空藏菩萨,由是欲与诸菩萨共往娑婆佛土。其身未至,已有如意宝珠之光现于释迦佛土,致会众唯见虚空,甚感惊怖。只有诸大菩萨,以知"缘解法相,自性真实"及"第一义空故"④,不惊不怖。会中梵顶菩萨以此事问佛,佛因之为说"不复住断常见"⑤法,会众复见如故。随后,佛指西方,以"具诸三昧犹如大海"⑥等种种譬喻,广赞虚空藏之功德,使会众皆欲供养。此时,虚空藏菩萨复以神力变娑婆世界为净土,其间"一切众生无诸苦患……两手皆有如意摩尼,于其珠内出大光明,遍照世界,并奏天乐,雨种种宝……又雨种种妙庄严具……"⑦。随之共诸菩萨现身佛前,各坐宝莲花台上。会中弥勒菩萨遂以诸菩萨不礼拜佛而顾自坐之事问药王菩萨,药王以偈答之。佛赞药王,并解未得其果,则不明其行之理。复赞虚空藏神力,并广说众生称名礼拜之所得。其后,为说求请虚空藏之陀罗尼咒,又复言说虚空藏之慈悲智慧。是时,弥勒起身问佛虚空藏头顶宝珠之因缘,佛以其能救度犯波罗夷众生答之。复具说其所能除国王之"取兜婆物及四方僧物,或教人取"⑧等五根本罪,大臣之"破坏村

---

① 《大正藏》第十三卷,第647页下。
② 关于此经的同本异译,《开元释教录》卷十一仅载昙摩蜜多及阇那崛多所译两经,但笔者读失译之《佛说虚空藏菩萨神咒经》后,发现其内容与此经相类,故追加归入。
③ 《大正藏》第十三卷,第647页下。
④ 《大正藏》第十三卷,第648页中。
⑤ 《大正藏》第十三卷,第648页下。
⑥ 《大正藏》第十三卷,第649页上。
⑦ 《大正藏》第十三卷,第649页中。
⑧ 《大正藏》第十三卷,第651页下。

邑、城郭、国土，或教人破"① 等五根本罪，声闻之"杀生、偷盗、淫逸、妄语、出佛身血"② 五根本罪，初发心菩萨之"心生退没，乐声闻乘"③ 等八根本罪。又说其能令众生免诸困厄，速免生死。复说令众生得三昧自在力之陀罗尼咒、得忆持不忘力之陀罗尼咒、得满所愿之陀罗尼咒。虚空藏菩萨听佛言罢，即从座起，跪问世尊何以能于五浊施作佛事。佛具解"第一义空""自性清净"④ 以答之。虚空藏即说"无尽降伏师子奋迅陀罗尼"⑤。世尊再次赞印其能灭重罪，并嘱阿难、弥勒流通是经。

由上可知，本经主要讲述虚空藏菩萨的功德神力及称名、礼拜、供养、持咒的行法。具体内容不仅统摄戒、定、慧三学，而且亦含净土、救度等思想。其中，说净土时不免使人想到阿弥陀，讲救度时又与观世音相类。此外，此经还将破坏三宝的行为视作国王、大臣的根本罪，亦有希望世俗权贵护持佛法之用意。特别需要注意的是，本经于偈颂、长行说法之外，还加入了教人持诵陀罗尼咒的内容。经中这部分内容，是否对后世密教的发展产生过影响，亦值得研究。

第五节　昙摩耶舍及其译经

一　昙摩耶舍

昙摩耶舍⑥，意译为法明或法称，罽宾（今克什米尔一带）人，生卒年不详。少而好学，十四岁时即为本国名德弗若多罗所知。年纪稍长，则"气干高爽，雅有神慧"⑦，且博览经、律，明悟超群。醉心三昧，故时人以浮头婆驮⑧比之。常孤行山泽，体悟禅法，不避猛兽，思虑佛道，经日不觉。年将三十，尚未修证初果，故于树下修行时，常暗自呵责己之懈怠。遂越发精进，废寝忘食，勤苦修习，冀由此忏悔先前之罪业。后梦到

---

① 《大正藏》第十三卷，第652页上。
② 《大正藏》第十三卷，第652页中。
③ 《大正藏》第十三卷，第652页下。
④ 《大正藏》第十三卷，第655页下。
⑤ 《大正藏》第十三卷，第656页上。
⑥ 梁慧皎撰《高僧传》卷一有传。另，唐智昇撰《开元释教录》卷四亦于译经后附传。两者所记相类。
⑦ （梁）释慧皎撰：《高僧传》，汤用彤校注，汤一玄整理，中华书局1992年版，第41页。
⑧ 浮头婆驮，未审其详。或为佛陀之音译，即言佛陀。

博叉天王,天王对他说:"沙门当观方弘化,旷济为怀,何守小节独善而已。道假众缘,复须时熟,非分强求,死而无证。"① 即是说,天王劝其弘法度人,而勿独善其身。复示因缘际会,时机成熟,自然得道,时机未到而一味强求,至死难证之理。醒来之后,其思索梦中天王所言,遂发游方弘法之想。继而"逾历名邦,履践郡国"②,开始了他的游方教化生涯。

东晋隆安年间(397—401年),先至广州,住在白沙寺。由于耶舍善于持诵《毗婆沙律》,所以人称"大毗婆沙"。他讲诵经律时,已八十五岁高龄,徒众亦有八十五人。其时有女居士张普明,向耶舍谘问佛法。他先为之讲说《佛生缘起》,又为其译出一卷本《差摩经》(今已佚)。

义熙年中(405—418年),来至长安。姚兴作为关中之主,"甚崇佛法"③。耶舍来后,姚兴待之以礼,推崇备至。而此时,恰有天竺沙门昙摩掘多(意译为法藏)亦入关中。且与耶舍志趣相投,一见如故。正因为如此,两人遂应姚兴之请④,共译《舍利弗阿毗昙》。弘始九年(407年),写出梵文,其后暂停。至十六年(414年),"经师渐闲秦语,令自宣译。……校至十七年(415年)讫"⑤。凡二十二卷。翻译期间,太子姚泓亲自参与,非常重视。译出后,沙门道标为之制序。

耶舍后南游江陵(今湖北荆州),住锡辛寺,大弘禅法,归随者三百余人。士庶造访者,即便本无信佛修禅之心,与耶舍相见谈论后,也会心生敬悦。他曾亲自讲说一师一弟子修业得罗汉果之事。亦有人传其神异,如闭户修禅而有僧现于室、见有沙门飞来树端等。《高僧传》谓其:"常交接神明,而俯同蒙俗,虽道迹未彰,时人咸谓已阶圣果。"⑥

南朝刘宋元嘉年间(424—453年),辞归西域,后不知所终。

---

① (梁)释慧皎撰:《高僧传》,汤用彤校注,汤一玄整理,中华书局1992年版,第41页。
② (梁)释慧皎撰:《高僧传》,汤用彤校注,汤一玄整理,中华书局1992年版,第42页。
③ (梁)释慧皎撰:《高僧传》,汤用彤校注,汤一玄整理,中华书局1992年版,第42页。
④ 参见(梁)释僧祐撰《出三藏记集》,苏晋仁、萧鍊子点校,中华书局1995年版,第372—373页。
⑤ (梁)释僧祐撰:《出三藏记集》,苏晋仁、萧鍊子点校,中华书局1995年版,第373页。另,《高僧传》载:"至十六年(414年)翻译方竟"[(梁)释慧皎撰:《高僧传》,汤用彤校注,汤一玄整理,中华书局1992年版,第42页]。
⑥ (梁)释慧皎撰:《高僧传》,汤用彤校注,汤一玄整理,中华书局1992年版,第41页。

二 昙摩耶舍的译经

关于昙摩耶舍的译经数量，古来众说纷纭。梁僧祐《出三藏记集》卷二说仅二十二卷本《舍利弗阿毗昙》一部[①]。隋费长房《历代三宝纪》卷八则说除上述外，还有《差摩经》一卷[②]。唐智昇《开元释教录》卷四更多出一卷本《乐璎珞庄严方便品经》，使其译经达到了"三部，二十四卷"（其中，《差摩经》为阙本，另二部二十三卷见在）[③]。检阅《大正藏》中题为昙摩耶舍所译之经，确有二部，与《开元释教录》所记相合，唯卷数开合有异。至此，似乎可以断定现存后秦译经僧昙摩耶舍的译经应为二部，合三十一卷。但通过笔者对《开元释教录》卷四所记及《大正藏》本《乐璎珞庄严方便经》的研读，发现将此经置于昙摩耶舍名下实在可疑，现考证如下。

《开元释教录》卷四依据"经后记"将《乐璎珞庄严方便经》置于姚秦昙摩耶舍所译经中[④]，《大正藏》亦题此经为"姚秦罽宾三藏昙摩耶舍译"[⑤]。笔者以为，此皆不足为信。首先，智昇所谓之"经后记"，业已佚失，无从考证。其次，智昇在《开元释教录》卷十二中引用所谓"经后记"的记述，即："今准经后记云，比丘慧法于罽宾秦寺请毗婆沙昙摩耶施译胡为秦"[⑥]，据此证明斯经为昙摩耶舍所译，看似可信，实则可疑。疑点之一，唐以前诸多经录皆载录此经，却无人提及此"后记"。疑点之二，从智昇所引可知，"经后记"所载为"昙摩耶施"译出是经，此昙摩耶施是否如智昇所说即后秦之昙摩耶舍，也未可知。疑点之三，智昇所引"经后记"说此经乃应比丘慧法之请译于罽宾秦寺，慧法及此寺亦未见于其他相关史料。从上述三点可以看出，智昇所据之"经后记"大有为伪作之嫌。再次，《出三藏记集》卷一及《开元释教录》卷四《昙摩耶舍传》中皆未载此事。第四，《出三藏记集》不但未载此经为昙摩耶舍所译，反而在新集失译经录中载其为沙门法海所译。最后，通过对经文内容

---

① （梁）释僧祐撰：《出三藏记集》，苏晋仁、萧鍊子点校，中华书局1995年版，第52页。
② 《大正藏》第四十九卷，第77页中。
③ 参见《大正藏》第五十五卷，第517页中。
④ 参见《大正藏》第五十五卷，第515页下。
⑤ 《大正藏》第十四卷，第930页下。
⑥ 详见《大正藏》第五十五卷，第595页下。

的考察可以看出，此经多处宣扬诸法性空的思想，与史载昙摩耶舍所学亦有出入。由上述可证，斯经并非后秦昙摩耶舍所译。另，吕澂《新编汉文大藏经目录》中干脆未收此经，究其原因可能先贤亦对其心存疑惑。

综上所述，方可最终断定，后秦译经僧昙摩耶舍的译经数量确如《出三藏记集》卷二所载，仅《舍利弗阿毗昙论》一部，凡三十卷。

《舍利弗阿毗昙论》

《舍利弗阿毗昙论》，亦称《舍利弗阿毗昙》，三十卷。历代经录皆载。现可见于《大正藏》第二十八卷毗昙部中，题"姚秦罽宾三藏昙摩耶舍共昙摩崛多等译"[1]。

道标作《舍利弗阿毗昙序》云："惟秦天王冲姿叡圣，冥根树于既往，实相结于皇极，王德应符，阐扬三宝。闻兹典诰，梦想思览，虽曰悠邈，感之愈勤。会天竺沙门昙摩崛多、昙摩耶舍等义学来游，秦王既契宿心，相与辩明经理。起清言于名教之域，散众微于自无之境，超超然诚韵外之致，憘憘然覆美称之实，于是诏令传译。然承华天哲，道嗣圣躬，玄味远流，妙度渊极，特体明旨，遂赞其事。经师本虽暗诵，诚宜谨备，以秦弘始九年，命书梵文。至十年，寻应令出。但以经趣微远，非徒开言所契，苟彼此不相领悟，直委之译人者，恐津梁之要，未尽于善。停至十六年，经师渐闲秦语，令自宣译。皇储亲管理味，言意兼了，复所向尽，然后笔受。即复内呈上，讨其烦重，领其指归。故令文之者修饰，义之者缀润，并校至十七年讫。"[2] 由上述引文可知，此论实乃昙摩耶舍、昙摩崛多等人应后秦主姚兴之请而译，自始至终，历时八年。具体而言，即弘始九年（407年）至弘始十年（408年）承王命写出梵本。但由于当时昙摩耶舍等人未通汉语，令人传译又恐其不谙经义，故暂且搁置不翻。直到弘始十六年（413年），耶舍等人熟练掌握汉语之后，方才亲自开译。经过反复的讨论、修正、润色之后，终于在弘始十七年（414年）译成。太子姚泓的参与其中，更显示出姚兴对此事的重视。另据《出三藏记集》卷二《新集撰出经律论录》所载，此经乃昙摩耶舍等人"于长安石羊寺译

---

[1]　《大正藏》第二十八卷，第525页下。
[2]　（梁）释僧祐撰：《出三藏记集》，苏晋仁、萧鍊子点校，中华书局1995年版，第372—373页。

出"①。

所谓阿毗昙，梵语之音译，又称阿毗达磨或毗昙，意译为无比法、胜法、对法等，其实就是对佛法的论说，亦可泛指佛教一切论著。此论为古印度早期所出小乘佛教论书，传为佛时舍利弗所作，故以其名冠之。但其所出部派，历来争议颇多。若据《大智度论》卷二《三论玄义》等所载②，其应属犊子部；若依《法华经玄赞》卷一所记，则其应为正量部之教义；③ 近人吕澂谓其乃化地、法藏系所传下，且南传之六论即从本论发展而来；④ 印顺法师则认为声闻部派中，犊子系之本末各部、法藏部等都以本论为根本论，南传六论、北传六论大体是依本论之组织而形成⑤。

《大正藏》于本论之前附道标所撰《舍利弗阿毗昙序》，其中言及本论的结构时曾说："之体四焉：问分也，非问分也，摄相应分也，绪分也。"⑥ 今日所传昙摩耶舍等人之译本，依然如道标所言，将三十卷、三十三品的论文分成了问分（卷一至卷六）、非问分（卷七至卷二十）、摄相应分（卷二十一至卷二十四）和绪分（卷二十五至卷三十）四部分。

"问分者，寄言扣击，明夫应会"⑦，包括《入品》（卷一）、《界品》（卷二）、《阴品》（卷三）、《四圣谛品》（卷四）、《根品》（卷五）以及《七觉品》《不善根品》《善根品》《大品》《优婆塞品》（上述为卷六）十品，分别以问答形式对"十二入""十八界""五阴""四圣谛""二十二根""七觉""三不善根""三善根""四大""三归五戒"等做了详细的解说。

"非问分者，假韵默通，惟宣法相"⑧，由《界品》《业品》（此二品为卷七）、《人品》（卷八）、《智品》（卷九至卷十一）、《缘品》（卷十二）、《念处品》《正勤品》《神足品》（上述为卷十三）、《禅品》（卷十

---

① （梁）释僧祐撰：《出三藏记集》，苏晋仁、萧鍊子点校，中华书局1995年版，第52页。
② 参见《大正藏》第二十五卷，第70页上，以及第四十五卷，第9页下。
③ 参见蓝吉富主编《中华佛教百科全书（二）》，台南：中华佛教百科文献基金会1994年版，第3048页。
④ 参见吕澂《印度佛学源流略讲》，上海人民出版社2002年版，第49—50页。
⑤ 参见印顺《说一切有部为主的论书与论师之研究》，台北：正闻出版社1992年版，第429—430页。
⑥ 《大正藏》第二十八卷，第525页上。
⑦ 《大正藏》第二十八卷，第525页上。
⑧ 《大正藏》第二十八卷，第525页上。

四)、《道品》(卷十五至卷十七)、《烦恼品》(卷十八至卷二十)构成。先分别于前四品中略解自"色界"至"十八界"之一百六十界,"思业""思已业""故作业""非故作业"①等二百零五种业,自"凡夫人"至"惰慢人"之七十五种人,以及"正见""正智""慧根""慧力"②等二百三十四智。次于其后五品中详释"十二因缘""四念处""四正勤""四神足""四禅行"等。复依增上法于最后两品中列举并解说自"身念处"至"十一解脱入"之三十四法以及"恃生""恃姓""恃色""恃财"③等四百二十种事。

"摄相应分者,总括自他,释非相无"④,包含《摄品》(卷二十一、卷二十二)和《相应品》(卷二十三、卷二十四)。先举"非苦谛系法乃至道谛系法"⑤凡四百二十三法,次分性门摄事门,又阐释"眼识界""身触""乐根"等七十二事,而说各法之相应关系。

"绪分者,远述因缘,以彰性空"⑥,含《遍品》(卷二十五、二十六)、《因品》《名色品》(以上二品俱见卷二十六)、《假结品》(卷二十六、二十七)、《行品》《触品》《假心品》《十不善业道品》《十善业道品》(上述为卷二十七)、《定品》(卷二十八至卷三十)十品,分别解说"十缘"、"因因"乃至"非共因非后因"等诸多因法,"因""起""报"等六十六名色,"十结",身、口、意三行,"身触、心触乃至十八触"⑦等一百五十八触,"圣心、非圣心乃至六识界、七识界心"⑧等一百三十七心,"杀生乃至邪见"⑨等十不善业道,"不杀生""不盗窃"⑩等十善业道,以及"五支定""五智定""共念出息入息定"⑪等二百六十三种定。

---

① 《大正藏》第二十八卷,第 579 页中。
② 《大正藏》第二十八卷,第 589 页下。
③ 《大正藏》第二十八卷,第 646 页上。
④ 《大正藏》第二十八卷,第 525 页上。
⑤ 《大正藏》第二十八卷,第 661 页上。
⑥ 《大正藏》第二十八卷,第 525 页上。
⑦ 《大正藏》第二十八卷,第 694 页下。
⑧ 《大正藏》第二十八卷,第 697 页中。
⑨ 《大正藏》第二十八卷,第 700 页上。
⑩ 《大正藏》第二十八卷,第 700 页下。
⑪ 《大正藏》第二十八卷,第 701 页中。

综上可知，其实本论的主要内容就是分类组织小乘所说诸法，并解说其名义。

昙摩耶舍等人所译本论表意明确，语言流畅，论说有据，令人信服。故道标在《舍利弗阿毗昙序》中评论是论时曾说："若乃文外之功，胜契之妙，诚非所阶，未之能详，并求之众经，考之诸论，新异之美，自宣之于文，惟法住之宝，如有表里。然原其大体，有无兼用，微文渊富，义旨显灼。"①

如前所述，虽然此论对古印度南、北方毗昙的发展曾产生过重要的影响②，翻译时亦曾受到姚兴的关注，但其汉译本于中国佛教却未产生同样深远的影响。究其原因，笔者认为：首先，当时以鸠摩罗什为首的僧团或许对外来持异见之高僧有排挤、打压的可能，佛陀跋陀罗被摈出关中远走南方之事即可为证③。昙摩耶舍译出此论后，亦离开长安，南游弘禅，两人境遇何其相似。而且耶舍等人写出梵本却未及时翻译一事，史载是由于耶舍等人梵汉不通，令人翻译又恐词不达意，但罗什当时就在长安，而且姚兴又如此重视此论的翻译，请罗什或其通梵弟子帮助翻译则为情理之中，然而，事实却并非如此，由是观之，抑或罗什确有排他之心。其次，当时罗什在关中乃至整个中国佛教界影响很大，其译经中屡宣褒大贬小和般若性空的思想，这些思想业已为多数承法与弘法者所接受。而昙摩耶舍等人的影响力与之相较，则相去甚远。道标在《舍利弗阿毗昙序》中之所以说斯论"又载自空以明宗极""有无兼用""诚有部之永途，大乘之靡趣"④，极有可能就是受到上述观点的影响，而其自身则有意调和大、小二乘。最后，昙摩耶舍等人译出是论后，复南游弘禅，似乎也未能对此论进行弘宣。

---

① （梁）释僧祐撰：《出三藏记集》，苏晋仁、萧鍊子点校，中华书局1995年版，第373页。

② 参见印顺《说一切有部为主的论书与论师之研究》，台北：正闻出版社1992年版，第429—430页。

③ 汤用彤先生认为后秦时来华的禅僧佛陀跋陀罗被摈出关中，并非由于门人的过失，而实"在于与罗什宗派上之不相和"。本文中所言，即以此为据，详见汤用彤《汉魏两晋南北朝佛教史》，北京大学出版社1997年版，第215—218页。

④ （梁）释僧祐撰：《出三藏记集》，苏晋仁、萧鍊子点校，中华书局1995年版，第372、373页。

第三章 后秦佛教的贡献及有关问题

后秦佛教于中国佛教的最大贡献便是以鸠摩罗什译经为代表的后秦译经，第二章便是对鸠摩罗什、竺佛念、弗若多罗、佛陀耶舍及昙摩耶舍这五位见诸史籍的后秦译经高僧及其译经的考察与分析。如果说前文对后秦译经的探讨是微观的、具体的，那么本章就将先对其进行宏观的、总体的小结，从与译经事业密切相关的译场制度以及译经对中国佛教的影响两方面，补充说明后秦译经事业的意义。其后，本章还将对后秦所创立的僧官制度进行论述，以此说明后秦佛教于译经之外对中国佛教发展的重要贡献。最后，本章还将结合后秦佛教状况，对其与麦积山石窟、炳灵寺石窟的关系略加探讨。

第一节 后秦译经事业的意义

后秦译经事业的意义和影响是深远而广泛的。这里主要从译场制度和对中国佛教的影响两大方面来进行分析。

一 与译经事业相伴而生的后秦译场制度推动了中国佛教译场制度的发展完善

所谓译场，就是"中国古时佛教翻译经籍的组织"，应该具备地点固定、分工明确、集体合作的特点。[1]

"我国初有翻译，多属私人授受，既无一定体制，随地随时，皆可译出。"[2] 直至前秦苻坚建立以道安为中心的关中译场，方使译场制度初具

---

[1] 参见苑艺《中国古代的佛经翻译及译场》，《天津师院学报》1982 年第 2 期，第 74、76 页。
[2] 汤用彤：《汉魏两晋南北朝佛教史》，北京大学出版社 1997 年版，第 290 页。

雏形。姚秦一代，在统治者姚兴等人的支持下，以译经高僧鸠摩罗什等为译主，则形成了逍遥园、大寺、中寺这样组织较为完备的译场。

逍遥园地处长安城北，渭水之滨，内有西明阁，是后秦国主姚兴为鸠摩罗什提供的重要译经场所。这个以鸠摩罗什为译主的"五百余人"[①]的译场，曾于弘始四年（402年）至弘始九年（407年）间译出《摩诃般若波罗蜜经》《思益梵天所问经》《自在王菩萨经》《禅法要解》《大智度论》等经籍。

大寺，即草堂寺，寺院规模庞大，亦是后秦长安城内以鸠摩罗什为译主的重要译场。慧观撰《法华宗要序》曾云："（罗什）于长安大寺集四方义学沙门二千余人，更出斯经，与众详究。"[②]这里所说的"二千余人"可能并非全部参与译经，其中不乏听讲之人。大寺译场自弘始八年（406年）至弘始十一年（409年）先后译出《妙法莲华经》《维摩诘经》《中论》《十二门论》等。

中寺，也是姚兴为译经僧提供的重要译经场所。《开元释教录》卷四载："（姚兴）集义学沙门六百余人，于长安中寺，延请多罗诵出《十诵》梵本，罗什译为秦文。"[③]同卷亦载，佛陀耶舍所译《四分律》"于中寺出"[④]据上述可知，中寺必为当时译场之一，但译主不甚明确，盖外国来华高僧得止于此，主持译业。

另，昙摩耶舍等曾于石羊寺译出《舍利弗阿毗昙论》，但由于未见更为详细的记载，故不可将其视为译场，只能作为后秦出经场所之一。

若从宏观角度出发，将长安甚至关中地区视为固定的译经场所，则又可将后秦译场的范围由逍遥园、大寺、中寺拓展至长安甚至关中地区，称其为关中译场。

关于后秦译场的分工与程序，《大品经序》《法华宗要序》《思益经序》《维摩诘经序》《大智释论序》《略成实论记》等皆有所载。兹以其中记述较为详细的《大品经序》为例，对当时译场的分工与程序加以说

---

① 僧叡撰《大品经序》及《大智释论序》中皆言译此二经时参译人数为"五百余人"，二者互为印证，由此可知，逍遥园译场人数或即为"五百余人"[（梁）释僧祐撰：《出三藏记集》，苏晋仁、萧鍊子点校，中华书局1995年版，第293、386—387页]。

② （梁）释僧祐撰：《出三藏记集》，苏晋仁、萧鍊子点校，中华书局1995年版，第306页。

③ 《大正藏》第五十五卷，第516页上。

④ 《大正藏》第五十五卷，第516页中。

明。

僧叡撰《大品经序》载:"法师手执胡本,口宣秦言,两释异音,交辩文旨。秦王躬览旧经,验其得失,谘其通途,坦其宗致。与诸宿旧义业沙门释慧恭、僧䂮、僧迁、宝度、慧精、法钦、道流、僧叡、道恢、道标、道恒、道悰等五百余人,详其义旨,审其文中,然后书之。以其年十二月十五日出尽。校正检括,明年四月二十三日乃讫。文虽粗定,以《释论》检之,犹多不尽。是以随出其论,随而正之。《释论》既讫,尔乃文定。"①

由上述可知,逍遥园译场翻译《大品经》时的分工与程序如下:(1) 由译主(或称主译)鸠摩罗什依据"胡本"诵出梵文;(2)"口宣秦言",译梵为汉;(3) 参加译场的高僧大德对译主口译经文进行谘问辩难,力求使其与原文义旨相符;(4) 由笔受之僧书写;(5) 初步译出的经籍在译主主持下,"校正检括",即对照原文或相关原始文献进行校勘正义;(6)"尔文乃定",对译经润色修订。

后秦其他译场的分工与程序皆与此相类。但需要特别指出的是,若译主尚未通晓汉语,则需要由兼习梵汉之人代其完成转梵为汉的职责。如弗若多罗在中寺译场出《十诵律》时,即"多罗诵出《十诵》梵本,罗什译为秦文"②。而且,大多数译经完成之后,都会写出序言,记述译经的过程及要旨。

另外,台湾曹仕邦先生曾指出,后秦的佛经翻译,"翻译时,译讲同施,中土道俗得聆此方未闻之妙谛,故参预译场者恒数百人至数千人"③。对此笔者深表赞同。据此可解,史载鸠摩罗什主持之译场,动辄参与者成百上千,盖多为听讲新经之人。后秦译场这种"译讲同施"的方式,不仅能够培养更多的佛学人才,吸引更多信众,而且能够使新出经籍迅速流通,广泛传播。

总而言之,后秦的译场制度是在封建国主姚兴的支持甚至参与下产生的,一定程度上具有国立译场的性质,与译经事业相辅相成,相得益彰,

---

① (梁)释僧祐撰:《出三藏记集》,苏晋仁、萧鍊子点校,中华书局1995年版,第292—293页。

② 《大正藏》第五十五卷,第516页上。

③ 曹仕邦:《中国佛教译经史论集》,台北:东初出版社1992年版,第10—11页。

其相对健全的组织及"译讲同施"的方式,均可为后世佛教译场制度提供有益的借鉴。

二 后秦译经事业对中国佛教的影响

其实,前文对后秦译经进行分析时,已对后秦所译各部经典的内容和意义等做过介绍。这里主要是从宏观角度,对整个后秦译经的情况略作小结。

首先,后秦译经范围广泛,博涉经、律、论"三藏",总该大、小"二乘",极大地丰富了中国佛教典籍的内容,为中国更加完整地了解佛教创造了条件。

经藏方面,后秦译经既包括大乘佛经,如般若部之《大品》《小品》《金刚经》等;法华部之《妙法莲华经》;华严部之《十住经》《佛说庄严菩提心经》《十住断结经》等;经集部之《弥勒成佛经》《维摩诘经》《思益梵天所问经》《持世经》《首楞严经》等;大集部之《自在王菩萨经》等;宝积部之《阿弥陀经》《菩萨藏经》等;涅槃部之《中阴经》《菩萨处胎经》等。又含有小乘佛典,如小乘譬喻师的著作《大庄严论经》、昙无德部所传之《长阿含经》以及《菩萨诃色欲法经》《禅秘要法经》等。

律藏方面,后秦译经僧们不仅首译了萨婆多部《十诵律》和昙无德部《四分律》两大广律,而且传出了《十诵比丘波罗提木叉》与《四分僧戒本》。

论藏方面,后秦之前未有大乘论译出,鸠摩罗什译《大智度论》为中国翻译大乘论之肇始。[①] 此外,罗什还译有《百论》《中论》《十二门论》,皆为大乘论。同时,后秦译经中,不仅包括上述大乘论藏,也有《成实论》《舍利弗阿毗昙论》这样的小乘论书。

其次,后秦译经在继续关注般若与禅学的基础上,更为其注入了新鲜血液,有力地推动了大乘佛教在中国的发展。

前文已述,姚秦之前,般若与禅学一直是中土佛学关注的两大焦点。至后秦时,这种情况得到了延续。虽然当时已经针对般若的探讨形成了所

---

① 参见梁启超《中国佛教研究史》,生活·读书·新知三联书店上海分店 1988 年版,第 175 页。

谓"六家七宗",但他们对于般若的理解各有所偏。正因为如此,鸠摩罗什才分别应姚兴与姚泓之请重译《摩诃般若波罗蜜经》和《小品般若波罗蜜经》,希望由此阐发般若真义。这可以视为后秦译经对前代般若学研究的继承。在此基础上,鸠摩罗什更系统、全面地翻译了古印度龙树所传大乘中观派佛典,主要包括《大智度论》《百论》《中论》和《十二门论》。这四部论书,构成了一个完整的体系,各论之间有着内在的联系。僧叡在《中论序》中曾总结道:"《百论》治外以闲邪,斯文祛内以流滞,《大智释论》之渊博,《十二门观》之精诣,寻斯四者,真若日月入怀,无不朗然鉴彻矣。"① 就是说,《百论》是折服佛家以外各派学说的,其目的在于排除邪见;《中论》是对治佛家内部各派学说的,用以沟通其歧异之处;《大智度论》在论述方面的特点是渊博;《十二门论》在观法方面颇为精到。若对这四者加以研究,则可以洞察一切。而贯彻于"四论"中的主要思想,乃是中道实相之说。② 正是因为鸠摩罗什中观"四论"的译出,般若性空的正义才得以阐发无遗。③ 由此可见,罗什所译中观"四论"不仅说明后秦已经出现了佛经翻译的系统化趋势,而且为当时的般若学乃至佛学研究注入了新鲜血液。

至于禅学,现存后秦译经中,鸠摩罗什所译《禅法要解》《坐禅三昧经》《禅秘要法经》《佛说首楞严三昧经》等皆为诠释禅法的重要经典。由此可见,后秦译经依然承袭了前代研究禅学的传统。然罗什译经中所讲的禅学,已经与早期安世高所传不同,而是大小乘融贯的禅了。正如吕澂所言:"大小乘禅法融贯的关键,在于把禅观与空观联系起来,罗什所传就是同实相一起讲的",而"在中国佛学思想中实际发生影响的正是空观与禅观的融贯"④。这就表明,后秦译经在传承禅学的基础上亦为其注入了新的思想,并由此推动了禅学研究的发展。

由上述可知,不论是般若的重译还是中观的新译,抑或禅学的大小乘融贯,都与罗什弘宣的大乘佛教思想密切相关。再联系后秦译经多半属于大乘佛教经典的事实,则可以得出这样的结论:后秦大乘佛典的译出与弘

---

① (梁)释僧祐撰:《出三藏记集》,苏晋仁、萧鍊子点校,中华书局1995年版,第401页。
② 参见吕澂《中国佛学源流略讲》,中华书局1979年版,第96—97页。
③ 参见中国佛教协会编《中国佛教》(第一辑),知识出版社1980年版,第25页。
④ 吕澂:《中国佛学源流略讲》,中华书局1979年版,第79、80页。

传，为原有的中国佛教注入了新的活力，有力地推动了大乘佛教在中国的发展。

再次，后秦译经对后来中国佛教宗派及相关民间信仰的形成有较大影响。

后秦译经中，许多佛经都成为后来中国佛教宗派所依据的重要经典。具体而言，鸠摩罗什所译《成实论》，即为南北朝至唐初流行之成实学派（或称成实宗）的根本经典；《摩诃般若波罗蜜经》以及《中论》《百论》《十二门论》则被三论学派（或称三论宗）作为主要经论；隋代智顗所创天台宗（亦称法华宗）正依《妙法莲华经》；《金刚般若波罗蜜经》自慧能之后亦被禅宗奉为圭臬；《阿弥陀经》乃净土宗所崇奉的"净土三经"①之一；佛陀耶舍等译出的《四分律》是律宗研习和持传的最根本经典；弗若多罗等人所译的《十诵律》亦均被律宗奉为典据"四律"②之一。

在民间信仰方面，《法华经》第二十五品《观世音菩萨普门品》在观音信仰形成的过程中具有重要作用；《弥勒成佛经》和《弥勒下生经》则成为弥勒信仰特别是弥勒下生信仰的主要理论依据；《阿弥陀经》不仅为净土宗所依经典，也是阿弥陀信仰的重要经典。

最后，参与后秦译经讲法的高僧，不仅推动了后秦佛教的兴盛，而且对南北朝乃至中国佛教的发展亦影响至深。

前文在介绍后秦长安僧团时，已对史籍有载之参译高僧有所涉及，这里着重叙述对后世佛教发展影响较大的僧肇、僧叡、昙影、道生、慧观等。

僧肇不仅是长安僧团的重要成员，而且是鸠摩罗什及佛陀耶舍所组织译场的主要参与者③。著有《物不迁论》《不真空论》《般若无知论》《涅槃无名论》及《维摩诘经注》。这些论著"以空有不二、体用动静相即的

---

① 净土三经，即曹魏康僧铠译二卷本《无量寿经》、姚秦鸠摩罗什译一卷本《阿弥陀经》及刘宋畺良耶舍译一卷本《观无量寿佛经》。

② 四律，姚秦弗若多罗等译《十诵律》六十一卷、姚秦佛陀耶舍等译《四分律》六十卷、东晋佛陀跋陀罗共法显译《摩诃僧祇律》四十卷及刘宋佛陀什共竺道生译《五分律》三十卷。

③ 参见《出三藏记集》中《大品经序》《维摩诘经序》《长阿含经序》及《百论序》的具体内容。

中观学说对以往般若学作了批判性总结"①，"已谈至'有无''体用'问题之最高峰"②。正是由于僧肇对般若性空思想的有力阐发，才使得以鸠摩罗什所译《摩诃般若波罗蜜经》及"三论"为依据的三论学派在南北朝至唐初盛极一时。故隋吉藏在《百论序疏》中尊其为"玄宗之始"③，汤用彤先生亦称其为"三论之祖"④。

另外，参与后秦译经的道融所著《大品经疏》，昙影撰《中论注》，僧导著《三论义疏》，都对般若三论之学的兴盛，起到了一定的促进作用。

僧叡在鸠摩罗什译出《成实论》之后，便曾承罗什之命讲解，并得到罗什的称赞。昙影则在罗什翻译《成实论》的过程中，担任"正写"⑤，并将此论依据自己的理解整理为五聚。二人皆于《成实》造诣深厚。当时，僧导亦谙熟《成实》，著有《成实义疏》。后来他前往寿春（今安徽寿县）弘法，开成实学派寿春一系。而同属长安僧团的僧嵩则在彭城（今江苏徐州）创成实学派彭城一系。自此，专务《成实论》之成实学派便开始在南北朝至唐初的两百多年间广为流行。僧叡、昙影、僧导、僧嵩这些在后秦讲译中涌现出的高僧皆可视为弘传、创立成实学派的早期成实论师。

曾受学于鸠摩罗什的道生，后在江南将般若中观与宣扬"一切众生，悉有佛性"⑥的涅槃佛性两种学说密切结合，所倡涅槃佛性和顿悟学说遂大行中土，自此"哲学界和宗教界从着重探究本体之学开始转入研究心性之学，推进了中国学术思想的发展"⑦。与其一起同属长安僧团的慧观，则不仅和慧严等共同修编了《南本涅槃经》，而且著《渐悟论》主张渐悟。道生、慧观由此分创涅槃师中两大系统，对南北朝至隋唐涅槃学派的弘宣影响深远。道生更被尊为"涅槃之圣"⑧。不仅如此，两人在弘传

---

① 任继愈主编：《中国佛教史》（第三卷），中国社会科学出版社1988年版，第367页。
② 汤用彤：《汉魏两晋南北朝佛教史》，北京大学出版社1997年版，第238页。
③ 《大正藏》第四十二卷，第232页上。
④ 汤用彤：《汉魏两晋南北朝佛教史》，北京大学出版社1997年版，第228页。
⑤ （梁）释僧祐撰：《出三藏记集》，苏晋仁、萧鍊子点校，中华书局1995年版，第405页。
⑥ 《大正藏》第十二卷，第522页下。
⑦ 任继愈主编：《中国佛教史》（第三卷），中国社会科学出版社1988年版，第367页。
⑧ 汤用彤：《汉魏两晋南北朝佛教史》，北京大学出版社1997年版，第228页。

《大般涅槃经》的同时,还各自提出了"生公四轮"和"二教五时"的早期教判学说。所谓教判,即判别佛所说各类经典的意义和地位。可以说,正是后秦对大小乘特别是大乘经典的系统翻译,启迪了他们剖析佛典、分类划分的意识,孕育了中国早期教判的产生,推动了佛教中国化的进程。

此外,后秦灭后,长安僧团中僧导、道融、道生、慧严、慧观、慧叡、僧弼、僧苞、昙鉴、道温、僧业、慧询等学问僧的南下,势必造成义学之南趋,南北朝时期中国佛教"南义北禅"局面的出现即与此关系甚密。

第二节 僧官制度的创立

虽然后秦之前,东晋曾建立僧司、拓跋魏也曾于皇始年间(396—398年)设立道人统①,但中国佛教史上相对完备的僧官制度却是在后秦时期由姚兴创建的。

关于后秦僧官制度的建立及其具体情况,梁慧皎《高僧传》卷六《僧䂮传》有较为详细的记载:"兴既崇信三宝,盛弘大化,建会设斋,烟盖重叠,使夫慕道舍俗者,十室其半。自童寿入关,远僧复集,僧尼既多,或有愆漏,兴曰:'凡未学僧,未阶苦忍,安得无过?过而不翘,过遂多矣,宜立僧主,以清大望。'因下书曰:'大法东迁,于今为盛,僧尼已多,应须纲领,宜授远规,以济颓绪。僧䂮法师,学优早年,德芳暮齿,可为国内僧主。僧迁法师,禅慧兼修,即为悦众。法钦、慧斌共掌僧录。'给车舆吏力。䂮资侍中秩,传诏羊车各二人,迁等并有厚给。共事纯俭,允惬时望,五众肃清,六时无怠。至弘始七年(405年),敕加亲信伏身白从各三十人。僧正之兴,䂮之始也。"②

下面我们就通过对上述记载的分析,并结合相关史料,对后秦僧官制度进行考察,以期了解其对后秦佛教的贡献和对后世僧官制度的影响。

首先,《僧䂮传》中提到,姚兴创立僧官制度的原因是为了防止僧尼

---

① 详见谢重光、白文固《中国僧官制度史》,青海人民出版社1990年版,第10—14页。
② (梁)释慧皎撰:《高僧传》,汤用彤校注,汤一玄整理,中华书局1992年版,第240页。

的愆漏，惩治僧尼的过失。但笔者更赞成谢重光先生的分析，即姚兴建立僧官制度的根本目的是"通过行政的干预，对付因僧团的发展而将可能在政治上和经济上给世俗政权带来的麻烦"①。因此，如果说姚兴的崇佛是对佛教的扶植的话，那么，僧官制度的建立则意在对佛教进行控制。

其次，从上述记载还可以看出，姚秦设立的中央僧官是由僧主（又称僧正）、悦众和僧录组成的。三者的关系，应以僧主为尊，悦众次之，僧录再次。至于三者的执掌，僧传中未作说明，但宋赞宁所撰《大宋僧史略》却有这样的解释："所言僧正者何？正，政也。自正正人，克敷政令，故云也。盖以比丘无法，如马无镳勒，牛无贯绳，渐染俗风，将乖雅则。故设有德望者，以法而绳之，令归于正，故曰僧正也。"② 由此可知，作为最高僧官的僧主或僧正，必须"有德望者"方可为之，主要负责对僧尼进行教化和戒律约束。同书亦载："西域知事僧，总曰羯磨陀那，译为知事，亦曰悦众。谓知其事，悦其众也。"③ 据此可知，悦众必须对僧尼、寺院及僧团组织等的各项规制清楚明了，主要负责管理僧尼的日常事务。关于僧录的执掌，则"可能与掌管僧尼籍帐有关"④。

再次，《僧䂮传》的记载，还可以说明后秦中央僧官是由皇帝直接任命的，其人选必须德行兼备。《高僧传》卷六《僧䂮传》说他"通六经及三藏，律行清谨"，"学优早年，德芳暮齿"，⑤ 故能担僧正之职。而僧迁则因"禅慧兼修"，即对当时流行的禅学和义学皆有造诣，方被委以悦众。虽然僧传中未言及法钦、慧斌被任命的缘由，想必亦是颇有德行之僧。

又次，《僧䂮传》不仅明确了由僧正、悦众和僧录构成的三级中央僧官设置，而且对僧官的俸禄待遇做了具体说明："给车舆吏力。䂮资侍中秩，传诏羊车各二人，迁等并有厚给。……至弘始七年（405 年），敕加亲信伏身白从各三十人。"⑥ 由此可知，后秦的僧官并非只是口头受封的

---

① 谢重光：《中古佛教僧官制度和社会生活》，商务印书馆 2009 年版，第 15—16 页。
② 《大正藏》第五十四卷，第 242 页下。
③ 《大正藏》第五十四卷，第 242 页中。
④ 谢重光：《中古佛教僧官制度和社会生活》，商务印书馆 2009 年版，第 16 页。
⑤ （梁）释慧皎撰：《高僧传》，汤用彤校注，汤一玄整理，中华书局 1992 年版，第 239、240 页。
⑥ （梁）释慧皎撰：《高僧传》，汤用彤校注，汤一玄整理，中华书局 1992 年版，第 240 页。

虚职，而是被国家政权正式敕封，享受国家俸禄的实权官员。

复次，据《僧䂮传》载，僧䂮等上任后"共事纯俭，允惬时望，五众肃清，六时无怠"①。由此可见，后秦任命的僧官确实操行优良，颇具声望，于僧尼的整饬也很有效果。另据《弘明集》卷十一所载②，姚兴曾逼迫道恒、道标二人弃道从政，并请求僧䂮、僧迁及鸠摩罗什帮忙劝说道恒、道标服从姚兴的命令。但是，僧䂮、僧迁并未屈从姚兴的旨意，反而与法服、法支、鸠摩罗什等联名上书，请姚兴停止对道恒、道标的逼迫，姚兴也果然放弃了自己的要求。③ 此事则说明僧䂮、僧迁等尚能坚持释家的立场，调停政权与教权之间的矛盾。又《高僧传》卷二《佛陀跋陀罗传》载，佛陀跋陀罗因先言"五舶俱发""显异惑众"，复有弟子诳惑，"自言得阿那含果"，④ 故僧䂮等人认为其违犯戒律，遂行使职权，将名声甚大的禅僧佛陀跋陀罗摈出长安。⑤ 这件事，一方面，说明后秦僧官是具有一定权威的，确实发挥着惩治僧尼过失的作用；另一方面，据汤用彤先生分析，佛陀跋陀罗被摈出长安，并非因其自身及门人的过失所致，而是"其与罗什学问不同，以致双方徒众不和"⑥。据此来看，后秦僧官则有假公济私之嫌。因为僧䂮、僧迁、法钦皆为从罗什受法弟子，故极有受当时僧团核心领袖鸠摩罗什影响、利用权力排除异己之可能。总而言之，后秦僧官设立之后，整治僧尼，规范戒律，惩罚愆漏，调和矛盾，对于后秦佛教的发展确实起到了积极的推动作用。

最后，关于后秦僧官制度设立的具体时间，《僧䂮传》中没有提及。但是我们可以根据"自童寿入关，远僧复集，僧尼既多……宜立僧主"⑦的记载，将其框定在弘始三年（401年）十二月二十日鸠摩罗什入关之后。又可根据"弘始七年（405年），敕加亲信伏身白从各三十人"⑧的记载，将僧正设立的时间置于弘始七年（405年）之前。也就是说，根据

---

① （梁）释慧皎撰：《高僧传》，汤用彤校注，汤一玄整理，中华书局1992年版，第240页。
② 《高僧传》卷六《道恒附道标传》中亦载此事，具体过程不若《弘明集》卷十一记载详尽。
③ 详见《大正藏》第五十二卷，第73页下—第75页上。
④ （梁）释慧皎撰：《高僧传》，汤用彤校注，汤一玄整理，中华书局1992年版，第71页。
⑤ 关于禅僧佛陀跋陀罗被摈出长安一事，详见（梁）释慧皎撰《高僧传》，汤用彤校注，汤一玄整理，中华书局1992年版，第70—72页。
⑥ 汤用彤：《汉魏两晋南北朝佛教史》，北京大学出版社1997年版，第218页。
⑦ （梁）释慧皎撰：《高僧传》，汤用彤校注，汤一玄整理，中华书局1992年版，第240页。
⑧ （梁）释慧皎撰：《高僧传》，汤用彤校注，汤一玄整理，中华书局1992年版，第240页。

《僧䂮传》的上述记载，可以先将后秦僧官制度设立的时间初步确定为弘始三年（401年）至弘始七年（405年）间。然而，宋志磐撰《佛祖统纪》卷三十六却明载："（隆安）五年……以僧尼多滥，令僧䂮为国僧正，秩同侍中，给车舆吏力，法钦为僧录，僧迁为悦众，班秩有差。各给亲信、白从三十人。"[①]说明僧官制度确立的时间为东晋隆安五年，即姚秦弘始三年（401年）。[②]至此，似乎后秦僧官制度的确立就应该定格在弘始三年（401年）了。但仔细想想，则问题依旧。试想，鸠摩罗什抵达长安已是弘始三年（401年）十二月二十日，短短十天之间，怎会出现"远僧复集"的盛况？所以，依照鸠摩罗什抵达长安的时间来推算，后秦僧官之始应该更晚一些。那么，究竟后秦僧官始于何时呢？其实，仔细研读《佛祖统纪》"隆安五年"条下所记，就会发现，其所记鸠摩罗什译经之事——"秦罗什法师于逍遥园译《妙法莲华经》。秦主于草堂寺与三千僧，手持旧经，重加参定，敕僧䂮等谘受什旨"[③]，除了将《摩诃般若波罗蜜经》误为《妙法莲华经》、多出"草堂寺与三千僧"一句外，其余皆与《大品经序》及《晋书·姚兴载记》中翻译《摩诃般若波罗蜜经》的记载相当[④]。据此可推，《佛祖统纪》盖将二经翻译之事混编于此，但主要还是在记翻译《摩诃般若波罗蜜经》一事。所涉二经中，《妙法莲华经》系罗什弘始八年（406年）于大寺（草堂寺）出。若据此将僧官制度确立的时间定为弘始八年（406年），则已超出依据《僧䂮传》所得出的僧官设立之时间段，故不成立。《摩诃般若波罗蜜经》则系弘始五年（403年）于逍遥园译出，加之《佛祖统纪》"隆安五年"条下译经之事与此经翻译过程相类。故可将后秦僧官制度建立的时间确定为弘始五年（403年）。虽同为"五年"，却非"隆安"而是"弘始"。这个时间亦符

---

① 《大正藏》第四十九卷，第341页下。
② 详见《大正藏》第四十九卷，第341页下。
③ 《大正藏》第四十九卷，第341页下。
④ 《大品经序》谈到翻译此经的情况时说："以弘始五年……于京城之北逍遥园中出此经……秦王躬览旧经，验其得失，谘其通途，坦其宗致。与诸宿旧义业沙门释慧恭、僧略、僧迁、宝度、慧精、法钦、道流、僧叡、道恢、道标、道悰等五百余人，详其义旨，审其文中"[（梁）释僧祐撰：《出三藏记集》，苏晋仁、萧錬子点校，中华书局1995年版，第292—293页]；《晋书》卷一百一十七卷则载："兴与罗什及沙门僧略、僧迁、道树、僧叡、道坦、僧肇、昙顺等八百余人，更出《大品》，罗什持胡本，兴执旧经，以相考校，其新文异旧者皆会于理义。"[（唐）房玄龄等撰：《晋书》，中华书局1974年版，第2984—2985页]

合前面依据《僧䂮传》而得出的时间段。

通过上面对《僧䂮传》及相关史料的分析，我们可以初步构建后秦僧官制度的基本情况，即：弘始五年（403年），由姚兴创立的管理全国僧尼的行政组织；中央僧官由国家任命，令德行俱佳者任之，享有实权，基本建制为僧正（主管教化和戒律约束）一名、悦众（负责日常事务）一名、僧录（掌管僧人账籍）二名，僧正至僧录级别渐次降低；僧官的俸禄为僧正同侍中待遇（可配备车舆及亲信、白从），悦众及僧录厚给；主要工作为整饬僧尼、杜绝愆漏、惩治过失，助王教化；虽受国家政权影响，却相对独立；地方基层僧官情况不明。

综上可知，相对于东晋和拓跋魏建立的僧官制度，后秦创立的这套僧官制度确实"更为完备，内容更为丰富"[1]。它将原来僧尼依靠戒律的自我管理转变为国家设立专门的僧官机构来管理，在一定程度上，增强了国家政权对佛教教团的控制，并推动了教团的世俗化进程，影响很大。南朝的中央僧官便"大体上沿用后秦的僧官职称"[2]，设僧正、都维那[3]，只不过缺少了僧录一职，但也为僧主配备杂役。而且，南朝时，僧官的世俗化趋势已日益增强[4]。此后，随着佛教教团在中国的不断发展壮大，基本历代皆有僧官建制，虽然所设职位、名称各有不同，但均将僧官制度作为政权控制教团的重要手段。正因为如此，宋释赞宁才在《大宋僧史略》中说中国的僧官制度始于姚秦[5]，《中国佛教史》亦云："在中国佛教史上，这（姚秦）是首次设立僧官管理机构"[6]。

第三节　后秦佛教与麦积山等石窟

一　后秦佛教与麦积山石窟

麦积山石窟地处西秦岭北麓的小陇山林海之中，自古便被誉为"秦

---

[1] 谢重光、白文固：《中国僧官制度史》，青海人民出版社1990年版，第15页。
[2] 任继愈主编：《中国佛教史》（第三卷），中国社会科学出版社1985年版，第77页。
[3] 都维那系悦众的异译，两者实同一职。
[4] 参见谢重光《中古佛教僧官制度和社会生活》，商务印书馆2009年版，第20页。
[5] 宋释赞宁撰《大宋僧史略》卷中载："此土立僧官，秦略为始也。"（《大正藏》第五十四卷，第242页下）
[6] 任继愈主编：《中国佛教史》（第二卷），中国社会科学出版社1985年版，第273页。

地林泉之冠"①，兼有南秀北奇之景。石窟开凿于状如麦垛的山崖之上，仰望巍峨险峻，俯首幽深眩目，与敦煌莫高窟、大同云冈石窟和洛阳龙门石窟并称为"中国四大石窟"，又因其保存有十六国至明清的大量精美佛教雕塑，亦被称为"东方雕塑博物馆"。

关于麦积山的开凿，南宋嘉定十五年（1222年）所立《四川制置使司给田公碑》②有云："群山围绕，中间突起一峰，镌凿千龛，现垂万像，上下万仞，中有三泉，文殊普贤观音圣水，万民祈祷，无不感应。始自东晋起迹，敕赐无尤寺……"③ 碑文中虽未说明麦积山石窟开凿的确切时间，却为我们提供了东晋时期（317—420年）这样一个时间段，其间便包含北方"十六国"的姚秦统治时期。

另，麦积山第3、4窟栈道旁的崖面上原有一方宋人题记，文曰："麦积山阁胜迹，始建于姚秦，成于元魏，约七百余年，四郡名显……"④ 此处，则明载麦积山建于姚秦时期。

又，宋祝穆撰《方舆胜览》亦载："麦积山在天水县东百里，状如麦积（原文为象形两竖），为秦地林泉之冠，上有姚兴所建寺"；"瑞应院在麦积山，后秦姚兴凿山而修，千崖万象，转崖为阁，乃秦州胜境"⑤。明崇祯十五年（1642年）立《麦积山开除常住地粮碑》⑥ 复载："麦积山为秦地林泉之冠，其古迹系历代敕建者有碑碣可考，自姚秦至今一千三百余年，香火不绝"⑦。上述记载皆可与题记相印证。

综上可证，麦积山石窟确为姚秦时所开凿。但均未涉及当时开窟造像的具体情况。下面，笔者就将结合对后秦佛教及麦积山石窟相关情况的分析，对麦积山石窟的兴建、题材等问题略加探讨。

从麦积山石窟的兴建来看。

首先，后秦政权历姚苌、姚兴、姚泓三主。姚苌建立后秦政权后，疲

---

① （宋）祝穆编撰：《方舆胜览》（影印本），上海古籍出版社1986年版，第584页。
② 此碑现刊于麦积山瑞应寺天王殿前檐山墙内。
③ 张锦秀编撰：《麦积山石窟志》，甘肃人民出版社2002年版，第171页。
④ 金维诺：《麦积山石窟的兴建及其艺术成就》，载天水麦积山石窟艺术研究所编《中国石窟·天水麦积山》，文物出版社、东京：平凡社1998年版，第165页。
⑤ （宋）祝穆编撰：《方舆胜览》（影印本），上海古籍出版社1986年版，第584页。
⑥ 现立于麦积山石窟东崖门口。
⑦ 张锦秀编撰：《麦积山石窟志》，甘肃人民出版社2002年版，第174页。

于应战，无暇旁顾。姚泓作为末代君王，登基不久，国即告破。唯姚兴统治时，尊儒敬佛，国力强盛，具备开窟造像的实力。

其次，如前所述，姚兴崇佛，不仅对高僧倍加礼敬，而且大力支持译经事业，甚至还亲自参与佛教义理的研讨。所以，他深知营造石窟、塔庙所获功德①，对此也十分热衷。《晋书·姚兴载记》就曾记载，姚兴"起浮图于永贵里，立波若台于中宫"②，宋代宋敏求的《长安志》中更加详细地写道："起造浮图于永贵里，立波若台，居中作须弥山，四面有崇岩峻壁，珍禽异兽，林木极精奇，仙人佛像俱有、人所未闻，皆以为希奇"③，其奢华由此可见一斑。能够如此营造塔庙，开窟造像亦应无二。

再次，在姚兴的扶植和鸠摩罗什等僧侣的共同努力下，包括秦州在内的后秦佛教盛极一时。不仅僧侣众多，"沙门自远而至者五千余人"，"慕道舍俗者，十室其半"④，而且信众庞大，"州郡化之，事佛者十室而九矣"⑤。这些佛教徒通过鸠摩罗什等人的新译佛经或老僧讲解知道了开窟造像的功德后，也难免会有开窟建寺的要求。

又次，以鸠摩罗什为代表的后秦译经僧们译出了包括《妙法莲华经》《维摩诘经》《禅法要解》等在内的众多新经。这些译经所表现的佛学思想和具体场景能够很好地为麦积山石窟的开凿提供理论依据与脚本。

复次，后秦姚氏原为西羌大姓，根基就在秦州，所以一直十分重视对秦州的经营。崇奉佛法的姚氏宗亲姚嵩⑥就曾被任命为秦州刺史，在其任职期间，多次与姚兴探讨佛法义理，书信往来频繁。《广弘明集》卷十八《安成侯姚嵩表》中就有这样的记载："奉珠像，承是皇后遗嘱所建，礼觐之日，永慕冈极。伏惟感往增怀。臣言，先承陛下亲营像事。每注心延望，迟冀暂一礼敬。不悟圣恩垂及，乃复与臣供养此像。既功宝并重，且于制作之理，拟若神造中来，所见珠像，诚当奇妙。然方之于此信，复有

---

① 《法华经》中便讲道："建立诸形像，雕刻成众相，皆已成佛道"（《大正藏》第九卷，第8页下）。

② （唐）房玄龄等撰：《晋书》，中华书局1974年版，第2985页。

③ （宋）宋敏求撰：《长安志》卷五，《四库全书（第587册）》（文渊阁本），上海古籍出版社2003年版，第111页。

④ （梁）释慧皎撰：《高僧传》，汤用彤校注，汤一玄整理，中华书局1992年版，第240页。

⑤ （唐）房玄龄等撰：《晋书》，中华书局1974年版，第2985页。

⑥ 《晋书》卷一百一十八《姚兴载记下》载："秦州刺史姚嵩入羊头陕"［（唐）房玄龄等撰：《晋书》，中华书局1974年版，第2996页］。

间瞻。奉踊跃实在无量。"① 上述材料所说的"陛下亲营像事",很可能就是指姚兴开凿麦积山石窟之事。

最后,姚兴修凿麦积山石窟很可能受到东晋高僧慧远"营筑龛室"②的影响。据《高僧传》卷六《慧远传》所载,庐山慧远"闻天竺有佛影……志欲瞻睹。会有西域道士叙其光相,远乃背山临流,营筑龛室,妙算画工,淡彩图写,色疑积空,望似烟雾,晖相炳曣,若隐而显……"③由此可见,当时慧远在西域道士的指导下,确实在背山面河之处开窟建龛,且在其中绘佛影像。当时,"长安、庐山声气相通"④,故慧远此举极有可能对姚兴造成影响,再加上后秦境内亦有不少西域高僧游学,其在麦积山修造石窟比之慧远更具优势。

从麦积山石窟开窟造像的题材来看。

目前,学界公认的麦积山最早的一批石窟是现编号为第51、74、78、90、165等窟。其中,第51、74、78、90窟均为三佛题材。虽然这些洞窟中的造像均已经后世重修,但其窟龛形制和造像组合还是保留了较为原始的状况,特别是保存相对完整的第74、78两窟。杜斗城先生就曾以第74、78两窟为例,从后秦国主姚兴出于维护政治利益的目的而与鸠摩罗什对"三世实有"进行讨论以及窟龛的规模等方面,说明"三世佛"题材的思想来源,进而证明"这批'三佛窟'为后秦无疑"。⑤ 笔者完全同意杜斗城先生的论述,并且希望在此基础上,通过对后秦译经的分析,进一步说明麦积山开窟造像之初确为"三世佛"题材。

通过前文对后秦译经的分析,笔者发现后秦"三世佛"的造像题材不仅与姚兴"三世有佛"的思想密切相关,而且可能还受到了后秦译经中宣扬"三世佛"思想的影响。从前文对后秦译经的分析可知,后秦译经中鸠摩罗什译的《菩萨藏经》《妙法莲华经》《十住毗婆沙论》《坐禅三昧经》《不思议光菩萨所问经》及竺佛念译的《中阴经》《菩萨处胎经》等,都曾提到"三世佛",他们或以过去、现在、未来的形式出现,

---

① 《大正藏》第五十二卷,第228页下—第229页上。
② (梁)释慧皎撰:《高僧传》,汤用彤校注,汤一玄整理,中华书局1992年版,第213页。
③ (梁)释慧皎撰:《高僧传》,汤用彤校注,汤一玄整理,中华书局1992年版,第213页。
④ 汤用彤:《汉魏两晋南北朝佛教史》,北京大学出版社1997年版,第250页。
⑤ 详见杜斗城《麦积山早期三佛窟与姚兴的〈通三世论〉》,《敦煌学辑刊》2007年第1期,第119—124页。

或以七佛一弥勒的形式出现。下面，就以鸠摩罗什新出《妙法莲华经》为例，述其对后秦"三世佛"题材的影响。虽然在罗什之前，已有西晋竺法护的《正法华经》译本流行，但罗什应姚嵩之请译出《新法华经》后，遂取而代之，以至于"十六国以来，《法华经》造像可以说弥漫天下"①。《法华经》中宣讲"三世佛"，从《序品》就开始在长行和偈颂中反复讲说过去燃灯佛、现在释迦牟尼佛和未来弥勒佛这"三世佛"的传承，其后的《方便品》又说"三世佛"为众讲说"一佛乘"，并说众人应当供养"三世佛"。②虽然自《从地踊出品》之后，开始强调释迦牟尼佛的"久远实成"，但与"三世佛"思想并不相悖，这里只是为释迦又赋予了法身的意义而已。这种情况，表现在石窟中即释迦牟尼佛处于正壁主尊的位置，且往往略为高大一些。炳灵寺石窟第169窟第9龛和第23龛的西秦"三世佛"造像即是如此③。但麦积山的情况比较特殊，三佛基本同样大小。笔者认为这可能与姚兴"三世一统，循环为用，过去虽灭，其理常在"④的观念有关，这也恰好说明后秦的"三世佛"题材，是在姚兴和译经的共同作用下产生的。

另外，《高僧传》卷十一《玄高传》中亦曾谈到当时麦积山的情况："释玄高，姓魏，本名灵育，冯翊万年（今陕西临潼北）人也……（弘始）四年（402年）二月八日生……专精禅律，闻关中有浮驮跋陀禅师在石羊寺弘法，高往师之。旬日之中，妙通禅法……高乃杖策西秦，隐居麦积山。山学百余人，崇其义训，禀其禅道。时有长安沙门释昙弘，秦地高僧，隐在此山，与高相会，以同业友善。"⑤

上述材料虽然没有提及麦积山开窟造像的题材，但是却为我们提供了有益的线索。从材料中我们可以看出，麦积山早期必然禅修甚盛。否则便不会有"山学百余人"跟从玄高在麦积山"禀其禅道"，更不会有同业禅

---

① 赖鹏举：《关河的三世学与河西的千佛思想》，《东方宗教研究》1994年第4期，第236页。
② 上述详见《大正藏》第九卷，第2页中—第10页中。
③ 参见杜斗城、王亨通主编《炳灵寺石窟内容总录》，兰州大学出版社2006年版，第188、203页。
④ 《大正藏》第五十二卷，第228页中。
⑤ （梁）释慧皎撰：《高僧传》，汤用彤校注，汤一玄整理，中华书局1992年版，第409—410页。

僧昙弘隐修于此。另,《晋书·姚兴载记》所谓"沙门坐禅者恒有千数"①,并前文所述后秦鸠摩罗什及佛陀跋陀罗精通禅法,且有徒众从其受学,这些皆可印证后秦禅修之盛。

佛教对禅定非常重视,不仅将它视为"三学"之一,亦将其列入"六度"之列。且后秦以前,东汉安世高、西晋竺法护等皆有禅经译出,明修禅法要,叙禅定之功。正因为如此,禅定作为僧人出家修行的重要内容,在"十六国"、北朝特别流行。僧人坐禅,专注一境,使分散浮躁的精神得到集中,达到"入定",以求解脱。"若在塚间,若在树下"②,抑或"凿仙窟以居禅,辟重阶以通述"③。而麦积山石窟坐落于林泉之间,幽深僻静,又距当时来往长安的交通要道不远,堪称习禅的理想处所。这也是麦积山禅修宏盛的一个重要原因。

在坐禅的实践中,往往需要观像。"观像主要是观释迦牟尼佛、释迦多宝对坐佛、十方三世诸佛、无量寿佛、四方佛、七佛和弥勒菩萨等。"④开窟造像,描绘壁画,不仅能够满足坐禅观像的要求,而且能够为开窟者造作功德。据此,我们就可以推知麦积山石窟开凿之初很可能会以上述观像内容作为造像或壁画的主要题材,而以禅修观像作为洞窟的重要功能。

此外,鸠摩罗什在长安译出的讲解禅修的《禅法要解》《坐禅三昧》《禅秘要法》《佛说首楞严三昧》等经,也会对当时的禅修起到推动和指导作用,而且,包括这些经典在内的后秦译经,还能够为上述观像题材提供理论依据和绘塑脚本。如《坐禅三昧经》对应观释迦牟尼佛的相好有着较为详细的描述⑤,《法华经·见宝塔品》⑥ 能够为释迦多宝对坐提供绘塑脚本,《禅秘要法》《法华》等经都含有观三世十方诸佛乃至千佛的思想⑦,《禅秘要法》《弥勒下生经》《弥勒成佛经》及佛陀耶舍译《长阿含

---

① (唐)房玄龄等撰:《晋书》,中华书局1974年版,第2985页。
② 《大正藏》第十五卷,第252页上。
③ 《大正藏》第五十二卷,第339页中。
④ 魏文斌:《麦积山石窟初期洞窟调查与研究》,博士学位论文,兰州大学,2009年,第200页。
⑤ 详见《大正藏》第十五卷,第276页上—第277页上。
⑥ 详见《大正藏》第九卷,第32页中—第34页中。
⑦ 参见《大正藏》第十五卷,第267页下及第九卷,第7页上—下。

经》则能够为观弥勒提供理论依据①。

特别需要注意的是，从上述禅观的角度同样可以证明"三世佛"题材是麦积山石窟开凿之初的重要题材。

二 后秦佛教与炳灵寺石窟

姚秦灭后，西秦继起，佛教亦盛，至今炳灵寺第169窟还保留着以西秦"建弘元年"（420年）②无量佛龛为代表的较多佛教造像和壁画。温玉成先生曾言："西秦的佛教文化应主要受到后秦的影响。"③事实的确如此。下面，笔者就从后秦高僧玄高和炳灵寺现存西秦造像壁画的题材两方面，略述后秦佛教对炳灵寺石窟的影响。

《高僧传》卷十一《玄高传》讲罢玄高在麦积山与长安禅僧昙弘同业授徒修禅之事，继言："时乞佛炽槃跨有陇西，西接凉土。有外国禅师昙无毗来入其国，领徒立众，训以禅道。然三昧正受，既深且妙，陇右之僧禀承盖寡。高乃欲以己率众，即从毗受法。旬日之中，毗乃反启其志。时河南有二僧，虽形为沙门，而权侔伪相。恣情乖律，颇忌学僧，昙无毗既西返舍夷。二僧乃向河南王世子曼谗构玄高，云蓄聚徒众，将为国灾。曼信谗便欲加害，其父不许，乃摈高往河北林阳堂山……高徒众三百，往居山舍……学徒之中，游刃六门者，百有余人。有玄绍者，秦州陇西人。学究诸禅，神力自在……绍后入堂术山禅蜕而逝。昔长安昙弘法师，迁流岷蜀，道洽成都。河南王藉其高名，遣使迎接。弘既闻高被摈，誓欲申其清白，乃不顾栈道之难，冒险从命。既达河南，宾主仪毕，便谓王曰：'既深鉴远识，何以信谗弃贤？贫道所以不远数千里，正欲献此一白。'王及太子赧然愧悔，即遣使诣高，卑辞逊谢，请高还邑……王及臣民，近道候迎。内外敬奉，崇为国师。河南化毕，进游凉土……既达平城，大流禅化……"④

这段记载中有些信息对于了解玄高对西秦佛教特别是炳灵寺地区禅修

---

① 参见《大正藏》第十五卷，第268页下；第十四卷，第423页下—第425页下、第428页中—第434页中；第一卷，第41页下。
② 杜斗城、王亨通主编：《炳灵寺石窟内容总录》，兰州大学出版社2006年版，第186页。
③ 温玉成：《中国早期石窟寺研究的几点思考》，《敦煌研究》2000年第2期，第55页。
④ （梁）释慧皎撰：《高僧传》，汤用彤校注，汤一玄整理，中华书局1992年版，第410—411页。

的影响是非常有益的。

首先，传中讲到外国禅师昙无毗"领徒立众，训以禅道"，而玄高进入西秦的初衷正是从其受法。此"昙无毗"亦可见于炳灵寺第169窟"建弘元年"墨书题记之下的供养人题名中①。据此可知，昙无毗必曾于炳灵寺弘禅，玄高从其受法，可能就在此处。

其次，玄高虽遭恶僧陷害被摈"河北林阳堂山"，却依然有"徒众三百"，"游刃六门者"百余人。这里所说的"河北林阳堂山"，或即炳灵寺石窟。因为相对于西秦国都枹罕（今甘肃临夏）所处的"河南"（黄河之南）而言，炳灵寺即在"河北"；"堂山"或为"堂术山"之误或简称；"林阳"则可理解为"河北"附近山林之南。另外，从其徒众所学的情况来看，"徒众三百"，"游刃六门者，百有余人"。就是说，玄高在西秦收徒授业，弘宣佛法，徒众三百，专精禅法者百余人。这就证明玄高所授并非仅为禅法，亦有其他。

再次，传中说到玄高门下精通禅修的弟子玄绍"入堂术山禅蜕而逝"。堂术山即今之炳灵寺石窟所在地②。玄绍于此禅化，亦可说明玄高或曾在此弘宣禅法。

又次，据传中所记可知，与玄高在麦积山同修的昙弘亦应西秦国主乞伏炽磐之请在西秦弘法授业。前文已述，昙弘是禅学高僧，他在西秦弘法，想必亦以禅学为重。

最后，传中讲玄高被西秦国主乞伏炽磐"崇为国师"。以国师身份，玄高则可以在西秦境内更加方便、更有影响地大弘其道。

总而言之，玄高对西秦佛教特别是炳灵寺附近禅修的宏盛必定产生过重要影响。

前文已述，玄高其人，生于后秦弘始四年（402年），出家后因从后秦石羊寺浮驮跋陀禅师学习而"妙通禅法"，实为后秦佛教特别是禅学的代表人物。他对西秦禅法特别是炳灵寺禅修兴盛所起的推动作用，即可视为后秦佛教于炳灵寺石窟乃至西秦佛教影响的一个缩影。

从炳灵寺石窟现存西秦造像和壁画的题材来看，亦可说明后秦佛教对

---

① 参见杜斗城、王亨通主编《炳灵寺石窟内容总录》，兰州大学出版社2006年版，第186页。
② 参见《法苑珠林》卷三十九之记载 [（唐）释道世撰：《法苑珠林校注》，周叔迦、苏晋仁校注，中华书局2003年版，第1247页]。

炳灵寺石窟产生过一定影响。

造像题材方面，炳灵寺169窟中第9龛、第14龛、第23龛及第7龛、第16龛皆为"三佛"造像，① 笔者认为这些"三佛"题材应该是在后秦佛教的影响下产生的。前文已述，后秦国主姚兴力主"三世实有"，《法华经》等佛典也宣扬"三世"思想，"三世佛"又是坐禅观像的重要内容，故麦积山后秦窟龛的造像题材即为"三世佛"。另外，后秦统治期间，西秦国主乞伏乾归、乞伏炽磐曾向姚秦称臣②。后秦灭亡后，西秦又占领了原后秦所辖的秦州。这些历史交往无疑会促使后秦佛教思想和新译佛经迅速传至西秦属地，并对其发生影响。"三世佛"题材在炳灵寺西秦窟龛的延续即应如此。

炳灵寺西秦窟龛中所塑坐佛，多为结跏趺坐、手结禅定印的形象。第20龛中更有释迦禅定苦修像③。这些题材都反映出炳灵寺乃至西秦禅修流行，而西秦时禅法之所以能够流行不仅与玄高等后秦禅僧的弘宣密切相关，而且可能还与《禅法要解》《坐禅三昧》《禅秘要法》《佛说首楞严三昧经》等禅经的译出、流通关系密切。

壁画题材方面，炳灵寺169窟西秦壁画的题材主要包括无量寿佛、释迦多宝、维摩诘变以及千佛。这些壁画的绘制通常都是以佛经作为依据或脚本的。如无量寿佛的形象多依据《无量寿经》绘制；释迦多宝重在表现《法华经·见宝塔品》；维摩诘变则多选取《问疾品》作为脚本。虽然上述佛经在后秦之前均有翻译，但从前文对各部佛经的分析可以看出，罗什译本译出后，随即广为流传。故与后秦地缘相近、往来频繁的炳灵寺石窟，其西秦壁画极有可能就是以罗什译本为依据或脚本绘制的。另外，上述壁画题材也都是禅观的重要内容。联系前文所述以玄高为代表的后秦高僧对炳灵寺禅修的推动可知，后秦佛教的禅观亦对西秦壁画题材有所影响。

综上可知，无论是通过高僧的践行还是译经的弘传，后秦佛教都对西秦特别是炳灵寺产生过重要影响。

---

① 参见杜斗城、王亨通主编《炳灵寺石窟内容总录》，兰州大学出版社2006年版，第188、193、203页；张宝玺：《炳灵寺的西秦石窟》，载甘肃省文物工作队、炳灵寺石窟文物保管所编《中国石窟·永靖炳灵寺》，文物出版社、东京：平凡社，1989年版，第186页。

② （唐）房玄龄等撰：《晋书》，中华书局1974年版，第3123页。

③ 参见杜斗城、王亨通主编《炳灵寺石窟内容总录》，兰州大学出版社2006年版，第201页。

附 录

附录一　后秦出经表

此表系在参考梁僧祐《出三藏记集》、隋费长房《历代三宝纪》、唐智昇《开元释教录》及今吕澂《新编大藏经目录》的基础上，结合小野玄妙、吕澂、汤用彤、王文颜及笔者的考证、研究结果，依《大正藏》本而编制的，旨在说明及方便检索本文所论后秦译经，并为同道提供借鉴参考，如有谬误，还望赐教。

说明：

1. 本表只列现存后秦译经，不包括失佚者，亦不含后秦高僧之著作。
2. 本表中的佛经卷数表示此经《大正藏》本的卷数。
3. 出经时间单位为年，具体月份日期，详见文中所述。
4. 由于图表篇幅有限，各经之同本异译皆未列出，详于文中。

译经僧	经名及卷数	出经时间、地点	《大正藏》位置	备注
鸠摩罗什	《摩诃般若波罗蜜经》二十七卷	弘始五年至六年（公元403—404年）长安逍遥园	第八卷 般若部	姚兴参与 存僧叡序
	《小品般若波罗蜜经》十卷	弘始十年（公元408年）长安	第八卷 般若部	姚泓请出 存僧叡序
	《金刚般若波罗蜜经》一卷	弘始四年至十五年（公元402—413年）长安	第八卷 般若部	

续表

译经僧	经名及卷数	出经时间、地点	《大正藏》位置	备注
鸠摩罗什	《妙法莲华经》七卷	弘始八年（公元406年）长安大寺	第九卷 法华华严部	姚嵩请出 存慧观序及僧叡序
	《佛说华手经》十卷	弘始八年（公元406年）长安	第十六卷 经集部	
	《维摩诘所说经》三卷	弘始八年（公元406年）长安大寺	第十四卷 经集部	姚嵩姚显请出 存僧肇序
	《佛说首楞严三昧经》二卷	弘始四年至十五年（公元402—413年）长安	第十五卷 经集部	存弘充《新出首楞严经序》
	《十住经》四卷	弘始四年至十五年（公元402—413年）长安	第十卷 华严部	存僧卫《十住经含注序》
	《思益梵天所问经》四卷	弘始四年（公元402年）长安逍遥园	第十五卷 经集部	存僧叡《思益经序》
	《持世经》四卷	弘始四年至十五年（公元402—413年）长安	第十四卷 经集部	
	《自在王菩萨经》二卷	弘始九年（公元407年）长安逍遥园	第十三卷 大集部	姚显请出 存僧叡经后序
	《佛藏经》三卷	弘始七年（公元405年）长安	第十五卷 经集部	

续表

译经僧	经名及卷数	出经时间、地点	《大正藏》位置	备注
鸠摩罗什	《菩萨藏经》三卷	弘始七年（公元405年）长安	第十一卷 宝积部	
	《佛说阿弥陀经》一卷	弘始四年（公元402年）长安	第十二卷 宝积涅槃部	"净土三经"之一
	《佛说弥勒下生成佛经》一卷	弘始四年至十五年（公元402—413年）长安	第十四卷 经集部	"弥勒六部经"之一
	《佛说弥勒大成佛经》一卷	弘始四年（公元402年）长安	第十四卷 经集部	"弥勒三部经"之一
	《诸法无行经》二卷	弘始四年至十五年（公元402—413年）长安	第十五卷 经集部	
	《文殊师利问菩提经》一卷	弘始四年至十五年（公元402—413年）长安	第十四卷 经集部	存僧肇《菩提经注序》
	《佛垂般涅槃略说教诫经》一卷	弘始四年至十五年（公元402—413年）长安	第十二卷 宝积涅槃部	"佛祖三经"之一
	《菩萨诃色欲法经》一卷	弘始四年至十五年（公元402—413年）长安	第十五卷 经集部	
	《禅法要解》二卷	弘始六年至七年（公元404—405年）长安逍遥园	第十五卷 经集部	"五部禅经"之一
	《坐禅三昧经》二卷	弘始四年（公元402年）长安	第十五卷 经集部	僧叡《关中出禅经序》有涉

续表

译经僧	经名及卷数	出经时间、地点	《大正藏》位置	备注
鸠摩罗什	《众经杂撰譬喻经》二卷	弘始七年（公元 405 年）长安	第四卷本缘部	四十七喻
	《大智度论》一百卷	弘始四年至七年（公元 402—405 年）长安逍遥园西明阁	第二十五卷释经论部	龙树造姚兴请出存僧叡序
	《成实论》十六卷	弘始十三至十四年（公元 411—412 年）长安	第三十二卷论集部	诃梨跋摩造姚显请出存僧祐撰记
	《十住毗婆沙论》十七卷	弘始四年至十五年（公元 402—413 年）长安	第二十六卷释经论毗昙部	龙树造佛陀耶舍共译
	《中论》四卷	弘始十一年（公元 409 年）长安大寺	第三十卷中观瑜伽部	龙树造存僧叡序及昙影序
	《十二门论》一卷	弘始十一年（公元 409 年）长安大寺	第三十卷中观瑜伽部	龙树造存僧叡序
	《百论》二卷	弘始六年（公元 404 年）长安	第三十卷中观瑜伽部	提婆造姚嵩请出存僧肇序
	《十诵比丘波罗提木叉戒本》一卷	弘始四年至七年（公元 402—405 年）长安	第二十三卷律部	萨婆多部比丘戒本
	《禅秘要法经》三卷	弘始四年至十五年（公元 402—413 年）长安逍遥园	第十五卷经集部	

续表

译经僧	经名及卷数	出经时间、地点	《大正藏》位置	备注
鸠摩罗什	《大树紧那罗王所问经》四卷	弘始四年至十五年（公元402—413年）长安	第十五卷 经集部	
	《佛说庄严菩提心经》一卷	弘始四年至十五年（公元402—413年）长安	第十卷 华严部	
	《大庄严论经》十五卷	弘始四年至十五年（公元402—413年）长安	第四卷 本缘部	马鸣造 含九十则各类故事
	《不思议光菩萨所说经》一卷	弘始四年至十五年（公元402—413年）长安	第十四卷 经集部	
竺佛念	《中阴经》二卷	弘始年间（公元399—416年）长安	第十二卷 宝积涅槃部	
	《十住断结经》十卷	弘始年间（公元399—416年）长安	第十卷 华严部	
	《菩萨处胎经》七卷	弘始年间（公元399—416年）长安	第十二卷 宝积涅槃部	存僧祐《出八藏记》
弗若多罗	《十诵律》六十一卷	弘始六年至七年（公元404—405年）长安中寺	第二十三卷 律部	萨婆多部 慧远姚兴共请译出 僧祐《新集律来汉地四部记录》有涉

续表

译经僧	经名及卷数	出经时间、地点	《大正藏》位置	备注
佛陀耶舍	《四分律》六十卷	弘始十二至十四年（公元410—412年）长安中寺	第二十二卷 律部	昙无德部 姚兴姚爽请出 僧祐《新集律来汉地四部记录》有涉
佛陀耶舍	《长阿含经》二十二卷	弘始十四至十五年（公元412—413年）长安	第一卷 阿含部	昙无德部 姚兴姚爽请出 存僧肇序
佛陀耶舍	《四分僧戒本》一卷	姚秦（公元384—416年）长安	第二十二卷 律部	昙无德部 比丘戒本
佛陀耶舍	《虚空藏菩萨经》一卷	姚秦（公元384—416年）不明	第十三卷 大集部	
昙摩耶舍	《舍利弗阿毗昙论》三十卷	弘始九年至十七年（公元407—414年）长安石羊寺	第二十八卷 毗昙部	姚兴请出 姚泓参与 存道标序 共昙摩崛多等译

附录二　后秦佛教史编年

公元 384 年　姚苌白雀元年

羌人豪强姚苌起兵自立，于渭北自称大将军、大单于、万年秦王，改元白雀。

前秦将领吕光率军攻破龟兹，俘获鸠摩罗什，并常请罗什预言军政吉凶。

公元 386 年　姚苌建初元年

姚苌入主长安，即皇帝位，改元建初，国号大秦，史称后秦或姚秦。

僧导、竺佛念等前秦译经僧留住后秦长安，继续从事佛经翻译。

竺佛念历经二秦，共译出佛经十二部七十四卷（此据《开元释教录》卷四载，本文考订其中于后秦译出且完整保留至今者应为三部合十九卷）。

姚苌仰慕高僧鸠摩罗什，虚心邀请，后凉吕氏恐罗什为姚苌所用，拒绝放行。

公元 393 年　姚苌建初八年

冬十二月，后秦皇帝姚苌病逝，姚兴即位。

弘觉法师曾为姚苌讲说《法华》，僧䂮为都讲。

姚苌在位期间，崇法敬僧，对弘觉、僧䂮、僧导等高僧均推重有加。

公元 394 年　姚兴皇初元年

姚兴再次遣使后凉，迎请鸠摩罗什，遭吕氏拒绝。

公元 398 年　姚兴皇初五年

僧肇敬仰鸠摩罗什学识，前往姑臧，从其受学。

公元 399 年　姚兴弘始元年

名僧法显与同学数人从长安出发，前往天竺取经求法。

公元 401 年　姚兴弘始三年

五月，姚兴派兵攻降后凉吕隆。

十二月二十日，鸠摩罗什被姚兴迎入长安。

十二月二十六日，僧叡从鸠摩罗什受禅法。

鸠摩罗什到长安后，慧远致书通好。

姚兴对鸠摩罗什推崇备至，不仅奉为国师，而且辟逍遥园、大寺等为译场，恭请出经。截止弘始十五年（公元 413 年），共译出佛教经、律、论三十五部合二百九十四卷（此据《出三藏记集》所载，本文考订现存三十五部合二百六十卷）。

公元 402 年　姚兴弘始四年

二月八日，鸠摩罗什译出《佛说阿弥陀经》一卷。

三月五日，鸠摩罗什译出《贤劫经》（今阙）七卷。

夏，鸠摩罗什等译经僧开始在长安逍遥园中西门阁上翻译百卷《大智度论》，姚兴亲自参与其中。

十二月一日，鸠摩罗什于长安逍遥园译出《思益梵天所问经》四卷。

鸠摩罗什初译《百论》，僧叡为之作序。

鸠摩罗什还译出一卷本《弥勒成佛经》及三卷本（现为二卷）《坐禅三昧经》。

公元 403 年　姚兴弘始五年

四月二十三日，鸠摩罗什等高僧始译二十四卷（现为二十七卷）《摩诃般若波罗蜜经》，秦王姚兴躬览旧经，验其得失。

十二月二十五日，鸠摩罗什等译讫《摩诃般若波罗蜜经》。

姚兴下书立僧䂮为国内僧主，僧迁为悦众，法钦、慧斌共掌僧录，创立了较为完备的后秦僧官制度。

公元 404 年　姚兴弘始六年

四月二十三日，鸠摩罗什等对《摩诃般若波罗蜜经》校正完毕。

十月十七日，弗若多罗共鸠摩罗什等承姚兴之命于长安中寺集义学沙门开始翻译《十诵律》。译至三分之二，弗若多罗去世。

鸠摩罗什应安城侯姚嵩之请，重新译出二卷《百论》。

道生与慧叡、慧严同游长安，受学于鸠摩罗什。

后秦僧智猛与沙门十五人从长安出发，前往古印度求法。

公元 405 年　姚兴弘始七年

六月十二日，鸠摩罗什译出《佛藏经》三卷。

秋，昙摩流支携《十诵律》梵本来至长安，慧远致书，姚兴敦请，邀其续完《十诵》，遂与鸠摩罗什合作继续翻译《十诵》，至罗什圆寂前，译出五十八卷。

十月，鸠摩罗什译出《杂譬喻经》一卷（现为二卷）。

十二月二十七日，鸠摩罗什等译讫百卷《大智度论》。

鸠摩罗什还译出《菩萨藏经》三卷、《称扬诸佛功德经》三卷（今阙）。

姚兴敕加亲信、伏身、白从各三十人与僧主僧䂮。

弘始四年至七年间（公元402—405年），鸠摩罗什曾译出萨婆多部的《十诵比丘戒本》一卷。

弘始六年至七年末（公元404—405年），鸠摩罗什可能译出《禅法要解》二卷。

公元406年　姚兴弘始八年

夏，鸠摩罗什应后秦司隶校尉左将军安城侯姚嵩之请于长安大寺翻译《妙法莲华经》七卷。

常山公姚显、安城侯姚嵩承姚兴之命，请鸠摩罗什译出《维摩诘经》三卷。

鸠摩罗什等学问僧译出《佛说华手经》十卷。

姚兴仰慕高僧慧远，殷勤致书，信饷连接，并请为《大智度论》作序，慧远答书并亲为《释论》序。

慧远曾致书鸠摩罗什，问大乘要义，罗什一一作答。

公元407年　姚兴弘始九年

闰月五日，鸠摩罗什对其以前抄撰的众家禅要重加校订。

鸠摩罗什应后秦大将军尚书令常山公姚显之请于长安逍遥园中译出《自在王菩萨经》二卷。

罽宾高僧昙摩耶舍与天竺沙门昙摩崛多相继来至长安，姚兴请昙摩耶舍等书出《舍利弗阿毗昙》梵文。

公元408年　姚兴弘始十年

二月六日，鸠摩罗什应太子姚泓之请开始组织翻译《小品般若波罗蜜经》。

四月三十日，鸠摩罗什等完成对《小品》的校正，译出七卷本（现为十卷）《小品般若波罗蜜经》。

鸠摩罗什于长安大寺译出《十二门论》一卷。

昙摩耶舍等虽书出《舍利弗阿毗昙》梵文，但因未熟汉语，遂暂停翻译。

罽宾高僧佛陀耶舍被姚兴迎入长安，从事佛经翻译。

道生自长安南返，经庐山，将僧肇所作《般若无知论》带给慧远及刘遗民，后刘遗民致书僧肇，相与咨询。

公元 409 年　姚兴弘始十一年

鸠摩罗什于长安大寺译出《中论》四卷。

公元 410 年　姚兴弘始十二年

司隶校尉晋公姚爽承姚兴之命，请佛陀耶舍诵出《四分律》。

天竺禅僧佛陀跋陀罗应沙门智严之邀来至长安，不久即遭排挤而被摈逐。

太子姚泓为闻佛陀跋陀罗说法，组织群僧，集论东宫。

鸠摩罗什致书刘遗民，盛赞长安佛法兴隆。

公元 411 年　姚兴弘始十三年

九月八日，尚书令姚显请鸠摩罗什翻译《成实论》。

佛陀跋陀罗与慧观等人离开长安，南至庐山，并受慧远之请译出《达摩多罗禅经》二卷。

公元 412 年　姚兴弘始十四年

九月十五日，鸠摩罗什译出十六卷本《成实论》。

佛陀耶舍共竺佛念等译出昙无德部《四分律》四十五卷（现为六十卷）。

佛陀耶舍等应姚兴之命、姚爽之请开始翻译《长阿含经》。

慧远营筑佛影龛室，作《万佛影铭》，并邀谢灵运为作铭文。

公元 413 年　姚兴弘始十五年

四月十三日，鸠摩罗什在长安圆寂，春秋七十。

自弘始四年（公元 402 年）至罗什圆寂，以鸠摩罗什为核心的译经僧团还曾译出《金刚经》《首楞严经》《十住经》《持世经》《诸法无行经》等十余部重要佛教经典。

佛陀耶舍共竺佛念等译出《长阿含经》二十二卷。

公元 414 年　姚兴弘始十六年

鸠摩罗什高足僧肇卒于长安，年仅三十一岁。撰有《物不迁论》《不真空论》及《般若无知论》等，后人合称《肇论》。

昙摩耶舍、昙摩崛多等番僧汉语渐熟，承前继续翻译《舍利弗阿毗昙》，太子姚泓亲管理味。

公元 415 年　姚兴弘始十七年

昙摩耶舍共昙摩崛多等于长安石羊寺译讫二十二卷（现为三十卷）《舍利弗阿毗昙》。

公元 416 年　姚兴弘始十八年

后秦国主姚兴病逝，姚泓即位，改元永和。

弘始末年，后秦高僧僧䂮卒于长安大寺，春秋七十三。

竺佛念于后秦弘始年间（公元399—416年）在长安译出《中阴经》二卷、《十住断结经》十卷以及《菩萨处胎经》五卷（现为七卷）。

公元417年　姚泓永和二年

曾被姚兴敕命还俗从政却未从命的高僧道恒，隐遁山中而亡，终年七十二岁。

东晋大军攻破长安，姚泓出降，后秦灭亡。

后秦灭亡后，僧导、道融等诸多后秦义学高僧，避乱南趋。

参考文献

一 典籍

（北魏）崔鸿撰：《十六国春秋辑补》，《二十五别史》，（清）汤球辑补，王鲁一、王立华点校，齐鲁书社 2000 年版。

（梁）释僧祐撰：《出三藏记集》，苏晋仁、萧鍊子点校，中华书局 1995 年版。

（梁）释慧皎撰：《高僧传》，汤用彤校注，汤一玄整理，中华书局 1992 年版。

（梁）释僧祐撰：《弘明集》，《大正藏》第五十二卷。

（北齐）魏收撰：《魏书》，中华书局 1974 年版。

（隋）费长房撰：《历代三宝纪》，《大正藏》第四十九卷。

（隋）法经等撰：《众经目录》，《大正藏》第五十五卷。

（隋）彦悰等撰：《众经目录》，《大正藏》第五十五卷。

（唐）释静泰撰：《众经目录》，《大正藏》第五十五卷。

（唐）释道宣撰：《大唐内典录》，《大正藏》第五十五卷。

（唐）释道宣撰：《续大唐内典录》，《大正藏》第五十五卷。

（唐）释静迈撰：《古今译经图纪》，《大正藏》第五十五卷。

（唐）释智昇撰：《续古今译经图纪》，《大正藏》第五十五卷。

（唐）明佺等撰：《大周刊定众经目录》，《大正藏》第五十五卷。

（唐）释智昇撰：《开元释教录》，《大正藏》第五十五卷。

（唐）释智昇撰：《开元释教录略出》，《大正藏》第五十五卷。

（唐）圆照集：《大唐贞元续开元释教录》，《大正藏》第五十五卷。

（唐）圆照撰：《贞元新定释教目录》，《大正藏》第五十五卷。

（唐）释道宣撰：《续高僧传》，《大正藏》第五十卷。

（唐）释道宣撰：《广弘明集》，《大正藏》第五十二卷。

（唐）房玄龄等撰：《晋书》，中华书局1974年版。

（唐）释道世撰：《法苑珠林校注》，周叔迦、苏晋仁校注，中华书局2003年版。

（宋）释赞宁撰：《宋高僧传》，范祥雍点校，中华书局1987年版。

（宋）释志磐撰：《佛祖统纪》，《大正藏》第四十九卷。

（宋）释志磐撰：《大宋僧史略》，《大正藏》第五十四卷。

（宋）司马光编：《资治通鉴》，（元）胡三省音注，"标点资治通鉴小组"校点，中华书局1956年版。

（宋）李昉等编：《太平广记》，中华书局1961年版。

（宋）祝穆编撰：《方舆胜览》（影印本），上海古籍出版社1986年版。

（宋）宋敏求撰：《长安志》，《四库全书》（第587册）（文渊阁本），上海古籍出版社2003年版。

（明）释智旭编：《阅藏知津》，王云五主编：《万有文库》，商务印书馆1931年版。

二十五史刊行委员会编：《二十五史补编（三）》，中华书局1995年版。

［日］高难顺次郎、渡边海旭主编：《大正新修大藏经》（全100卷），第1—55卷，东京：大正一切经刊行会1924—1928年版；第56—100卷，东京：大藏出版株式会社，1929—1934年版。

二　工具书

臧励龢等编：《中国古今地名大辞典》，香港：商务印书馆1931年版。

［日］望月信亨编：《望月佛教大辞典（全10册）》，東京：株式会社世界聖典刊行協会1933年版。

［日］小野玄妙編纂：《仏書解説大辞典》（全15卷），東京：大東出版社1934年版。

丁福保编纂：《佛学大辞典》，文物出版社1984年版。

蓝吉富主编：《中华佛教百科全书》（全十册），台南：中华佛教百科文献基金会1994年版。

文物出版社编：《中国历史年代简表》，文物出版社1994年版。

慈怡编：《佛光大辞典》（全16册），北京图书馆出版社2004年版。

杜斗城辑编：《正史佛教资料类编》，甘肃文化出版社2006年版。

三　著作

陈垣撰：《释氏疑年录》，中华书局1964年版。

张曼涛主编：《佛典翻译史论》，《现代佛教学术丛刊》第38册，台北：大乘文化出版社1978年版。

中国佛教协会编：《房山云居寺石经》，文物出版社1978年版。

张曼涛主编：《般若思想研究》，《现代佛教学术丛刊》第45册，台北：大乘文化出版社1979年版。

王仲荦：《魏晋南北朝史》（上册），上海人民出版社1979年版。

吕澂：《中国佛学源流略讲》，中华书局1979年版。

吕澂编：《新编汉文大藏经目录》，齐鲁书社1980年版。

郭朋：《隋唐佛教》，齐鲁书社1980年版。

中国佛教协会编：《中国佛教》（第一辑），知识出版社1980年版。

中国佛教协会编：《中国佛教》（第二辑），知识出版社1982年版。

［日］小野玄妙：《佛教经典总论》，杨白衣译，台北：新文丰出版公司1983年版。

任继愈主编：《中国佛教史》（第一至三卷），中国社会科学出版社1985年、1988年版。

［日］镰田茂雄：《中国佛教通史》，关世谦译，佛光出版社1986年版。

梁启超：《中国佛教研究史》，生活·读书·新知三联书店上海分店1988年版。

郑郁卿：《鸠摩罗什研究》，台北：文津出版社1988年版。

蒋维乔：《中国佛教史》（影印本），上海书店1989年版。

中国佛教协会编：《中国佛教（第三辑）》，知识出版社1989年版。

中国佛教协会编：《中国佛教（第四辑）》，知识出版社1989年版。

甘肃省文物工作队、炳灵寺石窟文物保管所编：《中国石窟·永靖炳灵寺》，文物出版社、东京平凡社1989年版。

方广錩：《佛教典籍百问》，今日中国出版社1989年版。

韩保全：《西安的名刹古寺》，陕西人民出版社1990年版。

［日］池田大作：《我的佛教观》，潘桂明、业露华译，四川人民出版社1990年版。

谢重光、白文固：《中国僧官制度史》，青海人民出版社1990年版。

杜继文主编：《佛教史》，中国社会科学出版社1991年版。

印顺：《说一切有部为主的论书与论师之研究》，台北：正闻出版社1992年版。

曹仕邦：《中国佛教译经史论集》，台北：东初出版社1992年版。

印顺：《华雨集》（第一、三册），台北：正闻出版社1993年版。

杜斗城编：《陇右高僧录》，兰州大学出版社1993年版。

新疆龟兹石窟研究所编：《龟兹佛教文化论集》，新疆美术摄影出版社1993年版。

郭朋：《中国佛教思想史》，福建人民出版社1994年版。

印顺：《初期大乘佛教之起源与开展》，台北：正闻出版社1994年版。

杜斗城：《北凉译经论》，甘肃文化出版社1995年版。

宿白：《中国石窟寺研究》，文物出版社1996年版。

汤用彤：《汉魏两晋南北朝佛教史》，北京大学出版社1997年版。

刘保金：《中国佛典通论》，河北教育出版社1997年版。

王志平：《帝王与佛教》，华文出版社1997年版。

李利安等：《中国十大高僧》，三秦出版社1997年版。

王文颜：《佛典疑伪经研究与考录》，台北：文津出版社1997年版。

杜斗城：《北凉佛教研究》，台北：新文丰出版股份有限公司1998年版。

天水麦积山石窟艺术研究所编：《中国石窟·天水麦积山》，文物出版社、东京：平凡社1998年版。

［日］羽溪了谛：《西域之佛教》，贺昌群译，商务印书馆1999年版。

郑立新：《佛海慧流》，华夏出版社1999年版。

印顺：《妙云集（上编之五）》，台北：正闻出版社2000年版。

印顺：《妙云集（中编之二）》，台北：正闻出版社2000年版。

陈寅恪：《读书札记三集》，生活·读书·新知三联书店2001年版。

新疆龟兹石窟研究所编：《鸠摩罗什和中国民族文化——纪念鸠摩罗什诞辰1650周年国际学术讨论会文集》，新疆美术摄影出版社2001年版。

方立天主编、华方田副主编：《中国佛教简史》，宗教文化出版社2001年版。

吕澂：《印度佛学源流略讲》，上海人民出版社2002年版。

张锦秀编撰：《麦积山石窟志》，甘肃人民出版社2002年版。

罗振玉编纂：《鸣沙石室佚书正续编》，北京图书馆出版社2004年版。

杜斗城、王亨通主编：《炳灵寺石窟内容总录》，兰州大学出版社 2006 年版。

方立天：《魏晋南北朝佛教》，中国人民大学出版社 2006 年版。

王铁钧：《中国佛典翻译史稿》，中央编译出版社 2006 年版。

陈士强：《大藏经总目提要·经藏》（全三册），上海世纪出版股份有限公司、上海古籍出版社 2007 年版。

杨维中：《中国唯识宗通史》，凤凰出版社 2008 年版。

陈世良：《西域佛教研究》，新疆美术摄影出版社 2008 年版。

郑炳林、魏文斌主编：《天水麦积山石窟研究文集》（上、下册），甘肃文化出版社 2008 年版。

吴丹：《〈大乘大义章〉研究》，吉林人民出版社 2008 年版。

杜斗城等：《河西佛教史》，中国社会科学出版社 2009 年版。

谢重光：《中古佛教僧官制度和社会生活》，商务印书馆 2009 年版。

尚永琪：《鸠摩罗什》，云南教育出版社 2009 年版。

四 学位论文

胡梅子：《鸠摩罗什与大乘般若空慧》，博士学位论文，私立东海大学，1993 年。

马丽：《论鸠摩罗什的佛典翻译及其历史贡献》，硕士学位论文，东北师范大学，2002 年。

成建华：《龙树与中国佛教哲学》，博士学位论文，中国社会科学院，2003 年。

黎文松：《北传佛教戒律之研究》，硕士学位论文，福建师范大学，2003 年。

介永强：《西北佛教历史文化地理研究》，博士学位论文，陕西师范大学，2004 年。

尹邦志：《实相之门——〈大智度论〉禅观研究》，博士学位论文，四川大学，2004 年。

高燕：《四川地区唐代石窟西方净土变研究》，硕士学位论文，四川大学，2007 年。

魏文斌：《麦积山石窟初期洞窟调查与研究》，博士学位论文，兰州大学，2009 年。

王文新：《〈成实论〉之"二谛"于中印发展历程研究》，硕士学位论文，西南大学，2010年。

王德恒：《论〈长阿含经〉的文学性》，硕士学位论文，兰州大学，2010年。

五　期刊

观民：《访逍遥园、草堂寺后记》，《文物参考资料》1958年第5期。

张建木：《房山石经题记历史资料初探（上）》，《法音》1981年第2期。

张建木：《房山石经题记历史资料初探（下）》，《法音》1981年第4期。

苑艺：《中国古代的佛经翻译及译场》，《天津师院学报》1982年第2期。

贺世哲：《敦煌莫高窟壁画中的〈维摩诘经变〉》，《敦煌研究》1982年第2期。

[日]野村隆昌博士：《译经僧——求那跋陀罗》，林子青译，《法音》1982年第6期。

王雷泉：《天台宗止观学说发展的历史过程》，《法音》1985年第5期。

吴织、胡云耕：《上海图书馆藏敦煌遗书目录（续）——附传世本写经及日本古写本》，《敦煌研究》1986年第3期。

周丕显：《敦煌佛经略考》，《敦煌学辑刊》1987年第2期。

邵瑞祺、鲍菊隐著：《新出〈十诵律〉中〈迦絺那衣法〉梵文写本残页考释》，黄盛璋译，《新疆社会科学》1987年第2期。

王世安：《读〈大智度论〉——评介般若空宗六波罗蜜兼及大乘运动空密关系》，《五台山研究》1987年第4期。

王世安：《读〈大智度论〉（续一）——评介般若空宗六波罗蜜兼及大乘运动空密关系》，《五台山研究》1987年第5期。

王世安：《读〈大智度论〉（续二）——评介般若空宗六波罗蜜兼及大乘运动空密关系》，《五台山研究》1987年第6期。

刘荫柏：《〈西游记〉与佛教》，《明清小说研究》1988年第1期。

王世安：《读〈大智度论〉（续三）——评介般若空宗六波罗蜜兼及大乘运动空密关系》，《五台山研究》1988年第1期。

李永宁、蔡伟堂：《敦煌壁画中的〈弥勒经变〉（摘要）》，《敦煌研究》1988年第2期。

王世安：《读〈大智度论〉（续四）——评介般若空宗六波罗蜜兼及大乘

运动空密关系》,《五台山研究》1988年第2期。

王世安:《读〈大智度论〉(续五)——评介般若空宗六波罗蜜兼及大乘运动空密关系》,《五台山研究》1988年第3期。

王世安:《读〈大智度论〉(续六)——评介般若空宗六波罗蜜兼及大乘运动空密关系》,《五台山研究》1988年第4期。

王世安:《读〈大智度论〉(续完)——评介般若空宗六波罗蜜兼及大乘运动空密关系》,《五台山研究》1989年第1期。

郭良鋆:《佛教譬喻经文学》,《南亚研究》1989年第2期。

贺世哲:《关于北朝石窟千佛图像诸问题》,《敦煌研究》1989年第4期。

方立天:《般若思维简论》,《江淮论坛》1989年第5期。

印顺述,昭慧记:《〈大智度论〉之作者及其翻译》,《东方宗教研究》1990年第2期。

姚长寿:《净土三经与净土五经》,《佛教文化》1990年第2期。

王尧:《藏汉佛典对勘释读之四——〈佛说阿弥陀经〉》,《西藏研究》1990年第4期。

杨耀坤:《苻坚、姚兴与佛教》,《社会科学战线》1991年第2期。

超烦:《佛驮跋陀罗的生平及其对禅学的贡献》,《佛教文化》1991年第3期。

赵秀荣:《试论莫高窟275窟北壁故事画的佛经依据——附275窟等年代再探讨》,《敦煌研究》1991年第3期。

常青:《龙门石窟"北市彩帛行净土堂"》,《文物》1991年第8期。

杨曾文:《鸠摩罗什的"诸法实相"论——据僧肇〈注维摩诘经〉的罗什译语》,《世界宗教研究》1994年第2期。

牟钟鉴:《鸠摩罗什与姚兴》,《世界宗教研究》1994年第2期。

[日]中村元:《基于现实生活的思考——鸠摩罗什译本的特征》,刘建译,《世界宗教研究》1994年第2期。

赖鹏举:《关河的三世学与河西的千佛思想》,《东方宗教研究》1994年第4期。

方广锠、许培玲:《敦煌遗书中的〈维摩诘所说经〉及其注疏》,《敦煌研究》1994年第4期。

[日]岩本裕:《梵语〈法华经〉及其研究》,刘永增译,《敦煌研究》1994年第4期。

桑荣：《鸠摩罗什研究概述》，《西域研究》1994年第4期。

贾应逸：《新疆吐峪沟石窟佛教壁画泛论》，《佛学研究》1995年。

释惠敏：《鸠摩罗什所传"数息观"禅法之剖析》，载释恒清主编《佛教思想的传承与发展：印顺导师九秩华诞祝寿文集》，台北：东大图书公司1995年。

黄夏年：《印度佛教"空"之变迁》，《佛学研究》1995年。

方广锠：《敦煌文献中的〈金刚经〉及其注疏》，《世界宗教研究》1995年第1期。

黄夏年：《〈成实论〉二题》，《世界宗教研究》1995年第2期。

杨作舟：《三论祖庭——草堂寺今昔概况》，《法音》1995年第9期。

伍先林：《〈维摩诘所说经〉思想试探》，《宗教学研究》1996年第1期。

姚锡佩：《鲁迅对佛教的探求及遗存的佛典》，《鲁迅研究月刊》1996年第1期。

[日]菅野博史：《〈法华经〉的中心思想——以一佛乘思想为中心》，《世界宗教研究》1996年第3期。

杨曾文：《隋唐以前流行的主要禅法》，《中国社会科学院研究生院学报》1996年第4期。

严耀中：《论隋以前〈法华经〉的流传》，《上海师范大学学报》1997年第1期。

王惠民：《〈思益经〉及其在敦煌的流传》，《敦煌研究》1997年第1期。

杜斗城：《试论北凉佛教的影响》，《民族研究》1997年第4期。

胡文和：《四川和敦煌石窟中"西方净土变"的比较研究》，《考古与文物》1997年第6期。

陈士强：《〈长阿含经〉中的法数类经典》，《法音》1997年第8期。

[日]滋野井恬：《金光明经感应说话考》，李贺敏、张琳译，《佛学研究》1998年。

沁平：《中国佛教二千年年表》，《佛学研究》1998年。

宣方：《鸠摩罗什所译禅经考辨》，《中国哲学史》1998年第1期。

杨曾文：《日莲心目中的〈法华经〉》，《世界宗教研究》1998年第2期。

方立天：《〈法华经〉与一念三千说》，《世界宗教研究》1998年第2期。

楼宇烈：《〈法华经〉与观世音信仰》，《世界宗教研究》1998年第2期。

方广锠：《敦煌遗书中的〈法华经〉注疏》，《世界宗教研究》1998年第2

期。

陈敏：《论〈维摩诘经〉之哲学思想》，《上海师范大学学报》（社会科学版）1998年第2期。

吴宏岐：《关于后秦逍遥园与草堂寺的几个问题》，《陕西师范大学学报》（哲学社会科学版）1998年第3期。

方广锠、徐忆农：《南京图书馆所藏敦煌遗书目录》，《敦煌研究》1998年第4期。

王欣：《东弘佛法的鸠摩罗什》，《历史》1998年第9期。

贾应逸：《鸠摩罗什译经和北凉时期的高昌佛教》，《敦煌研究》1999年第1期。

姚卫群：《从〈百论〉中佛教对"外道"的批驳看中观派的理论特色》，《宗教学研究》1999年第1期。

杨曾文：《佛教戒律和唐代的律宗》，《中国文化》1999年第3期。

何劲松：《〈法华经〉的历史意义及其在二十一世纪中的作用》，《世界宗教研究》1999年第3期。

温玉成：《中国早期石窟寺研究的几点思考》，《敦煌研究》2000年第2期。

周伯戡：《〈大智度论〉略译初探》，《中华佛学学报》2000年总第13期。

［日］菅野博史：《日本对中国法华经疏的研究》，张大柘译，《世界宗教研究》2000年第2期。

罗志英：《鸠摩罗什在长安》，《文献》2001年第1期。

吕建福：《密教哲学的基本论题及其重要概念》，《世界宗教研究》2002年第1期。

蔡宏：《新古三论略议》，《五台山研究》2002年第2期。

圣凯：《论中国早期以〈法华经〉为中心的信仰形态（上、下）》，《法音》2002年第7、8期。

龙延：《〈摩诃僧祇律〉与〈四分律〉记述故事之比较》，《烟台师范学院学报》（哲学社会科学版）2003年第3期。

方立天：《佛教"空"义解析》，《中国人民大学学报》2003年第6期。

［日］东山健吾：《麦积山石窟的创建与佛像的源流》，官秀芳译，《敦煌研究》2003年第6期。

满耕：《〈金刚经〉的历史影响与四无思想的现实指导意义》，《法音》

2003 年第 8 期。

佛光裕：《中国古代的佛教僧官制度》，《佛教文化》2004 年第 1 期。

温玉成：《龙门石窟》，《寻根》2004 年第 2 期。

尹邦志：《〈大智度论〉禅观管窥》，《世界宗教研究》2004 年第 2 期。

龙国富：《〈十诵律〉中的两个语法形式》，《语言研究》2004 年第 2 期。

纳一：《佛教美术中的维摩诘题材释读》，《故宫博物院院刊》2004 年第 4 期。

［日］滨田瑞美：《关于敦煌莫高窟的白衣佛》，《敦煌研究》2004 年第 4 期。

诚履道：《印度部派佛教的成立》，《佛教文化》2004 年第 5 期。

沈乃文：《新发现的日本珍贵文物——平清盛泥金写本〈阿弥陀经〉》，《文物》2004 年第 8 期。

童纬：《汉魏两晋南北朝出经籍表》，《佛学研究》2004 年。

程恭让：《吉藏"八不中道"说辨正》，《哲学研究》2005 年第 1 期。

钱群英、乾乾：《〈四分律〉中的外治法》，《浙江中医学院学报》2005 年第 1 期。

华方田：《中国佛教宗派——三论宗》，《佛教文化》2005 年第 2 期。

吴文星：《〈维摩诘经〉的鸠摩罗什译本流行的原因分析》，《华南师范大学学报》（社会科学版）2005 年第 2 期。

华方田：《中国佛教宗派——律宗》，《佛教文化》2005 年第 6 期。

常蕾：《〈成实论〉中灭三心的理论》，《五台山研究》2006 年第 1 期。

王振国：《龙门石窟刻经研究》，《华夏考古》2006 年第 2 期。

高俊苹：《龙门石窟所见阿史那造像研究》，《文博》2006 年第 2 期。

方广锠：《敦煌已入藏佛教文献简目》，《敦煌研究》2006 年第 3 期。

玉卿：《有关文殊师利菩萨的经典》，《五台山研究》2006 年第 3 期。

张丽明：《龙门淮南公主造自在王佛龛及相关造像》，《中原文物》2006 年第 4 期。

常蕾：《〈成实论〉中的二谛思想》，《五台山研究》2006 年第 4 期。

杨铭：《试论后秦政权兴盛与衰亡的原因》，《阿坝师范高等专科学校学报》2006 年第 4 期。

霍旭初：《龟兹石窟"佛受九罪报"壁画及相关问题研究》，《敦煌研究》2006 年第 6 期。

杜斗城：《麦积山早期三佛窟与姚兴的〈通三世论〉》，《敦煌学辑刊》2007年第1期。

杜正乾：《〈金刚经〉研究述评》，《五台山研究》2007年第1期。

李雄飞：《〈北京大学图书馆馆藏满文古籍孤本提要〉补叙》，《满语研究》2007年第1期。

何剑平：《玄奘与〈说无垢称经〉的传译》，《宗教学研究》2007年第3期。

施萍婷：《新定〈阿弥陀经变〉——莫高窟第225窟南壁龛顶壁画重读记》，《敦煌研究》2007年第4期。

赖鹏举：《五世纪以来北传地区"法界人中像"与〈十住经〉"法云地"》，《敦煌研究》2007年第6期。

韩昇：《光明皇后写经与东亚史料的开拓》，《学术月刊》2007年第8期。

尹邦志：《〈大智度论〉对"菩萨禅"的论述》，《西北民族大学学报》（哲学社会科学版）2008年第2期。

徐东明：《论龙树〈中论〉的中观思想及其对藏传佛教的影响》，《西藏民族学院学报》（哲学社会科学版）2008年第2期。

尚永琪：《鸠摩罗什译经时期的长安僧团》，载增勤主编《长安佛教学术研讨会论文集（第五编）》，2009年。

路远：《新见唐刻〈佛遗教经〉残石考》，《考古与文物》2009年第1期。

杨富学、王书庆：《〈金刚经〉与南宗禅——以敦煌文献为中心》，《敦煌研究》2009年第1期。

孙玉蓉：《俞泽箴整理敦煌写经日记辑录》，《文献》2009年第1期。

史元鹏：《〈金刚经〉及其不同译本研究》，《中国宗教》2009年第2期。

才让：《敦煌藏文佛教文献价值探析》，《中国藏学》2009年第2期。

曾良、任西西：《敦煌残卷篇名考五则》，《艺术百家》2009年第2期。

汪志强：《〈大智度论〉净土思想研究》，《宗教学研究》2009年第3期。

王志鹏：《从鸠摩罗什的生平活动和译经来看佛教在中土的弘传》，《敦煌学辑刊》2009年第4期。

项一峰、刘莉：《麦积山石窟〈法华经〉变相及其弘法思想》，《敦煌学辑刊》2009年第4期。

陈坚：《"会三归一"与"开权显实"——〈法华经〉中的"宗教对话"思想及其在天台宗中的运用》，《兰州大学学报》（社会科学版）2009

年第 6 期。

王孺童：《〈金刚〉"九喻"瑜伽述义》，《法音》2009 年第 10 期。

刘剑锋：《论早期中土毗昙学的兴起——以思想史为中心的考察》，《宗教学研究》2010 年第 2 期。

尚永琪：《鸠摩罗什对般若学及东亚文化的贡献》，《史学集刊》2010 年第 3 期。

桑德：《西藏梵文〈法华经〉写本及〈法华经〉汉藏文译本》，《中国藏学》2010 年第 3 期。

刘显：《〈大正藏〉本〈大智度论〉校勘札记（一）——以敦煌写本为对校本》，《宁夏大学学报》（人文社会科学版）2010 年第 3 期。

六　日文资料

[日] 水野清一、长广敏雄：《龙门石窟の研究》，京都：同朋舍，1941 年版。

[日] 宇井伯寿：《譯經史研究》，東京：岩波書店 1971 年版。

[日] 坂本幸男编：《法华经の思想と文化》，京都：平楽寺書店 1974 年版。

[日] 牧田谛亮：《疑經研究》，京都：京都大學人文科學研究所 1976 年版。

[日] 牧田谛亮、福井文雅主编：《讲座敦煌 7·敦煌と中国仏教》，東京：大東出版社 1984 年版。

[日] 池田温编：《中國古代寫本識語集錄》，東京：東京大學東洋文化研究所，1990 年版。

[日] 镰田茂雄编：《大藏經全解説大事典》，東京：雄山閣出版株式會社，1998 年版。

[日] 境野黄洋：《〈正法華經〉と〈妙法蓮華經〉との比較》，《駒沢大学仏教学会年報》1，1930 年版。

[日] 早岛镜正：《成実論における四諦説》，《印度学仏教学研究》2（1—2），1953 年。

[日] 三枝充悳：《大智度論に説かれた六ハラミツについて》，《印度学仏教学研究》4（2—2），1954 年。

[日] 横超慧日：《中国仏教初期の禅観》，《印度学仏教学研究》7（4—

1），1956年。

［日］安井広済：《十二門論は果して竜樹の著作か——十二門論"観性門"の偈頌を中心として》，《印度学仏教学研究》11（6—1），1958年。

［日］横超慧日：《鳩摩羅什の法身説》，《印度学仏教学研究》19（10—1），1962年。

［日］舟橋尚哉：《成実論の三心と三性説との関係について》，《印度学仏教学研究》21（11—1），1963年。

［日］戸田宏文：《維摩経に顕れた鳩摩羅什三蔵の思想》，《干潟博士古稀記念文集》1964年。

［日］中村元：《クマーラジーヴァ（羅什）の思想的特徴〈維摩経〉の漢訳のしかたを通じて》，《印度学仏教学論集》，1966年。

［日］横山哲：《羅什訳法華経に現われた論理的考察》，《印度学仏教学研究》33（17—1），1968年。

［日］静谷正雄：《羅什訳〈阿弥陀経〉の成立について》，《印度学仏教学研究》49（25—1），1976年。

［日］日下俊文：《小品般若経の方便思想》，《印度学仏教学研究》57（29—1），1980年。

［日］小峰弥彦：《一切智と般若波羅蜜：小品般若経を中心に》，《密教学研究》13，1981年。

［日］平井宥慶：《敦煌本・南北朝期維摩経疏の系譜》，《印度学仏教学研究》60（30—2），1982年。

［日］日下俊文：《大智度論の方便思想》，《印度学仏教学研究》61（31—1），1982年。

［日］安藤嘉則：《中国禅定思想史における羅什訳禅経について——〈坐禅三昧経〉と初期禅宗・天台法門》，《宗学研究》30，1988年。

［日］龍口明生：《〈十誦律〉の七滅諍法》，《印度学仏教学研究》78（39—2），1991年。

［日］八力広喜：《〈十住毘婆沙論〉と〈十地経〉》，《印度学仏教学研究》80（4—2），1992年。

［日］高橋理空：《発菩提心と二乗作仏：〈妙法蓮華経〉を中心にして》，《印度学仏教学研究》86（43—2），1994年。

[日] 稲吉陽子:《〈金剛般若経〉における菩薩観》,《哲学と教育》(42),1994年。

[日] 伊藤隆寿:《鳩摩羅什の中觀思想〈青目釈中論〉を中心に》,《三論教学と仏教諸思想》,2000年。

[日] 奥村浩基:《〈鼻奈耶〉と〈十誦律〉》,《パーリ学仏教文化学》(14),2000年。

[日] 荒井裕明:《〈成実論〉の無作について》,《駒澤短期大學仏教論集》(7),2001年。

[日] 菅野竜清:《鳩摩羅什訳什禅経類について》,《佐々木孝憲博士古稀記念仏教学仏教史論集》,2002年。

[日] 五島清隆:《〈十二門論〉における縁起思想——第1章"観因縁門"を中心に》,《種智院大学研究紀要》(4),2003年。

[日] 五島清隆:《〈十二門論〉と龍樹・青目・羅什》,《印度学仏教学研究》105(53—1),2004年。

[日] 矢島忠夫:《〈法華経〉における"諸法実相"》,《弘前大学教育学部紀要》93,2005年。

[日] Tran Thuy Khanh:《〈坐禅三昧経〉の禅法と思想——〈坐禅三昧経〉における菩薩の五観法を中心として》,《東海仏教》52,2007年。

[日] 青木久美:《空の言説:〈中論〉におけるナーガールジュナの論法について》,《独立行政法人国立高等専門学校機構沖縄工業高等専門学校紀要》(2),2008年。

后　　记

眼前这本书稿，是在我博士论文的基础上修改补充而成。虽然粗糙，但却是对我这些年所学的阶段性总结。同时，也承载着包括恩师、亲友、同学在内的诸多善知识的帮助、支持与鼓励。

首先，我要衷心地感谢业师杜斗城先生。先生不仅学识渊博、视野广阔、治学态度严谨，而且为人正直，心地善良，在学业和生活上均如慈父般关心指点着我。在学业上，不仅博士论文从选题到开展，处处凝结着先生的心血，而且我在多次跟随先生对甘肃境内中小石窟进行考察的过程中，也时常得到先生的悉心教导，受益匪浅。在生活上，每当我遇到难处，无法应对之时，先生也总能及时伸出援手，帮我度过难关。然而，我忝列先生门下，却因自身愚钝，无所建树，有负先生厚望，对此深感惭愧，唯有日后奋进，以求回报先生的殷殷教诲与期望。

同时，还要感谢兰州大学敦煌学研究所的诸位师长。郑炳林先生、陆庆夫先生、王冀青先生、冯培红先生以及魏迎春、屈直敏等老师，多年来均在学业上给予我很多帮助、指导与鼓励，亦令我难以忘怀。

我生长在一个普通的工人家庭，虽然生活不算富裕，但父母却给了我自由的发展空间和所有的关爱。正是有了他们在背后的默默支持，才使我能够安心学业。同时，爱妻陈雪雪在我求学期间和修改书稿的过程中，不仅主动承担了操持家务和教养孩子的重任，而且还为书稿提出了不少修改意见。在此，我也要向他们表达心中的感恩之情！

另外，我还要感谢为我提供武威鸠摩罗什塔重要资料的理方法师，为我查阅资料提供方便的韩春平老师，帮助我搜集、翻译日文资料的许栋，为我提供日文资料的张元林、聂葛明，帮助我校对文稿的许栋、高倩、刘鹏，以及与我一路走来、相互砥砺的同学杨学勇、魏郭辉、王慧慧、周常林、孙晓峰、赵青山、王新春、郝二旭、孔令梅、任曜新等。

  在书稿的撰写和修改过程中，我还曾得到美国西来大学龙达瑞先生、敦煌研究院施萍婷先生和王惠民先生的指点。在书稿的出版过程中，亦得到中国社会科学出版社黄燕生先生和孙萍老师的帮助，在此皆深表谢意！

  此书能够付梓，承蒙以上诸位善知识之功。囿于本人学识，书中错谬难免，祈望海内外方家批评指正。

  总而言之，在未来的学习和生活中，我一定会继续努力，常怀感恩之心，以此回报我生命中的诸位善知识！

姜　涛

2016 年 10 月